힘이나는 희민쌤
장희민의
한눈에
사로잡는 **국어**
개념편

힘이 나는 희민쌤 장희민의
한눈에 사로잡는 국어 개념편
ⓒ장희민 2011

초판 1쇄 발행일 2011년 11월 25일
초판 2쇄 발행일 2012년 1월 17일

지 은 이 장희민
펴 낸 이 이정원

출판책임 박성규
편집책임 선우미정
편   집 김상진 · 이은
디 자 인 정정은 · 김지연
마 케 팅 석철호 · 나다연 · 도한나
경영지원 김은주 · 박혜정
관   리 구법모 · 엄철용
제   작 이수현

펴 낸 곳 도서출판 들녘
등록일자 1987년 12월 12일
등록번호 10-156
주   소 경기도 파주시 교하읍 문발리 출판문화정보산업단지 513-9
전   화 마케팅 031-955-7374   편집 031-955-7381
팩시밀리 031-955-7393
홈페이지 www.ddd21.co.kr

I S B N 978-89-7527-875-4(14710)
         978-89-7527-874-7(세트)

힘이나는희민쌤

장희민의

한눈에
사로잡는

국어

장희민 지음

개념편

들녘

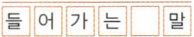

들어가는 말

국어교과서가 16종이래!
어떻게 공부하지?

"중학교에 다닐 때에는 모두 같은 교과서로 공부했는데, 그래서 시험공부도 학교에서 선생님께서 가르쳐 주신 것만 하면 되었는데, 고등학교는 16종 교과서를 배운다고? 그렇다면 대학 시험도 16종 교과서를 다 보아야 하는 거 아니야?"

잔뜩 겁을 먹은 17세 친구들의 얼굴이 떠올라요. 여기저기에서 "16종 교과서에 나온 작품을 총망라했다!"는 자습서 이야기가 들리고, 서점에 가 보면 두툼한 책들이 서가마다 빼곡하고……. 어쩌면 여러분은 지금 '이 많은 작품을 언제 다 읽나?' 하면서 한숨을 내쉬고 있을지도 모르겠어요.

하지만 교육과학기술부가 여러분을 고생시키려고 일부러 심술을 부렸을 리는 없어요. "음, 너희들 뜨거운 맛 좀 봐라!"면서 16종이나 되는 교과서를 모두 승인한 건 아니라는 뜻이죠. 그 많은 작품을 다 읽어야 수능을 볼 수 있다면 애초에 16종이나 되는 교과서를 선정하느니 차라리 백과사전만큼 두꺼운 책을 1학년 국어교과서로 만들었을 겁니다.

조아라: "나 배고파."

이슬기: "그래? 배가 고프구나."

이기쁨: "우리 매점 가자. 아라야, 너 아침 안 먹었어?"

아라와 친구들이 대화를 하고 있습니다. 아라는 슬기의 대답이 마음에 썩 들지 않는 표정입니다. 어쩌면 "넌 내가 무슨 말을 하고 싶었는지 정말 모르겠어? 나한테 관심이 없는 거야?"라고 핀잔을 줄지도 모르겠습니다.

누군가와 대화를 나눈다고 할 때 우리가 해서는 절대 안 되는 것이 있습니다. 상대방의 의도를 제대로 파악하지 않고 들리는 대로 듣고 자기중심적으로 해석하는 것입니다. 의사소통은 상대의 생각을 읽으면서 해야 합니다.

상대방의 의도 파악! 글쓴이의 의도 파악!

항상 명심해야 하는 한 가지! 여러분이 기억해야 하는 단 한 가지 말! 상대방의 입장에서 생각하자! 상대방이 '무슨 의도'로 '왜' 이런 말을 하고 있는지 항상 생각하면서 듣고 읽자. 그것만 잊지 않는다면 여러분의 언어영역은 완성됩니다. 다섯 살 꼬마들이 세상을 속성으로 배워갈 때 하는 한 마디! 그것은 바로 "왜?"입니다.

"왜" 아라는 슬기와 기쁨이에게 배가 고프다는 말을 했을까요? 단지 자신이 배가 고프다는 정보를 친구들에게 알려 주고 싶어서였을까요? 그 해답은 기쁨이의 대답에서 찾을 수 있습니다. 기쁨이는 "왜 아라가 우리에게 '배가 고프다'고 말했을까를 생각하며 그 의도를 파악하고 말했기 때문"에 상대의 마음까지 헤아리는 좋은 친구가 될 수 있었던 것입니다.

여러분 앞에 놓인 16종 교과서를 교육과학기술부에서 승인해 주었다면 여러분은 "왜?"라는 의문을 먼저 던져야 합니다. 그리고 "왜 수능에서는 '국어'가 아닌 '언어영역'이라는 이름으로 시험문제를 출제하고 있을까?"라는 의문을 가져야 합니다.

언어영역은 여러분이 얼마나 많은 작품을 알고 있는지 물어보기 위해 문제를 출제하지 않습니다. 인문지식은 얼마나 풍부한지, 과학지식이나 예술, 그리고 기술에 대한 지식은 어느 정도인지 알아보려고 문제를 출제하지도 않습니다.

정말 중요한 것은 얼마나 제대로 된 '의사소통'을 할 수 있는지에 대한 질문을 하고 있다는 사실입니다. "소통을 위한 기본적인 어휘력과 문법 지식을 갖추고 있는지, 타인의 말을 잘 듣고 의미와 의도를 제대로 파악하고 있는지, 문학 작품과 비문학 글을 읽고 그 주제와 의도를 찾아 낼 수 있으며, 자신의 생각과 의견을 효과적으로 전달하기 위해 적절한 표현 방법을 사용할 수 있는지를 물어보고 싶어한다."는 사실입니다.

이제부터 우리는 '나'가 중심이 아닌 '너'가 중심이 되어 사고하는 방법을 함께 공부해 보려고 합니다. 지금까지 '나'만 생각해 주기를 바랐다면 이제는 '너'가 되어 '너'가 원하는 것이 무엇인지에 대해 고민하고 소통하는 성숙한 고등학생이 되는 법을 함께 이야기해 보려고 합니다.

언어영역은 '듣기, 쓰기, 어휘, 어법'과 '현대 시, 현대 소설, 고전 운문, 고전 산문, 수필 혹은 극'의 문학과 '인문, 사회, 과학, 기술, 언어, 예술'의 비문학 지문으로 구성되어 있습니다. 이렇게 나눈 이유는 각 지문마다 소통의 방식에 약간의 차이가 있기 때문입니다. 우리는 이제 그 각각의 영역에 알맞은 소통 능력을 갖추어야 합니다. 따라서 쌤은 지금부터 그 각각의 영역에 있어 "어떻게 귀를 열고, 눈을 열고, 입을 열어야 좋은지"를 이야기해 주려고 합니다.

아 참! 또 한 가지, 여러분에게 미리 말해 줄 게 있습니다.
'언어영역'과 '수리영역'의 문제 풀이는 전혀 별개의 차원에서 이루어진다는 비밀입니다. '수리영역'의 문제는 여러분이 발문의 내용을 읽고 적용해야 하는 공식을 통해 직접 문제를 풀어야만 정답을 찾을 수 있습니다.
그러나 '언어영역'은 그렇지 않습니다. '쓰기'의 경우에도 우리는 '쓰기'를 하지 않습니다. '쓰기'는 출제자가 합니다. '시'를 감상할 때도 감상은 출제자가 합니다. '비문학'을 분석하는 것도 출제자가 합니다.

"뭐라고요? 그럼 우리는 무엇을 하나요?"

여러분이 해야 할 일은 따로 있습니다.

출제자가 제대로 썼는지, 제대로 감상했는지, 제대로 분석했는지 평가하는 것!

여러분이 '언어영역' 문제를 푸는 것은 바로 이런 일을 한다는 뜻입니다. 다소 거만한 자세로 해도 좋겠죠?

"아, 이건 옳지 않군요."라고 큰 소리 내며 답지에 ×표를 척척 하면서 풀어도 좋습니다. 다만 평가자는 (즉 여러분은) 언제나 타당한 근거를 지문에서 찾아야 합니다. 그렇지 못하면 출제자가 여러분의 시험지에 × 표를 척척 하면서 틀렸다고 통쾌한 웃음을 지을지도 모르니까요!

언어영역은 여러분과 출제자 사이의 줄다리기입니다. 그 사이에 '지문'과 '발문'과 '답지'가 놓여 있고, 우리는 그 줄다리기에서 이겨야 합니다.

지금부터 우리가 함께할 강의는 쌤 혼자서 떠들어대며 여러분에게 강요하는 강의가 아닌 함께 물어 보고 답하면서 웃을 수 있는 시간이 될 것입니다.

자, 서로 마주 앉아 자신의 이야기만 쏟아내는 우리가 아닌 서로의 이야기에 귀 기울여 주는 우리가 될 준비가 되었습니까? 출제자와의 싸움에서 언제나 승리하는 여러분이 될 수 있도록 응원하는 마음으로 지금부터 『힘이 나는 희민쌤 장희민의 한눈에 사로잡는 국어 (개념편)』 강의를 시작합니다.

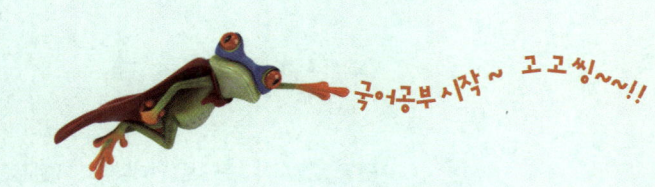

2강

3강

소설로 시작하는 소설 스킬

4강

비범하게 끝내는 비문학!

1강

난 차라리

영어가 더

쉬운 거 같아!

국어의 기본 문장구조는 좀 알자.
영어가 더 쉬운 게 자랑은 아니까!

으악! 문법으로 시작하나? 사색이 되어 있을 여러분의 얼굴이 떠올라 쌤도 주저하게 되네요. ^^;; 그렇지만 지금부터 우리가 나눌 이야기는 딱딱하기만 한 문법이 아니라 '의사소통'을 위해 꼭 필요한 것들이니까 조금만 긴장을 풀고 편한 마음으로 읽어 봅시다. 물론 외워야 할 부분도 있어요. 하지만 막 외우지는 말자고요. '막' 외우지 말고 '잘' 외울 수 있도록 두 눈 부릅뜨고 귀 기울여 주길 바라요.

국어의 문장구조를 알려면 '성분'을 알아야 합니다. 성분이라고 하면 '주어, 서술어, 목적어, 보어, 관형어, 부사어, 독립어'의 7개를 말합니다. 중학교 3학년 때 배운 내용들이지만 많은 친구들이 고등학교에 올라와 국어의 문장성분을 물어보면 제대로 대답하지 못합니다. 왜인지 쌤은 정말 모르겠습니다. 하지만 괜찮습니다. 지금이라도 제대로 알면 되죠. 문장성분은 무척 중요합니다. 수능에서 문제를 풀기 위해서, 또 지문의 내용을 제대로 이해하기 위해서도 기본이 되는 것은 늘 문장성분의 이해입니다.

국어의 문장 구조에서 가장 중요한 녀석은 누가 뭐라고 해도 '주어'겠죠. 주어는 문장의 주체가 되고, 또 주인공이 되니까요. 그럼 여기서 질문!

"주어는 어떻게 찾나요?"

"조사 '은/는, 이/가'가 붙어요."

"오~ 쯧쯧쯧! 이렇게 대답하는 수많은 학생 여러분! 앞으로는 이런 답변을 머릿속에서 싸~악 지우도록 하세요. 아~주 옳지 않으니까!"

"나는 냉면은 좋아하는데 쫄면은 싫어."

위 문장에서 조사 '은/는'이 들어간 어절은 '나는', '냉면은', '쫄면은' 이렇게 모두 세 개나 됩니다. 그럼 이 세 개의 어절은 모두 주어일까요? 그렇지 않죠? 위 문장에서 주어는 '나는'뿐입니다. '냉면은'과 '쫄면은'은 모두 목적어입니다. 따라서 '은/는'은 주격 조사가 아닙니다. 이제 제대로 된 주어 찾기를 시작해 보겠습니다.

모든 문장 성분은 특정 '조사'를 찾아서 파악하려고 하면 안 됩니다. '의미'로 찾도록 하세요. 그러면 절대로 틀리지 않고 성분을 파악할 수 있답니다.

주어는 문장에서 '누가 / 무엇이'에 해당하는 말입니다.

물론 주격 조사 '이/가'로 찾을 수도 있겠지만 보조사가 붙어서 주격 조사를 찾을 수 없을 때도 있으니 반드시 의미로 찾도록 하세요.

그렇다면 서술어 찾기 역시 특정 조사로 찾는 것이 아니라 의미의 해석으로 찾아야 한다는 걸 눈치 챘겠죠? 서술어는 '~이다/ ~하다'의 의미로 찾을 수 있습니다.

그 외에 중요한 문장 성분을 몇 가지 더 말해 볼까요? 우선, 목적어가 있겠죠? 목적어는 '누구를/무엇을'에 해당됩니다.

이제 위의 문장을 다시 한 번 봅니다. 문장의 구조에서 가장 먼저 찾는 것은 서술어입니다. 위 문장에는 두 개의 서술어가 있습니다. '무엇하다'에 해당하는 '좋아하는데'와 '싫어'입니다. 그럼, '누가' 좋아하고 누가 싫어하는 걸까요? '나'죠? 따라서 '나는'이 주어입니다. 조금 확장시켜 볼까요? 그럼 누가 무엇을 좋아하죠? 또 무엇을 싫어하죠? '냉면'과 '쫄면'이죠. 따라서 냉면과 쫄면이 모두 목적어가 되는 거랍니다.

우리가 문장을 이해할 때는 한 개의 어절에 '하나의 문장 성분을 붙여야하니까' 이런 생각에 문장을 잘게 쪼개 놓고 힘들어 하지 않아도 괜찮아요. 그저 '누가', '무엇이', '무엇하다/무엇이다'에 해당하는 녀석들을 편하게 찾으면 된답니다. 꼭 주어가 아니어도 '주어구'나, '주어절'을 찾아도 전혀 문제가 되지 않는다는 뜻이죠.

우리말을 제대로 이해하는 첫 번째 수련 과정! 힘들었나요? 그럼 연습게임 몇 개만 더 해 봐요.

연습게임

거미 새끼 하나 방바닥에 나린 것을 나는 아무 생각 없이 문 밖으로 쓸어버린다.

-백석, 「수라」 (창비 하)

무엇했지? _____

누가? _____

무엇을? _____

가지에 피는 꽃이란 꽃들은 / 나무가 하는 사랑의 연습

-장서언, 「나무」 (금성 상)

무엇이지? _____

무엇이? _____

꽤 어렵다고요? 처음이니까, 당연히 쉽지는 않을 거예요. 그렇지만 지치지 말고 조금만 연습한다면 우리나라 사람이 우리말을 어렵다고 하는 일은 없을 테니, 자! 힘내세요.

첫 번째 연습문제의 답은

　　무엇했지? **쓸어버린다.**

누가? **나는**

무엇을? **거미 새끼 하나 방바닥에 나린 것을** 입니다.

두 번째 연습문제의 답은

무엇이지? **사랑의 연습**

무엇이? **꽃들은** 입니다.

　주어와 목적어 서술어가 중요한 이유는 전반적인 상황을 파악하는 핵심이 되기 때문입니다. 즉 첫 번째 연습문제에 제시된 문장은 '나라는 사람이 거미 새끼 하나를 쓸어버린다.'는 상황입니다. '아무 생각 없이'나 '문 밖으로'와 같은 구절은 문장을 더욱 풍부하게 이해하는 데 도움을 줍니다. 두 번째 연습문제는 '꽃들은 사랑의 연습이다.'라는 의미를 주고 있습니다. 어떤 사랑의 연습인지에 대한 답은 '나무가 하는'이지만 일단 중요한 정보는 꽃들은 사랑의 연습이라는 것으로 파악하게 됩니다.

 **다시 한 번 문제를 풀어 볼까요? 이제 진짜 게임입니다.**

1. 공은 잔디밭과 철책이 만나는 지점에서 정확히 구르기를 멈추었다.

- 윤흥길, 「종탑 아래에서」 (천재교육(박영목) 상)

서술어구 _____

주어구 _____

목적어구 _____

2. 그는 정학 한 번 맞아 본 일이 없이 학교를 마쳤다.

-이문구, 「유자소전」 (신사고 하 / 지학사 하)

서술어구 _____

주어구 _____

목적어구 _____

3. 갈대는 / 그의 온몸이 흔들리고 있는 것을 / 알았다.

-신경림, 「갈대」 (미래엔 상)

서술어구 _____

주어구 _____

목적어구 _____

4. 벼슬아치는 자기만 아는 글자를 농사꾼이 모른다고 해서 서슴없이 그를 모욕했다.

-서정오, 「소통하는 말, 억압하는 말」 (창비 상)

서술어구 _____

주어구 _____

목적어구 _____

모든 문장 구조를 이해했으니 이제 한국인으로서 한국어를 쉽게 이해할 수 있겠지
요? 그런데 주어구와 서술어구, 목적어구 이외의 '관형어'라든지 '부사어'는 왜 공부
를 해야 할까요? 사실 국어의 진짜 맛은 바로 이 '관형어구'와 '부사어구'에
있다고 해도 과언이 아니랍니다. '관형어'는 명사나 대명사, 수사를 꾸며 주는 기능
을 합니다. 그리고 '부사'는 동사나 형용사를 꾸며 줍니다. 그러면 명사나 대명사, 수
사, 동사, 형용사와 같은 품사에 대한 공부를 해야겠군요. 그러나 지금은 잠시 품사에
대한 공부는 접어두도록 하겠습니다. 품사의 개념을 몰라도 우리는 관형어나 부사어
가 무엇인지 알 수 있답니다. 의미의 해석에 입각해서 풀어 나가면 되니까요.

'관형어'는 '어떤, 누구의'라는 의미를 가지고 있습니다. 잘 보면 용언(어간과 어
미가 나누어져서 말의 형태가 고정되지 않고 바뀌는 녀석들로 동사와 형용사를 말합니다. 예를
들면 '먹다'는 '먹고, 먹으면, 먹으니까, 먹은, 먹는'처럼 끝 즉, 어미가 바뀌고 있죠. 이런 녀석
을 용언이라고 합니다)의 뒤에는 '-ㄴ/-ㄹ'이 붙고 그렇지 않을 때에는 '의'라는 조사가
붙는 것을 알 수 있지요. 태어날 때부터 관형어인 녀석도 있고요. 그러나 지금은 그것
까지 신경 쓸 필요가 없습니다. 다음에 다시 할 테니까요. 물론 지금 꼭 기억해야 하
는 것이 있습니다. 바로 '관형어'가 '어떤, 누구의'의 의미를 갖는다는 사실입니다.

'부사어'는 '언제, 어디에, 어떻게, 무엇으로'의 의미로 쓰입니다. 보통 '부사
어'는 용언 즉 동사나 형용사의 앞에서 이들을 꾸며 줍니다. 어디에 있느냐에 따라 뜻
이 중의적(重義的)인 모호한 문장이 될 수도 있지요. 이 부분도 다음에 배울 거예요.

 **그럼 다시 연습게임을 해 볼까요? 다음 문장의 순서에 맞게 답을 해 보세요.**

공은 잔디밭과 철책이 만나는 지점에서 정확히 구르기를 멈추었다.

– 윤흥길, 「종탑 아래에서」 (천재교육(박영목) 상)

공은　잔디밭과 철책이 만나는　지점에서　정확히　구르기를　멈추었다.
주어　　　　　①　　　　　②　　　③　　목적어　　서술어

눈이 오는가 북쪽엔. / 함박눈 쏟아져 내리는가

연 달린 산과 산 사이 / 너를 남기고 온 / 작은 마을에도 복된 눈 내리는가.

–이용악, 「그리움」 (디딤돌 하)

눈이　오는가　북쪽엔. /　함박눈　쏟아져　내리는가
①　　②　　③　　　　④　　⑤　　⑥

연 달린　산과 산 사이 /　너를 남기고 온
⑦　　　⑧　　　　⑨

작은 마을에도　복된　눈　내리는가.
⑩　　　⑪　⑫　⑬

자, 그럼 이제 답을 확인해 볼까요? 첫 번째 연습게임은 주어와 목적어, 서술어에 대한 연습게임에 있었던 문장이죠? 그때 확인하지 않았던 부분에 대해서만 살펴보도록 하겠습니다.

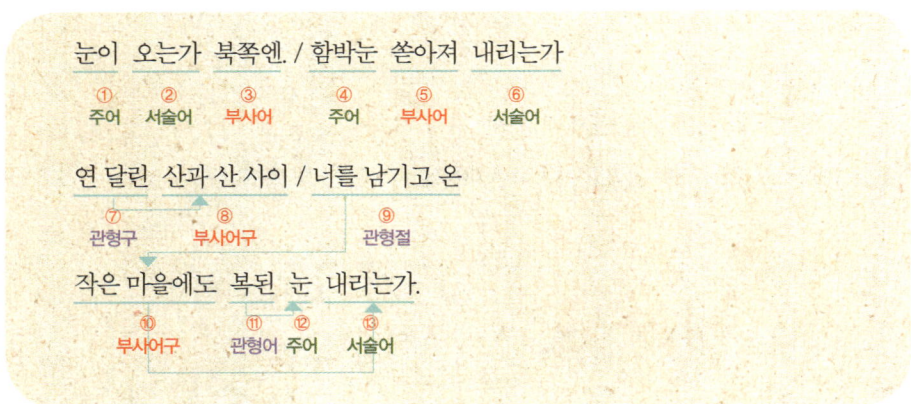

두 번째 게임은 좀 많은 문장으로 구성되어 있습니다. '시'이기 때문에 문장의 순서에서 도치법이 쓰이기도 했죠. 그래서 좀 어려웠을까요?

관형어나 부사어에 대해 "문장에서 꼭 필요한 성분은 아니다."라고 배우기도 합니다. 그러나 그때 말하는 꼭 필요한 성분과 필요하지 않은 성분이란 문법적인 측면에서 올바른 문장을 만드는 데 필수인 성분이라는 뜻입니다. 현실에서 쓰는 문장에서 관형어와 부사어의 기능은 주어, 서술어만큼 중요한 의미 기능을 하고 있다는 사실을 반드시 기억하기 바랍니다.

잉크병 얼어드는 이러한 밤에 / 어쩌자고 잠을 깨어

| 관형구 | 관형어 | 부사어 | 부사어 | 목적어 | 서술어 |

-이용악, 「그리움」 (디딤돌 하)

위 문장은 이용악의 '그리움'의 한 구절입니다. 주어는 생략되어 있지만 '나'로 생각을 해 보도록 하죠. 서술어는 '깨어'이고 목적어는 '잠을'입니다. 이 문장 속의 화자는 '잠을 자다 깨었군요.' 이러한 주요 성분으로 우리는 화자의 상황이 어떠한지 알 수 있습니다.

'잉크병 얼어드는'이라는 관형절과 '밤에'라는 부사어는 화자가 처한 계절적 배경과 시간적 배경을 알려 줍니다. 하지만 이 문장이 '시'로서 완성되는 것은 관형어 '이러한'과 부사어 '어쩌자고'입니다. '이러한'과 '어쩌자고'는 이 문장을 쓰고 있는 서술자의 마음을 잘 표현합니다. '왜 하필이면 이렇게 춥고 깜깜한 때에 깨었을까?' 하는 안타까움이 묻어나죠.

"너를 사랑해" 하기보다 "정말 엄청나게 많이 미치도록 숨 막히게 너를 사랑해."라고 말하면 듣는 사람이 큰 차이를 느끼겠죠?

누군가의 말을 이해할 때도 마찬가지입니다. '사실'만을 아는 것으로 다 이해했다고 말할 수는 없습니다. 의사소통을 제대로 하려면 말 속에 들어 있는 감정을 읽을 줄 알아야 하고, 상황의 정도를 파악해야 합니다. 관형어와 부사어는 바로 이러한 역할을 해 준다고 할 수 있어요. 따라서 '주어', '목적어', '서술어'와 같은 필요 성분이 아닌 '관형어'나 '부사어'에 대한 관심이 중요하다는 것을 기억해야 합니다.

실제로 언어영역뿐만 아니라 모든 시험문제를 접할 때 여러분이 함정에 빠지는 대부분의 이유는 '부사어'를 무시했기 때문일 경우가 많습니다. 오늘부터 누군가의 말을 들을 때 기본이 되는 문장성분 외에 치장하는 말 즉, 수식하는 관형어나 부사어에 더욱 신경을 써 보기 바랍니다.

　이제 남은 문장성분은 '보어'와 '독립어'입니다. '보어'는 '주어'와 같은 방법으로 찾아야 합니다. '누가/무엇이'에 해당하는 말이 보어가 될 수 있습니다. "어! 쌤, 그러면 저희는 어떻게 주어와 보어를 구분할 수 있어요? 둘이 똑 같으면 구분이 안 되잖아요?"라고 물어본다면 "워워~, 아직 쌤 말이 다 끝나지 않았어요. 뭔가 다른 부분이 있겠죠." **'보어'는 '주어'와 달리 '되다, 아니다' 앞에만 올 수 있습니다.**

　"친구가 되었다."라는 문장은 '되었다' 앞에 '친구가'라는 말이 있습니다. 얼핏 정말 얼핏 보면 '친구가'는 주어인 거 같죠? 하지만 아니랍니다. '친구가'는 보어예요. 주어는 없나? 설마……문장에 주어가 없을 리야! 독립어로 이루어진 문장이 아닌 한 주어가 없는 문장은 절대, 절대 있을 수 없어요. 이 문장은 "누구는 누구의 친구가 되었다."는 문장에서 주어와 관형어가 생략된 거랍니다. '보어'는 약간의 주의가 필요한 성분이라 할 수 있습니다.

　독립어는 아주 쉽죠. 그 자체로 하나의 문장을 만들 수 있는 녀석입니다. "아!"라고 비명을 지를 수도 있고, "엄마!"라고 부를 수도 있습니다. 여러분이 가장 잘 찾는 문장 성분은 언제나 '독립어'였으니 어렵지 않게 이해했을 것으로 생각합니다.

의사소통의 기초는 문장의 핵심을 파악하는 구조의 이해로 시작합니다.

주어 : **'누가/ 무엇이'**

보어 : **'누가/무엇이 되다/아니다'**

서술어 : **'-이다, -하다'**

목적어 : **'누구를/ 무엇을'**

관형어 : **'누구의/ 어떤 / 어떨'**

부사어 : **'언제/어디에/어떻게'**

독립어 : **혼자서 만드는 한 문장**

시

부터

시작
하자

지문을 잘 읽어야 하는 것은 언어영역의 기본!
글쓴이와 제대로 대화하기

"'시'는 무엇일까요?"

"'시'는 운율이 있고, 함축적 언어를 사용해요."

수업시간에 물어보면 나오는 가장 흔한 답입니다. 그렇다면 운율은 무엇이고, 함축적 언어는 또 무엇일까? 정말 그렇게 어렵게 대답해야만 시에 대한 정의가 되는 걸까? 여러분은 시를 읽으면서 어떤 면에서 운율을 느꼈나요? 또 여러분은 어떤 시어가 함축적으로 사용된 것인지 쉽게 알아차릴 수 있었나요?

"그렇게 쉽게 알 수 있는 거라면 시를 왜 어렵다고 하겠어요?"

여러분의 아우성이 들리는 것 같습니다. 그렇다면 정작 그 녀석이 시란 건 어떻게 알았나요? 우리는 보통 시를 읽고 내용을 완전히 파악하지는 못해도 내가 읽은 녀석이 '시'라는 것은 쉽게 압니다. 그럼 거기서부터 시작할게요. 다시 묻겠습니다.

　　"여러분은 '시'가 '시'인 것을 어떻게 아나요?"
　　"짧아요."

그래요. 그렇게 답하면 훌륭한 답이에요. 그렇게 쉬운 답을 두고 뭐하려고 어렵게 답하는지 모르겠어. 또 다른 답은 없을까요?

　　"행이랑 연이 나누어져요."

바로 그거에요. 그렇게 답하면 여러분은 매우 훌륭하게 대답하고 있는 겁니다.

짧다는 건 '함축적인 내용'으로 구성되었다는 다른 표현이고, 행과 연이 나뉜다는 건 '운율'이 있다는 다른 말입니다. 그럼 굳이 처음의 대답과 차이도 없는데 왜 다시 물어보았냐고요? 누구랑 친해지려면 편한 옷을 입고 편한 대화를 나누어야 금방 친해지죠? 정장을 입고 격식에 맞추어 이야기를 나누면 쉽게 친해지기 어렵죠. 쌤은 여러분이 시와 친해지기를 바랍니다. 그래서 굳이 '쉬운 표현'으로 다시 한 번 시의 의미를 짚어 본 거죠. 여러분이 이렇게 쉬운 답을 두고 어려운 말로 생각하느라 고민하는 게 안타까워서요.

여러분이 가장 좋아하는 과목은 뭐죠? 혹시 좋아하는 선생님이 담당한 과목이라

"좋아요!" 하는 건 아니겠죠? ^^ 그렇다면 혹시 좋아하는 과목이 가장 자신 있는 과목은 아닌가요? 전에 누가 그랬죠. 누군가를 좋아하게 되면 자꾸 관심이 생겨서 그 사람만 바라보게 되고, 그러다 보면 그 사람이 무엇을 원하는지 어떤 기분인지 알게 된다고. 공부도 그런 거예요. 어떤 과목을 좋아하게 되면 관심이 생기고, 관심이 생기면 자꾸만 더 보게 되고, 그러다 보니 어느 순간 가장 자신 있는 과목이 되는 거죠. 이제 시를 편하게 만나 봅시다. 그러면 어느 순간 가장 자신 있는 녀석이 '시'가 되어 있을 테니까요.

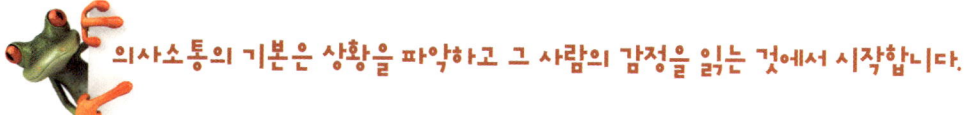

의사소통의 기본은 상황을 파악하고 그 사람의 감정을 읽는 것에서 시작합니다.

시에 운율이 있는 것은 시가 '노래'이기 때문입니다. 우리는 감정이 북받칠 때 음악을 듣거나 노래를 부르죠. 영화를 보면, 무척이나 기분 좋은 일이 생긴 주인공이 길에서 춤을 추며 노래하는 장면이 종종 나옵니다. 하지만 길에서 소설을 읽으며 춤을 추진 않습니다. 그러니까 '시'는 음악성을 갖추고 있는 감정을 전달하기 가장 좋은 장르라는 것을 알 수 있겠죠?

또한 시는 감정을 주로 전달하다 보니 장황한 설명을 하기에는 역부족이죠. 그러다 보니 말이 짧아지고, 짧은 말 속에 많은 의미를 담아야 하니 자연스레 함축적으로 되는 거랍니다. 그러나 시는 말이죠, 사실은 함축적인 말보다 일상적인 말이 더 많아요. 함축적인 말의 의미를 찾기 위해 고군분투(孤軍奮鬪:게임의 이름으로 알고 있지는 않겠죠? 고군분투란 '적은 인원이나 약한 힘으로 벅찬 일이지만 남의 힘을 받지 않고 열심히 하는 것'을 뜻합니다)할 필요는 없습니다. 우리가 해야 할 일은 나무를 보느라 숲을 보지 못하는 실수를 피하는 것입니다. 언어영역은 '의사소통'이란 사실을 기억합시다. 그렇다면 시인은 '시'를 통해 우리에게 어떤 감정을, 어떤 사연을 말하고 싶어 하는 걸까요?

이제 여러분이 말하려 하기 전에 시인의 말에 귀를 기울여 보세요. 최고의 대화자는 다른 사람의 말을 잘 들어 주는 사람입니다. 의사소통의 시작은 바로 '귀 기울이기'입니다.

'상황' 파악이 안 되면 이해할 수 없고 '정서'나 '태도'를 알지 못하면 공감할 수 없다

시는 짧죠. 짧다고 해도 소설만큼이나 많은 이야기가 담겨 있을 때도 있습니다. 그러니 그 이야기를 풀어 읽을 줄 알아야 합니다. 엉킨 실타래를 푸는 것처럼 시를 이해하기가 어렵다면? 여러분은 엉킨 실타래를 풀려고 할 때 어떻게 하나요? 가장 먼저 꼬투리를 찾지 않나요? 시도 마찬가지입니다.

시를 읽을 때 찾아야 하는 꼬투리는 '상황'입니다. 상황을 파악하기 위해 우리가 해야 하는 일이 무엇인지 여러분은 이미 알고 있죠? 그렇습니다. 일단 주어와 서술어를 찾고 목적어가 있다면 목적어를 찾는 것! 그럼 직접 해 보도록 하겠습니다.

> 나는 북관(北關)에 혼자 앓아누워서
> 어느 아침 의원(醫員)을 뵈이었다
> 의원은 여래(如來) 같은 상을 하고 관공(關公)의 수염을 드리워서
> 먼 옛적 어느 나라 신선 같은데
> 새끼손톱 길게 돋은 손을 내어

묵묵하니 한참 맥을 짚더니

문득 물어 고향이 어데냐 한다.

평안도 정주라는 곳이라 한즉

그러면 아무개 씨 고향이란다

그러면 아무개 씰 아느냐 한즉

의원은 빙긋이 웃음을 띠고

막역지간(莫逆之間)이라며 수염을 쓴다

나는 아버지로 섬기는 이라 한즉

의원은 또다시 넌지시 웃고

말없이 팔을 잡아 맥을 보는데

손길은 따스하고 부드러워

고향도 아버지도 아버지의 친구도 다 있었다.

- 백석, 「고향」 (비상 상)

우리는 첫 문장에서 쉽게 화자가 처한 상황을 알 수 있습니다.

나는 북관(北關)에 혼자 앓아누워서 / 어느 아침 의원(醫員)을 뵈이었다

위의 첫 구절을 보면 주인공은 '나'군요. 따라서 시의 화자는 1인칭 주인공인 '나'라
고 할 수 있으니 '나'의 상황을 파악하면 되겠습니다.
이 문장의 주어는 '나는'입니다. 서술어는 '앓아누워서'와 '뵈이었다'이군요. 목적어

도 있습니다. '의원을'이 목적어로 쓰였습니다.

주어 = 나는
서술어 = 앓아누워서, 뵈이었다
목적어 = 의원을

이 시의 화자인 '나'는 '앓아누워서 의원을 뵈이는' 상황에 처했군요. 즉 시적 화자의 상황은 '병원을 찾을 만큼 아프다'는 거죠.

이제 조금 더 이 사람의 상황을 알아봅시다. 이 문장에 나와 있는 부사어구가 셋 눈에 보입니다. '북관에서', '혼자', 그리고 '어느 아침'입니다.

'북관'이 어느 지역인지는 몰라도 괜찮습니다. 다만 이곳이 '화자의 고향은 아니구나.'라는 정도는 알 수 있을 것입니다. 자기 집에서 아파 누워 있다고 할 때 아무리 집이 청주라고 해도 '청주 시에 앓아누워서'라고 하지는 않으니까요. 화자가 아파 병원에 가야 했던 곳은 집을 떠난 곳 '타향'인 북관이었습니다.

'혼자'서 말입니다.

'북관'과 '혼자'라는 정보는 '앓아누워서 의원을 뵈이었다'는 현실에 감정을 불어넣어 줍니다. 집 떠나 아프면 집에서 아픈 것보다 더 서럽게 마련입니다. 게다가 화자는 '혼자'이죠. 그리고 화자는 '아침'에 의원을 만나러 갑니다. 밤새 앓아누웠던 겁니다. 아는 사람 없는 타향에서 혼자 얼마나 앓았으면 아침이 되자마자 병원을 찾았을까요?

아! 참 서러웠겠다.

이렇게 화자의 상황을 제대로 이해했다면 이 시는 이제 어려울 것이 없습니다.

그곳에서 만난 의원이 나에 대해 이것저것 물어봐 주시는 자상하고 따뜻한 분이라는 사실을 간과해도 괜찮습니다. 그저 의원이 나의 아버지와 막역지간이라는 사실만 알았다 해도 우리는 이 시의 화자가 어떤 기분이었을지 짐작할 수 있지 않을까요?

의원은 또다시 넌지시 웃고 / 말없이 팔을 잡아 맥을 보는데 / **손길은 따스하고 부드러워 / 고향도 아버지도 아버지의 친구도 다 있었다.**

이 시의 마지막 구절에서 볼 수 있듯이 '화자는 타향에서 아파 서럽던 마음'을 위로받고 있다는 것을 알 수 있습니다. '손길은 따스하고 부드러워'가 그 이유입니다. 그로 인해 아프고 서럽던 '북관'에 '고향도 아버지도 아버지의 친구도 다 있었다'가 되는 겁니다. 그럼 이제 이곳은 타향도 아니고 혼자도 아닌 것이 됩니다. 아픈 거야 어쩔 수 없지만 타향에서 혼자 아픈 설움은 사라졌겠죠?

이제 이 시는 다 감상했고 이해했습니다. 이것이 바로 상황의 구체적인 이해이고 화자의 '정서' 파악이라고 할 수 있습니다. 화자는 '아파서 서러웠다.' 그렇지만 이제는 '많이 위로받고 마음이 따뜻해졌다.'

서러움 → 위로받고 마음이 따뜻해짐

수능에서 출제되는 언어영역은 꽤 오랜 시간이 지나면서 문제의 유형이 고정되고 있습니다. 물론 새로운 유형의 문항들이 전혀 없는 것은 아니지만 그렇다고 새로운 내용을 물어보는 일은 거의 없습니다. 새로운 유형에 대해서 겁먹지 마세요. 물어보는 말투를 살짝 바꾸는 것이랍니다. 출제자가 하는 말이 무슨 말인지, 무엇을 의도하고 하는 말인지만 파악할 수 있으면 됩니다. 언어영역은 의사소통의 능력을 평가하는 것이므로 의사소통에 필수적인 요소들은 반드시 출제되게 마련이죠!

'시'에서는 어떤 것들이 출제될까요?

아래 제시한 발문의 형태는 지금껏 보았던 모의고사와 수능에서 그대로 가져온 것입니다. 모습이 조금씩 다르기는 하지만 수능과 모의고사의 문제들을 보면 지문은 바뀌는데 발문이나 선택지의 모습은 같을 때가 많아요. 묻는 것들이 정해져 있다는 말이겠죠? 그러니까 정해진 발문 내용이 어떤 것인지만 제대로 파악해도 수능의 언어영역 '시'에서 만점을 받을 수 있을 거예요. 먼저 아래 발문을 찬찬히 읽어 본 다음, 문항별 질문 내용이 무엇인지 꼼꼼히 확인해 봅니다.

1. (가)~(다)의 공통점으로 가장 적절한 것은?
2. 〈보기〉는 (다)의 시인이 쓴 다른 작품의 일부이다. [A]~[E]에서 〈보기〉의 상황을 가장 잘 나타내고 있는 것은?
3. ㉠~㉤에 대한 설명으로 적절하지 않은 것은?
4. 다음 중 밑줄 친 ㉠에 내포된 화자의 정서가 가장 가까운 것은?
5. (다)의 특징을 빌려 새로운 작품을 창작하려고 한다. 창작 구성으로 적절한 것은?
6. 〈보기〉의 관점에서 (나)를 감상할 때, 가장 적절한 반응은?

1. 제시된 문항은 작품 간의 공통점이나 차이점을 묻는 발문인데요. 이때 주로 물어보는 것은 '화자의 상황'이거나 '태도' 및 '정서'일 때가 많습니다. 그 밖에 시의 표현상의 특징을 물어보는 경우도 있습니다. 다시 말하면, 시를 읽고 파악해야 하는 모든

것을 총체적으로 묻기 위한 문제라고 할 수 있지요.

　2. 제시된 문항은 '시적 화자의 상황'을 파악하는 문제이죠.

　3.과 같은 유형의 문제는 '함축적 의미'를 묻고 있을 때가 많습니다. 시구에 숨겨진 진짜 의미를 묻는 문제라고 할 수 있습니다. 혹은 '시어의 이미지'를 묻는 문제일 경우도 있습니다. 유사한 이미지끼리의 결합이라거나 이미지와 '정서나 태도'를 연결하는 문제도 있습니다.

　4. '화자의 정서'를 묻고 있죠. 때로는 이와 같은 문제에 '화자의 태도'를 묻는 문제가 출제되기도 합니다.

　5. 제시된 문항은 '표현상의 특징'을 묻는 발문일 때가 많습니다.

　6. 문학을 감상하는 방법에 고등학교 학생들이 알아야 한다고 생각하는 네 가지 관점이 있습니다. 그것을 잘 이해하고 있는지 물어보는 문제입니다.

　정리해 볼까요? 시를 감상하면서 우리가 파악해야 하는 기본은

첫째 – 시에 나타난 상황 찾기

둘째 – 시적 화자 혹은 인물의 정서 및 태도 파악하기

셋째 – 시구의 함축적 의미 파악하기

넷째 – 시어의 이미지의 기능 파악하기

다섯째 – 표현상의 특징

여섯째 – 작품의 감상법

　이 가운데 '시적 상황'이나 '정서 및 태도' '함축적 의미'를 묻지 않았던 적은 단 한 번도 없습니다. 이제까지 우리는 '시적 상황'과 '정서, 태도'를 파악하는 방법을 함께

공부해 보았습니다. '함축적 의미', '시어의 이미지'와 '표현상의 특징', '작품의 감상법'에 대한 부분은 다음 장에서 연습해 봅시다.

이제 다시 백석의 '고향'으로 돌아와 시의 내용을 정리해 보겠습니다.

상황 : 타향에서 몸이 아파 의원을 찾았다.
정서 : 아파 서럽던 마음이 아버지의 친구라는 의원을 만나 위로받았다.
태도 : 의사에게 친근한 태도를 보이고 있다.

백석의 '고향'은 완벽하게 해석이 되었다고 해도 거짓말이 아니겠군요.

"쌤, 정말 이렇게 간단하게 시를 읽어도 괜찮은 거예요? 막 밑줄 긋고 많이 써야 마음이 놓이는데 이건 너무 간단해요."
"희민 쌤을 못 믿으십니까? 서운하군요. 하지만 정 그러하다면 2004년 여러분의 선배들이 보았던 수능에 이 시가 (가) 시로 나왔답니다. 과연 이러한 해석만으로도 문제를 풀 수 있을까요? 함께 풀어 보도록 하겠습니다. 다른 문제도 있는데 지금까지 해석한 것으로만 풀 수 있는 문제들을 가져오신 것은 아닐까 하는 의심은 접으시기 바랍니다. 이 시로 접근할 수 있는 문제가 두 문제 있습니다. 그 문제들을 모두 풀어 보도록 하죠."

1. **(가)~(다)에 대한 설명으로 적절한 것은?**
   ① (가)와 (나)에는 부재나 결핍이 드러나 있다.
   ② (가)와 (다)에는 이상 세계에 대한 동경이 나타나 있다.

③ (나)와 (다)에는 유년 시절에 대한 향수가 드러나 있다.

④ (가)~(다)에는 비판적인 현실 인식이 드러나 있다.

⑤ (가)~(다)는 점층적 강조를 통해 주제를 효과적으로 구현하고 있다.

"어? 이 문제는 (가)만이 아니라 (나), (다)라는 시가 모두 있어야 풀 수 있는 문제잖아요. 어떻게 풀어요?"

"선택지를 보면 (가)만으로 확인할 수 있는 것들이 있습니다. 일단은 그렇게 확인할 수 있는 선택지만으로 답을 향한 선택지의 개수를 줄이는 겁니다. 시 세 편을 모두 보고 문제를 접하게 되면 처음 읽었던 시에 대한 정보가 머릿속에서 사라질 수도 있거든요. 그냥 지금 읽은 따끈따끈한 감상으로 일단 문제를 풀어 보세요. 훨씬 수월하게 문제를 풀 수 있을 거라고 쌤은 확신합니다. 쌤이 대한민국에서 '시' 부문 1타 강사라는 타이틀을 가지게 된 것도 이러한 문제 풀이 노하우가 있기 때문이죠. 여러분, 쌤을 꽉 믿고 한 번 해 보세요!"

①번 '화자의 상황'을 묻는 답지입니다. 선택지를 살펴보도록 합니다. 현재 화자는 '북관에서 앓아누워' 있었죠. 따라서 고향도 없고 '혼자'이니 결핍도 되어 있네요. 이제 '부재나 결핍'은 **'맞다'**는 걸 확인할 수 있습니다.

②번 '화자의 태도'를 묻는 답지입니다. 선택지에서 '이상 세계'라고 하면 긍정적인 공간이군요. 이 시를 읽어 보면 긍정적인 공간은 분명 '고향'입니다. 그럼 묻죠. 여러분은 '고향'을 이상 세계라고 생각하십니까? 화자 역시 고향을 떠나 혼자 아프니까 서럽고 고향이 그립고 그럴 수는 있겠지만 이상 세계라고 하는 것은 좀 과하다고 생각되네요. 그저 그리운 곳 정도일 겁니다. **'잘못된 선택지'**입니다.

③번 선택지는 '화자의 정서'를 묻는 답지입니다. 그러나 (가) 시에 해당되는 답지

가 아니기 때문에 지금은 옳은지 아닌지 파악할 수 없으므로 패스!

④번 답지는 '화자의 태도'를 묻는 것입니다. 답지에서 말하는 '비판적인 현실 인식'이 드러나려면 부정적인 현실이 있어야 합니다. 화자가 처한 부정적 현실은 '타향에서 혼자 아픈 것'입니다. 하지만 그것이 비판해야 할 현실은 아니지 않습니까? 심지어 아파서 찾은 병원에서 화자는 따뜻하게 자신을 대해 주시는 아버지의 친구이기도 한 의원을 만나 위안을 얻고 있지요. 비판적으로 현실을 인식할 이유가 하나도 없으니 역시 **잘못된 선택지**입니다.

⑤번 답지는 '표현상의 특징'을 함께 물어보고 있습니다. '점층법'이 무엇인지 알아야 풀 수 있죠. 다행히 '점층법'이 '말하고자 하는 내용의 비중이나 강도를 점차 높이거나 넓혀 그 뜻을 강조하는 표현 방법'이라는 사실을 알고 있다면 이 시에는 해당되지 않는다는 것을 알 수 있을 거예요. 따라서 이 답지도 **잘못된 선택지**입니다.

문제를 분석해 보니 '공통점과 차이점'을 묻는 문제는 역시 시의 전반적인 내용을 포괄적으로 이해하길 바라는 문제라는 것을 알 수 있겠죠? 그리고 정답은 ①번이거나 ③번으로 압축되었을 것입니다. 시의 '상황과 정서, 태도'가 문제를 푸는 핵심이 된다는 사실을 다시 한 번 확인하게 해 주는 문제였습니다.

다음 문제를 본다면 '상황과 정서, 태도'가 중요하다는 쌤의 말을 확실히 믿게 될 겁니다. 이 문제는 '시어의 역할'에 관한 문제이지요.

"어? '시어의 역할'이라고요? 저희한테는 그런 유형은 말씀 안 하셨는데요!"

이렇게 묻는다면 너무 성급한 학생! 시의 내용과 관련된 문제라면 그 무엇이든 '상황, 태도, 정서'면 천하무적입니다. 다음 문제에서 확실히 보여주겠습니다.

2. (가)의 ㉠과 유사한 기능을 하는 것을 〈보기〉에서 고르면?

〈보 기〉

그리스 신화에 나오는 영웅 테세우스는 미궁으로 들어가 비밀의 방에 이르고자 한다. 비밀의 방에는 인간을 잡아먹는 괴물 미노타우로스가 있다. 미궁을 통과하는 길은 복잡하게 얽혀 있어 한 번 들어가면 길을 잃기 십상이다. 미궁으로 들어가는 문은 누구에게나 보이는 것이 아니다. 들어가고자 하는 사람에게만 존재하고 열리는 문이다. 테세우스는 미궁의 문을 찾아 실 끝을 미궁의 문설주에 묶어 놓은 뒤 자신의 예지와 본능으로 미로를 더듬어 비밀의 방에 이른다. 테세우스는 괴물을 죽인 후 실을 따라 무사히 밖으로 나온다. 이 '미궁의 신화'는 문학예술 작품에서 다양하게 변형되어 사용되기도 한다.

① 테세우스   ② 미노타우로스
③ 미궁의 문   ④ 비밀의 방
⑤ 실

문제의 ㉠은 '의원'입니다. 의원은 내게 어떤 존재였을까? 나로 하여금 서럽던 마음을 풀어 준 사람입니다. "왜?" 왜냐하면 나는 **의원을 통해** 고향도 아버지도 만날 수 있었기 때문이죠. 그럼 '의원'의 기능은 무엇일까요? 사람에게 기능이라고 하면 좀 뭣하지만 발문이 그러하니 어쩔 수 없군요.^^ 아무튼 '의원'의 기능은 당연히 '고향과 아버지'를 만날 수 있게 해 준 **'매개체'**가 정답입니다. 이제 우리는 〈보기〉에서 '매개체'의 기능을 하는 녀석을 찾으면 됩니다.

테세우스는 〈보기〉의 주인공입니다. 위 시에 대응시킨다면 '화자'와 같은 기능을 하고 있겠죠. 미노타우로스는 괴물입니다. 주인공 테세우스를 괴롭히는 존재니까 '부정적 인물'입니다. '의원'은 긍정적인 인물이기 때문에 절대로 미노타우로스의 괴물은 의원과 같은 기능을 하지는 않을 것입니다. 그보다는 '아픈 상황'이 되지 않을까요?

테세우스가 찾아가는 비밀의 방은 긍정적인 공간으로 테세우스가 가고 싶어 하는 곳입니다. 시에서는 '고향'과 같은 기능을 할 것입니다.

비밀의 방에 가기 위해서는 '미궁의 문'을 찾아야 합니다. 미궁의 문은 '비밀의 방'과 연결된 문이니까요. 그렇다면 미궁의 문이 바로 '의원'과 같은 역할인 지향하는 공간과 인물을 이어주는 기능을 하고 있다는 사실을 알 수 있습니다. 매개체인 거죠. 그래서 당시 교육과정평가원은 정답으로 ③'미궁의 문'을 발표했습니다.

그러나 '실'이야말로 테세우스를 '비밀의 방'으로 연결시켜 주는 매개체가 아닐까요? 많은 사람들은 이 문제에 이의를 제기했고, 평가원은 ⑤'실'도 정답으로 인정했습니다.

이 문제는 분명 '의원'이 어떤 기능을 하고 있는지 파악한 후 〈보기〉에 적용시켜야 하는 고난도의 문제였습니다. 하지만 이 시에서 화자가 처한 상황이 무엇이었는지 확인한다면 '의원'의 역할 역시 알 수 있을 거라 생각합니다. 자, 그럼 여러분도 시를 읽고 시에 나타난 화자의 혹은 주인공의 '상황'이 어떠한지 살펴보고 그의 '정서와 태도'가 어떠한지도 알아볼까요?

"네, 이제 선생님은 쉬세요. 제가 해 볼게요."

저것은 벽
어쩔 수 없는 벽이라고 우리가 느낄 때
그때
담쟁이는 말없이 그 벽을 오른다

물 한 방울 없고 씨앗 한 톨 살아남을 수 없는
저것은 절망의 벽이라고 말할 때
담쟁이는 서두르지 않고 앞으로 나아간다
한 뼘이라도 꼭 여럿이 함께 손을 잡고 올라간다
푸르게 절망을 다 덮을 때까지
바로 그 절망을 잡고 놓지 않는다
저것은 넘을 수 없는 벽이라고 고개를 떨구고 있을 때
담쟁이 잎 하나는 담쟁이 잎 수천 개를 이끌고
결국 그 벽을 넘는다

– 도종환, 「담쟁이」 (해냄 하)

1) 이 시의 주인공은 누구일까요?

----

2) 이 시의 주인공은 무엇을 하고 있나요?

----

3) 이 시의 주인공은 어떤 심정으로 지금 이 일을 하고 있을까요?

----

4) 시인은 이 시를 통해 무엇을 말하고 싶었을까요?

혼자하기 2

네가 오기로 한 그 자리에

내가 미리 가 너를 기다리는 동안

다가오는 모든 발자국은

내 가슴에 쿵쿵거린다

바스락거리는 나뭇잎 하나도 다 내게 온다

기다려 본 적이 있는 사람은 안다

세상에서 기다리는 일처럼 가슴 애리는 일 있을까

네가 오기로 한 그 자리, 내가 미리 와 있는 이곳에서

문을 열고 들어오는 모든 사람이

너였다가, 너일 것이었다가

다시 문이 닫힌다

사랑하는 이여

오지 않는 너를 기다리며

마침내 나는 너에게 간다

아주 먼 데서 나는 너에게 가고

아주 오랜 세월을 다하여 너는 지금 오고 있다

아주 먼 데서 지금도 천천히 오고 있는 너를

너를 기다리는 동안 나도 가고 있다

남들이 열고 들어오는 문을 통해

내 가슴에 쿵쿵거리는 모든 발자국 따라

너를 기다리는 동안 나는 너에게 가고 있다

-황지우, 「너를 기다리는 동안」 (디딤돌 상)

1) 이 시의 주인공은 지금 무엇을 하고 있나요?

_____

2) 이 시에서 '나'의 마음을 직접적으로 표현한 부분을 찾아본다면?

_____

3) 이 시는 전반부와 후반부에 주인공의 태도가 바뀌고 있습니다. 어떻게 바뀌고 있을까요?

_____

4) 이 시의 전반부와 후반부를 나누는 경계는 어디부터일까요?

_____

이런 답을 썼다면 완전 최고~

정답 | 1. 네가 오기로 한 곳에 미리 가 너를 기다리고 있다 | 2. 가슴 애리는 일 | 3. '기다림'에서 '너에게 가고 있다'로 바뀐다. 소극적인 태도에서 적극적인 태도로 바뀐다. | 4. 13행부터. 또는 '사랑하는 이여'부터 또는 사랑하는 이여 / 오지 않는 너를 기다리며 / 마침내 나는 너에게 간다

뭐락카노, 저편 강기슭에서
니 뭐락카노, 바람에 불려서

이승 아니믄 저승으로 떠나는 뱃머리에서
나의 목소리도 바람에 날려서

뭐락카노 뭐락카노
썩어서 동아 밧줄은 삭아 내리는데

하직을 말자, 하직 말자
인연은 갈밭을 건너는 바람

뭐락카노 뭐락카노 뭐락카노
니 흰 옷자락만 펄럭거리고……

오냐, 오냐, 오냐
이승 아니믄 저승에서라도……

이승 아니믄 저승에서라도
인연은 갈밭을 건너는 바람

뭐락카노, 저편 강기슭에서

니 음성은 바람에 불려서

오냐, 오냐, 오냐

나의 목소리도 바람에 날려서.

-박목월, 「이별가」 (지학사(박) 상) / 천재(박) 상)

1) 이 시의 화자 '나'는 어떤 상황일까요?

2) 화자의 심정은 어떠할지 구체적 시구를 쓰고 그에 알맞은 심정을 써 봅시다.

3) 화자가 바라는 것은 무엇인지 구체적 시구를 쓰고 말해 봅시다.

이런 답을 썼다면 그대는 천재입니다

정답 | 1. 사랑하는 사람과 사별을 하고 슬퍼하고 있다. | 2. '뭐락카노, 뭐락카노, 뭐락카노' – 이승과 저승의 거리로 인해 서로의 말을 들을 수 없는 안타까움을 느낄 수 있다. | 3. 정답 : '하직을 말자, 하직을 말자' '이승 아니면 저승에서라도 …….' – 이승 아니면 저승에서라도 다시 만날 것을 소망하고 있다.

함축적 의미와 이미지를 잡아라!
이제 시의 내용 이해는 끝!

함축적 의미가 뭔데?

　시의 언어는 분명히 일상적인 단어를 사용하고 있지만 일상적이지 않죠. 그래서 시가 어렵다고 느껴지는 이유가 됩니다. '함축적 의미', 어떻게 파악할 수 있을까요? 사실 쌤은 '함축적 의미를 꼭 파악해야 되나?' 하는 생각이 들어요. 여러분이 비평가도 아니고, '시'를 전문으로 공부하는 전공자도 아닌데⋯⋯. 시에서 화자가 말하고자 하는 것이 무엇인지 상황과 태도와 정서만 파악하는 것으로 충분하지 않을까 해서죠. 그러나 어쩌지요? 수능에서는, 그리고 우리가 학교에서 풀어야 하는 국어 혹은 문학 내신 문제에서는 '함축적 의미'를 피해 갈 방법이 없습니다. 그럴 때 선생님이 하는 이야기가 있습니다.

수학과 달리 언어는 문제를 푸는 게 아니라는 사실입니다. 앞에서도 말했다시피 수학은 발문을 읽고 문제가 요구하는 공식이 무엇인지 찾아서 직접 문제를 풀어야 합니다. 그러나 언어영역은 '쓰기' 문제에서도 내가 쓰는 것이 아니라 출제자가 이렇게 쓴다고 보기를 들어주면 우리는 '평가'만 하면 됩니다. 함축적 의미도 그렇게 접근하면 쉽게 풀어낼 수 있습니다. 함축적 의미를 파악하는 가장 쉬운 방법은 좋은 느낌의 시어인지 나쁜 느낌의 시어인지 판단하는 것입니다.

다섯 살배기 딸 민지
민지가 아침 일찍 눈 비비고 일어나
저보다 큰 물뿌리개를 나한테 들리고
질경이 나싱개 토끼풀 억새……
이런 풀들에게 물을 주며
잘 잤니, 인사를 하는 것이었다.
그게 뭔데 거기다 물을 주니?
꽃이야, 하고 민지가 대답했다.
그건 잡초야, 라고 말하려던 내 입이 다물어졌다

-정희성, 「민지의 꽃」 (두산 하, 창비 하)

눈에 띄는 단어가 둘 있습니다. '꽃'과 '잡초'입니다. 이 둘의 함축적 의미가 무엇이냐고 물으면 잠시 막막해질지도 모릅니다. 그러면 질문을 달리 해 보도록 할까요?

"두 시어가 가지고 있는 느낌이 좋은가요? 나쁜가요?"

'꽃'의 느낌은 좋습니다. 반면에 '잡초'는 좋지 않습니다. 그 정도만 파악했어도 우리가 문제를 푸는 데는 별로 어려움이 없을 거예요. 그렇지만 우리는 이미 시적 상황을 파악하는 법, 태도와 정서를 이해하는 법도 공부했습니다. 그러니 문제를 풀기 위한 테크닉만 살피고 깊이 있는 해석을 하지 못한다면 슬프지 않을까요? 그럼 지금까지 배운 것들을 총 동원하여 이 시를 살펴보도록 하겠습니다.

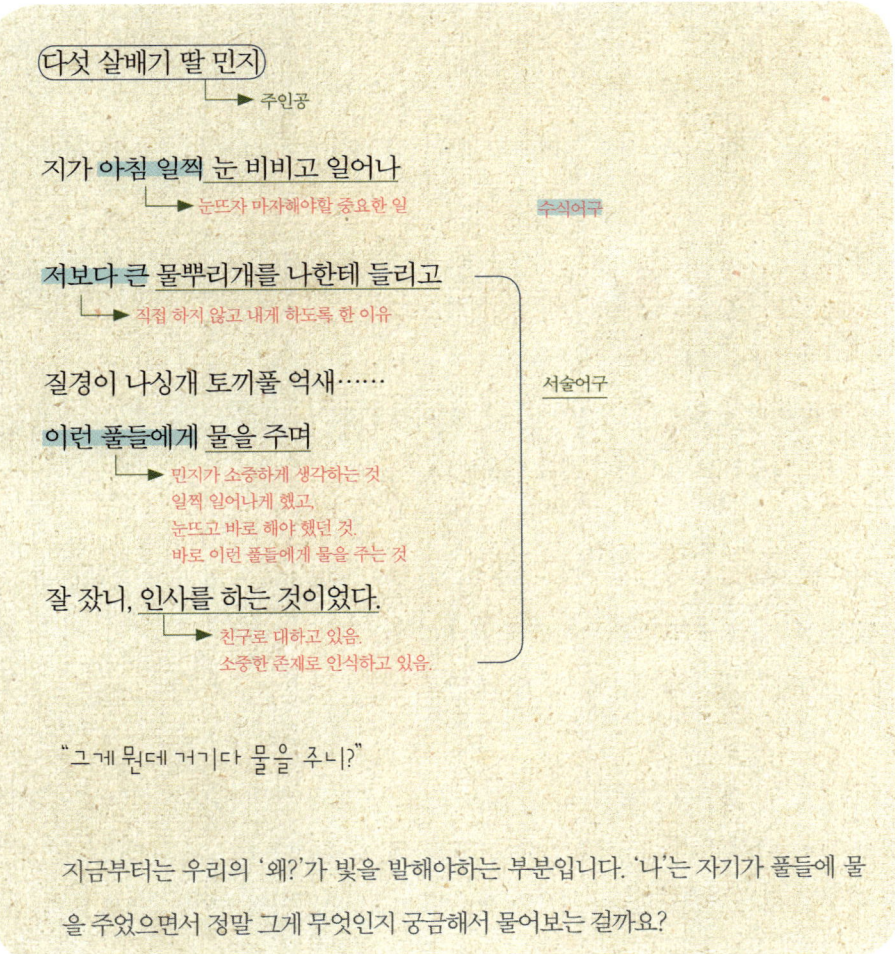

다섯 살배기 딸 민지 → 주인공

지가 아침 일찍 눈 비비고 일어나
→ 눈뜨자 마자해야할 중요한 일   수식어구

저보다 큰 물뿌리개를 나한테 들리고
→ 직접 하지 않고 내게 하도록 한 이유

질경이 나싱개 토끼풀 억새……   서술어구

이런 풀들에게 물을 주며
→ 민지가 소중하게 생각하는 것
일찍 일어나게 했고,
눈뜨고 바로 해야 했던 것,
바로 이런 풀들에게 물을 주는 것

잘 잤니, 인사를 하는 것이었다.
→ 친구로 대하고 있음.
소중한 존재로 인식하고 있음.

"그게 뭔데 거기다 물을 주니?"

지금부터는 우리의 '왜?'가 빛을 발해야하는 부분입니다. '나'는 자기가 풀들에 물을 주었으면서 정말 그게 무엇인지 궁금해서 물어보는 걸까요?

다시 말해 '그게 뭔데'가 중요한 부분일까요?

'나'는 '왜' 민지에게 이런 질문을 했을까요?

대답은 잠시 후 하겠습니다. 여러분은 지금부터 고민해 보도록 하세요.

꽃이야, 하고 민지가 대답했다.

그건 잡초야, 라고 말하려던 <u>내 입이 다물어졌다</u>

➡ '왜?' 내가 입을 다물어버린 이유는 고민해보아야 해요

그럼 간단하게 위 시를 정리해 보겠습니다.

상황:

1. 민지가 나한테 풀들에게 물을 주게 했다.

2. 민지는 꽃들에게 아침 인사를 했다.

3. 그게 뭔데 물을 주냐고 하자 민지는 꽃이라고 했다.

4. 나는 잡초라고 말하려다 입을 다물었다.

정서 및 태도

잡초한테 물을 주게 하는 민지를 보면서 의아해 함

⇨ 꽃이라는 민지의 대답에 (?)을 깨달음

"'꽃'이라는 민지의 대답에 '그건 잡초야'라고 말하려던 내 입이 다물어졌다"는 문장은 매우 중요합니다. 시는 천천히 음미하는 것이 좋습니다. 그래야 제대로 된 문장이 완성될 때가 많습니다. 이 경우가 바로 그렇죠. 화자는 민지에게 "그게 뭔데 거기

다 물을 주니?"라고 물어봅니다. 그리고 민지는 대답합니다. "꽃이야." 얼핏 보면 별로 문제가 없는 것 같죠? 그러나 물을 준 사람은 민지가 아니라 화자입니다. 잘 보십시오. 화자는 민지가 그것을 무엇으로 인식하고 있는지 궁금해서 질문한 것이 아닙니다. 화자가 하려는 말의 중간에 민지가 질문의 내용을 잘못 이해하고 끼어들어 대답한 거지요. 원래 화자가 하려던 말은, "그게 뭔데 거기다 물을 주니? 그건 잡초야."입니다.

민지의 대답을 정정해 주려던 의도였다면 화자의 입이 다물어졌을 리가 없습니다. 화자는 너무도 당연하게 꽃과 잡초를 구별하고 있었죠. 그리고 잡초는 물을 줄 필요가 없는 하찮은 것이라는 생각도 하고 있었습니다. '그게 뭔데'라는 말은 '그깟 잡초가 뭐라고'의 다른 표현이었습니다. 하지만 민지의 말에서 화자는 깨닫게 되죠. 자, 그건 무엇이었을까요?

자연에서 잡초와 풀의 구분은 사실 의미가 없는데도 인간은 자신들의 잣대로 그것을 구분하고 차별합니다. 민지에게는 이러한 차별이 없습니다. 그저 자연 그대로 아름다운 꽃일 뿐입니다. 명확하진 않아도 이제 여러분은 머릿속에서 위에 있는 정서 및 태도의 (?)에 해당하는 답을 찾았을 겁니다. 그리고 꽃과 잡초의 의미도 알았을 거라 생각합니다. 꽃이 '아름다운 것'이라면 잡초는 '하찮은 것'입니다. 그리고 화자는 민지의 대답에서 '차별하지 않는 순수함'을 봅니다. 시의 다음에 이어지는 '내 말은 때가 묻어'라는 말에서도 이 사실은 확실해집니다.

전체의 상황을 파악하고 정서와 태도를 제대로 인식한다면 함축적 의미를 찾아내는 것도 그리 어려운 일이 아닙니다. 이미 눈치 챘지요? 그렇습니다. 내용에 대한 이해는 사실 '상황, 태도, 정서'만 이해하면 다 됩니다. 그래도 잘 모르겠다면 느낌이 좋은 시어와 그렇지 않은 시어를 구별해 보세요. 훨씬 쉽게 의미를 파악할 수 있을 테니까요!

한 편만 더 감상해 볼까요?

섬진강의 끝
하동에 가 보라
돌멩이들이 얼마나 많이 굴러야
저렇게 작은 모래알들처럼
끝끝내 꺼지지 않고
빛나는 작은 몸들을 갖게 되는지

- 김용택, 「강 끝의 노래」 (신사고 상)

위 시는 하나의 문장으로 되어 있습니다. 도치법이 쓰인 거죠. 그럼 일단 문장을 바로잡아 보겠습니다.

섬진강의 끝 하동에 가 돌멩이들이 얼마나 많이 굴러야 저렇게 작은 모래알들처럼 끝끝내 꺼지지 않고 빛나는 몸들을 갖게 되는지 보라.

이 시에서 '모래알들'은 어떤 의미를 함축하고 있을까요? 먼저 '모래알들'의 느낌이 어떤지 생각해 봅시다. 이런, 잘 모르겠다고요? 그러면 모래알과 연결되는 시어들의 느낌을 먼저 살펴보세요. 모래알들을 **'꺼지지 않고 빛나는 몸들'**로 표현한 걸 보니 느낌이 좋지요? 이렇게 그 자체의 시어만으로 느낌을 알 수 없을 경우에는 연결된 시어들의 느낌으로 파악하면 됩니다. 돌멩이가 많이 굴러서 꺼지지 않고 만들어진 것이 바로 이 몸들입니다. 꺼지지 않은 것으로 그치는 게 아니라 '빛나는' 몸이 되었습니다. '고난과 역경을 견디고 살다 보면 사라지는 것이 아니라 빛나게 된다는 것'을 화자는 말하고 있습니다. 그래서 가 보라고 하는 곳이 강의 상류가 아닌 '섬진강의 끝'인 것이죠. 어렴풋이 '모래알들'의 의미가 파악되었다면 **시련을 겪고 맞서며 성숙해진 모습**'을 함축하는 거라고 생각하면 끝!

이제 여러분들이 직접 해 보는 건 어떨까요?

(나) 진주 장터 생어물전에는
바다밑이 깔리는 해 다 진 어스름을,

울엄매의 장사 끝에 남은 고기 몇 마리의
빛 발하는 눈깔들이 속절없이
은전만큼 손 안 닿은 한이던가
울엄매야 울엄매.

별밭은 또 그리 멀리
우리 오누이의 머리 맞댄 골방 안 되어
손 시리게 떨던가 손시리게 떨던가,

진주 남강 맑다 해도

오명 가명

신새벽이나 밤빛에 보는 것을,

울엄매의 마음은 어떠했을꼬.

달빛 받은 옹기전의 옹기들같이

말없이 글썽이고 반짝이던 것인가.

-박재삼, 「추억」

(다) 내 어렸을 적 고향에는 신비로운 산이 하나 있었다.

아무도 올라가 본 적이 없는 영산이었다.

영산은 낮에 보이지 않았다.

산허리까지 잠긴 짙은 안개와 그 위를 덮은 구름으로 하여 영산은 어렴풋이 그 있는 곳만을 짐작할 수 있을 뿐이었다.

영산은 밤에도 잘 보이지 않았다.

구름 없이 맑은 밤하늘 달빛 속에 또는 별빛 속에 거무스레 그 모습을 나타내는 수도 있지만 그 모양이 어떠하며 높이가 얼마나 되는지는 알 수 없었다.

내 마음을 떠나지 않는 영산이 불현듯 보고 싶어 고속버스를 타고 고향에 내려갔더니 이상하게도 영산은 온데간데 없어지고 이미 낯설은 마을 사람들에게 물어보니 그런 산은 이곳에 없다고 한다.

-김광규, 「영산(靈山)」

일단 위 시들의 상황부터 정리하도록 하겠습니다. 상황은 문장을 중심으로 '주어, 서술어'를 찾아 정리한다고 했던 것, 기억하고 있죠? 자, 설명 들어갑니다.

진주 장터 생어물전에는
바다밑이 깔리는 해 다 진 어스름을,　　　▶ 공간적 시간적 배경

울엄매의 장사 끝에 남은 고기 몇 마리의
빛 발하는 눈깔들이 속절없이
은전만큼 손 안 닿은 한이던가
울엄매야 울엄매.　　　▶ 엄마 이야기

별밭은 또 그리 멀리
우리 오누이의 머리 맞댄 골방 안 되어
손 시리게 떨던가 손 시리게 떨던가,　　　▶ 우리 오누이 이야기

진주 남강 맑다 해도
오명 가명
신새벽이나 밤빛에 보는 것을,
울엄매의 마음은 어떠했을꼬.
달빛 받은 옹기전의 옹기들같이
말없이 글썽이고 반짝이던 것인가.　　　▶ 엄마 이야기

밑줄은 각 연의 주어구와 서술구들입니다. 첫 연과 둘째 연을 보면 엄마는 진주 장터

생어물전에서 생선 장사를 하십니다.

하지만 팔리지 않은 고기 몇 마리는 가난처럼 한이 됩니다.

왜요? 엄마의 한은 가난만이 아니라 팔리지 않고 남은 고기 몇 마리 자체가 되기도 한다는 말인데요. 고기가 안 팔리면 돈이 안 되니까 한이 되겠지만 분명 이 시에서 팔리지 않은 고기 몇 마리는 '돈과 비교할' 만큼의 한이라고 합니다. 확실히 '왜'인지는 짚고 넘어가야 합니다.

셋째 연을 보았습니다. 우리 오누이의 이야기입니다. 별이 밭을 만드는 깊은 밤입니다. 우리 오누이는 손 시리게 떨고 있습니다. 왜요? 당연히 엄마가 아직 오시지 않았으니까요. 엄마는 이 늦은 시간에 왜 안 왔죠? 그야 생선 몇 마리가 팔리지 않았기 때문입니다. 다시 앞으로 돌아가겠습니다. 엄마는 팔리지 않는 고기 몇 마리가 왜 손에 닿지 않는 은전만큼이나 한이 되었을까요? 아무런 생각이 나지 않으면 여러분이 어머니가 되어 보세요. 집에서 엄마 없이 떨고 있을 자식을 생각하면 늦은 시간까지 '돈' 때문에 팔리지 않는 고기를 앞에 놓고 있는 어머니는 단지 '돈' 때문에 한이 맺힌 것이었을까요?

넷째 연의 '말없이 글썽이고 반짝이던 것'이 '엄매의 마음'이었다는 것을 본다면 어머니의 눈물은 '가난'이 아니라 '가난으로 인해 제대로 돌보지 못하는 어린 자식들에 대한 아픔'이었다는 것을 알게 되는 것입니다.

말투를 보면 '엄매'라는 시어는 있지만 '어른인 나'의 목소리라는 것을 느낄 수 있습니다. 따라서 이 시는 어른인 내가 어린 시절의 어머니를 회상하며 쓴 것이라는 것을 알 수 있습니다.

상황과 정서, 한 번에 정리해 볼까요?
상황은 가난했던 유년시절 생선 장사를 했던 어머니의 한을 회상합니다.
정서는 어머니에 대한 연민과 그리움이겠죠.

내 어렸을 적 고향에는 신비로운 산이 하나 있었다.
아무도 올라가 본 적이 없는 영산이었다. ────▶ 이 시의 주인공(대상)은 신비로운 산
　　　　　　　　　　　　　　　　　　　　　　　지금부터는 산에 대한 이야기를 할 겁니다.

영산은 낮에 보이지 않았다.
　산허리까지 잠긴 짙은 안개와 그 위를 덮은 구름으로 하여 영산은 어렴풋이 그 있는
곳만을 짐작할 수 있을 뿐이었다.

영산은 밤에도 잘 보이지 않았다.
　구름 없이 맑은 밤하늘 달빛 속에 또는 별빛 속에 거무스레 그 모습을 나타내는 수도
있지만 그 모양이 어떠하며 높이가 얼마나 되는지는 알 수 없었다.

**　낮에도 보이지 않고 밤에도 보이지 않으면 도대체 언제 보인 걸까요? 아무도 올라**
간 적도 없고 보이지도 않는 산! 그만큼 어린 나에게는 신비로웠겠네요.

　내 마음을 떠나지 않는 영산이 불현듯 보고 싶어 고속버스를 타고 고향에 내려갔더니
이상하게도 영산은 온데간데 없어지고 이미 낯선 마을 사람들에게 물어보니 그런 산
은 이곳에 없다고 한다.

**　어른이 되어 찾아가 보니 그런 산은 없다고 합니다. 갑자기 산이 사라진 것은 아**

닐 테고 원래부터 없었던 산입니다. 어렸던 내가 만들어낸 상상의 산이었던 겁니다. '나'는 굉장히 허탈하고 고향의 소중한 보물을 하나 잃은 느낌일 것 같습니다.

밑줄은 역시 주어구와 서술어구입니다. 상황을 파악하기에는 주어구와 서술어구만 한 것이 없습니다. ▓▓ 표시된 부사어구와 관형어구는 화자의 태도나 정서를 잘 나타내 주고 있습니다. 굉장히 신비로운 곳에서 허탈함을 주는 곳으로 바뀌는 정서의 변화도 모두 이러한 수식어구에 있다는 사실! 역시 문장성분은 중요했습니다. 어렵게 공부했지 만 배우길 잘했죠?

상황입니다. 어릴 적 신비로웠던 영산이 보고 싶어 고향에 갔더니 그런 산은 없었 다는 사실을 알게 됩니다.
정서는 당연히 영산에 대한 그리움 → 허탈감으로 변하고 있습니다.

문제를 통해 풀어 볼까요?

15.(나), (다)에 대한 해석으로 적절하지 않은 것은?
① '진주 장터 생어물전'은 어머니의 고달픈 삶의 공간으로 볼 수 있다.
② '울엄매야 울엄매'라고 반복하여 어머니에 대한 안타까움을 드러내고 있다.
③ '달빛 받은 옹기전의 옹기'를 통해 어머니의 강인한 모습을 연상할 수 있다.
④ '짙은 안개'와 '구름'을 통해 대상의 신비로움을 나타내고 있다.
⑤ '내 마음을 떠나지 않는 영산'을 통해 영산이 화자가 그리워하는 대상임을 알 수 있다.

①번 답지의 '진주 장터 생어물전'은 '어머니의 한'과 이어져 있습니다. 당연히 좋은 느낌의 시어는 아닙니다. 또한 이 시의 공간적 배경이 되고 있기 때문에 이 답지의 내용은 적절해 보입니다. 언제나 우리는 함축적 의미를 스스로 알아내려 하지 않아도 답지의 타당성을 검토하는 것으로 문제를 풀어나갈 수 있다는 것을 잊지 마세요. 거만하고 냉철한 평가자가 되어 출제자의 해석을 평가해 보자고요!

②번 답지의 '울엄매야 울엄매'가 반복이라는 사실은 동의할 수 있습니다. 또한 ①번 답지와 마찬가지로 '어머니의 한'과 연결된 시어입니다. 긍정적이지 않죠. 그리고 '어머니의 한'과 그를 바라보는 화자의 안타까움을 연결시키는 것도 어렵지 않습니다. 따라서 타당한 답지라고 평가할 수 있겠지요.

③번 답지의 '달빛 받은 옹기전의 옹기'와 연결된 서술어는 '말없이 글썽이고 반짝이던 것인가'입니다. 글썽이고 반짝이는 것! 그것은 어머니의 눈물일 것입니다. 이것만으로도 ③번 답지에서 말하는 강인함과는 어울리지 않음을 알 수 있습니다. 또한 '달빛 받은 옹기전의 옹기'는 뒤에 '같이'라는 조사와 함께 쓰여 직유법으로 비유된 보조관념입니다.
　그럼 원관념을 찾아보아야겠지요? '달빛'일까요? 아닙니다. '달빛 받은 옹기전이 옹기'의 원관념은 위 문장에 있는 '울엄매의 마음'입니다. 한 많은 어머니께서 흘리는 눈물이 어머니의 강인함과 어울립니까? 눈물은 왠지 가련한 어머니의 모습과 연결이 되지 않습니까? 따라서 강인한 모습을 연상하는 것은 적절하지 않다고 평가할 수 있습니다. 정답은 ③번이 됩니다.

④번 답지를 보기 전에 이 시의 첫 연을 보겠습니다. 이 시의 첫 연 첫 행의 주어는

'신비로운 산'입니다. 그리고 그 '신비로운 산'에 대한 이야기가 2연과 3연에 걸쳐 전개되고 있습니다. 따라서 2연의 '짙은 안개'와 '구름'은 이 '신비로운 산'의 모습을 보여 주는 것으로 타당하다고 볼 수 있습니다. 또한 '짙은 안개'와 '구름'이 제시된 문장의 영산은 바로 이 '짙은 안개'와 '구름'으로 인해 있는 곳만을 짐작할 수 있게 되어 신비함을 유지하게 된다는 사실을 확인할 수 있습니다.

⑤번 답지의 '내 마음을 떠나지 않는 영산'의 서술어는 '보고 싶어'입니다. 대상을 '보고 싶어' 한다는 것은 그리움의 다른 표현으로 보아도 무방하지 않을까요? ⑤번 답지는 올바른 해석을 하고 있다고 볼 수 있습니다.

다시 한 번 말하지만 함축적 의미를 푸는 문제에서 여러분은 미리 그 함축적 의미를 알아내야한다는 강박관념을 가질 필요가 없습니다. 답지를 읽어 가며 그 시구와 연결된 주어나 서술어의 구조를 찾아 긍정적인 시어인지 부정적인 시어인지 살피거나, 연결 관계를 파악해서 주어진 답지의 타당성을 검토하는 것으로도 충분히 답을 찾을 수 있다는 뜻이죠. 어렵다고 생각하는 순간 머릿속 회로는 정지하게 마련이지요. 그렇게 되면 여러분은 시 속에서 그 어떤 의미로도 찾을 수 없게 된답니다.

함축적 의미를 묻는 이 같은 문제 외에 지금껏 공부했던 내용으로 풀 수 있는 문제를 보여 주겠습니다.

16. 〈보기〉를 바탕으로 (다)를 이해한 내용으로 적절하지 않은 것은?

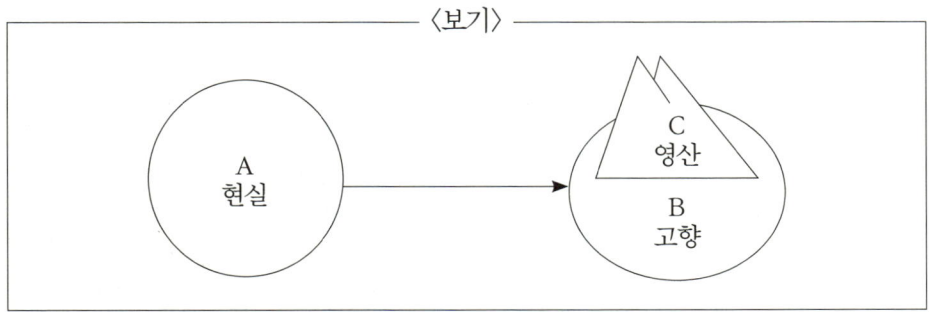

① A에서 B까지는 공간적 거리가 있다.

② A에서, 화자의 마음속에 C가 있었다.

③ B의 사람들은 C의 실체를 모르고 있다.

④ B에서, 화자는 C의 존재를 확인할 수 없었다.

⑤ B에서, C는 화자에게 낯익은 곳으로 자리 잡게 되었다.

이 문제는 '상황파악'의 문제입니다.

화자는 어릴 적 기억 속에 있는 '신비로운 산'인 영산을 보고 싶어 고향을 찾아간다. 그러나 낯설은 마을 사람들은 그런 산은 이곳에 없다고 한다.

이것이 이 시에서 볼 수 있는 화자의 상황입니다. 이러한 상황을 제대로 이해했다면 ①~④번 답지의 내용을 이해할 수 있지만 ⑤번 답지의 내용은 확인할 수 없었다는 것을 알 수 있습니다. '상황 파악하기', 이제는 조금 수월해졌기를 바랍니다.

이미지를 그려 보자!

이제 이미지에 대한 이야기를 해 볼까요? 이미지는 다른 말로 '느낌', '심상'이라는 표현으로 출제됩니다.

'이미지'의 사전적 의미는 '감각을 통한 느낌'이라고 했습니다. 따라서 우리는 감각이 무엇인지 확실하게 알고 있어야 합니다. 감각에는 시각, 청각, 촉각, 미각, 후각의 다섯 가지가 있어요. 이건 다 아는 거죠? 각각 눈으로 느끼는 것, 귀로 느끼는 것, 감촉으로 느끼는 것, 혀로 느끼는 것, 코로 느끼는 것입니다. 하지만 문학에서는 이렇게 직접 느끼는 것 외에 '공감각적 표현'을 통해 감각을 더욱 풍성하고 생생하게 만듭니다. 공감각적 표현이란 한 종류의 감각을 다른 종류의 감각으로 전이(轉移)시켜 표현하는 것을 말합니다.

이 히수무레하고 부드럽고 수수하고 슴슴한 것은 무엇인가
겨울밤 쩡하니 익은 동치미국을 좋아하고 얼얼한 댕추 가루를 좋아하고 싱싱한 산꿩의 고기를 좋아하고
그리고 담배 내음새 탄수 내음새 또 수육을 삶는 내음새 자욱한 더북한 삿방 쩔쩔 끓는 아르굴을 좋아하는 이것은 무엇인가

-백석,「국수」(지학사(박) 하)

백석의 시는 읽기에 참 어려운 시라고 많은 고딩들에게 알려져 있습니다. 왜냐? 평안도 사투리가 시의 곳곳에서 출몰하기 때문입니다. 도대체 백석은 왜 우리를 힘들게 했을까요? '표준어'를 사용하는 이유가 의사소통을 원활하게 하기 위함인 걸 모를까요? 아닙니다. 평안도 사람만을 위한 시를 쓴 것도 아니고 여러분이 이해하지 못하도

록 일부러 그런 것도 아닙니다. 모르는 말은 그냥 느낌으로 읽으면서 넘어 가세요. 괜찮아요. 다 괜찮아요. 백석은 '감각적인 시인'이에요. 느낌이 아주 중요한.

이 히수무레(모르면 패스)하고 부드럽고 수수하고 슴슴(모르면 패스)한 것은 무엇인가
겨울밤 쩡하니 익은 동치미국을 좋아하고 얼얼한 댕추 가루(앞에 말로 유추하면 고추?)**를 좋아하고 싱싱한 산꿩의 고기를 좋아하고**
그리고 담배 내음새 탄수(모르면 패스) 내음새 또 수육을 삶는 내음새 자욱한 더북(모르면 패스)**한 삿방(모르면 패스ㅋㅋ) 쩔쩔 끓는 아르굴(모르면 패스 완전-_-최고 패스 많아)을 좋아하는 이것은 무엇인가**

정말 많은 '패스~'와 함께 했군요. 신나게 편하게 패스를 해도 연결되는 말들로 '느낌'은 잡아가세요. 다시 말하지만 백석은 '감각적인 시인'이에요.

1행을 읽어 보아요. 이것(국수는 제목이 국수니까)은 아무튼 부드럽고 수수한 것이에요.(아는 말만으로 정리했어요.ㅆㅆ)

2행을 보니 동치미랑 고춧가루를 넣고 꿩고기도 필요하군요. 아! 겨울과 어울리나 봐요.

3행에서는 각종 냄새도 나는군요. 제목이 국수니까……당연히 국수에 대한 얘기지만 국수는 삿방, '어딘지 모르지만 아무튼 방인가 봐요'라고 생각했다면 ♡.♡ 여러분은 천재에요. 그렇다면 겨울이니까 쩔쩔 끓는 아르굴은 '아랫목인가'까지 생각했다면 ♡.♡ 쌤은 폭풍 감동을 받을 거예요. "그럼 여러 사람이 모여서 뜨끈한 방에서 먹는 거였군요, 국수는!" 하고 생각해 볼 수 있어요.

결론, 겨울에 사람들이 모여 먹던 수수한 국수에 대한 이야기입니다. 왠지 푸근하고 정겨운 소박한 느낌이 드는 녀석이 바로 '국수'였다고 백석은 말하고 싶은 건가 봐요. 그런 사람들에 대한 추억을 이야기 하려면 그래요 '사투리'가 필요했겠다는 생각도 해 보게 되네요.

이 시는 감각의 시인 백석답게 정말 많은 감각이 춤을 추고 있습니다. 어떤 감각적 이미지가 쓰이고 있는지 자세히 찾아볼까요?

먼저 시각적 이미지는 '히수무레하고'에서 찾아볼 수 있습니다. '희끄무레하고'의 방언으로 제목이 국수라는 것을 알고 읽는다면 표준어가 아니어도 찾을 수 있습니다. 미각적 이미지 역시 두 번째 행에서 찾아 볼 수 있죠. '동치미국이나 댕추가루, 산꿩의 고기'에서 우리는 맛을 느낄 수 있습니다. 세 번째 행은 각종 '내음새'를 통해 후각적 이미지를 보여 주며, '삿방 쩔쩔 끓는 아르굳(아랫목)'에서는 촉각적 이미지를 찾을 수 있습니다. 이렇게 감각적 이미지를 많이 사용한 시를 우리는 '감각적인 시'라고 말합니다. 색채를 나타내는 단어나 의성·의태어를 사용하지 않아도 우리가 느낄 수 있는 감각으로 표현하고 있다면 감각적이라고 말할 수 있다는 뜻이죠.

여인은 나이어린 딸아이를 때리며 가을밤같이 차게 울었다

-백석,「여승」(디딤돌 하)

위 시에서 느낄 수 있는 감각적 이미지를 찾아보도록 합시다. **'차게 울었다'**에서 찾을 수 있는 공감각적 표현이 있습니다. 원래 운다는 것은 '청각적 심상'입니다. 때로 학생들은 '울다'는 게 시각적일 수도 있다고 말합니다. 그렇습니다. 그러나 대체적으로 '울다'는 청각적 이미지가 지배적입니다. 파악이 어렵다고 생각될 때는 '청각적 이미지'로 보는 것이 좋습니다. 그러나 위 시에서의 '울음'은 '차게'라는 부사어의 수식을 받아서 '촉각적 이미지'를 동시에 느끼게 해 줍니다. 이처럼 원래는 '청각'이었던 것을 '촉각'처럼 느끼게 하듯 원래의 감각을 다른 감각으로 느낄 수 있도록 하는 표현을 '공감각적 이미지'라고 합니다. 백석은 평안도 사투리를 많이 사용하여 읽을 때 곤혹스럽다고 느끼는 학생이 많아요. 하지만 수능이나 모의고사에서 자주 다루어지는 매우 중요한 시인입니다. 주로 우리 민족의 삶과 민족 공동체에 관심을 갖고 유랑하는 화자의 이야기를 노래했던 시인으로 마치 이야기하듯 들려주는 '이야기 시'나 '감각적인 모더니스트 시인'으로 유명한 작가이기도 합니다.

쌤은 언어영역의 고수가 되는 첫 번째 비결이 '마음가짐'이라고 생각해요. 모르는 시어가 있다면 반드시 주석으로 시어의 의미를 달아 줍니다. 때로는 모르는 시어인데도 의미를 제시하지 않았다면 굳이 해석하지 않아도 무방한 시어라고 생각하고 넘어가도록 하세요. 나무 한 그루에 집착하느라 숲을 보지 못하는 일은 없어야겠습니다.

지금까지 살펴본 바로는 '이미지'는 '감각적'인 것으로 생각할 수 있습니다. 이러한 '감각적 표현'은 '생생함'을 줍니다. 그렇기 때문에 감각적 표현은 눈에 보이지 않는 관념이나 추상적인 대상을 감각적으로 인식할 수 있도록 하는 표현 방법으로도 유용하게 쓰이고 있습니다. '추상적 관념의 형상화'라고 흔히 불리는 이러한 이미지 문제는 실전에서도 꽤 자주 출제되니까 반드시 기억하기 바랍니다.

먼 여행에서 돌아와 / 이슬을 털듯 추억을 털며 / 초록 속에 가득히 서 있고 싶다

추억은 털어지는 것이 아닌데도 '추억을 마치 이슬과 같이 시각화'시켜 털어내고 있습니다. 이렇게 표현하면 '추억'이 정말 털어질 수 있는 것 같은 느낌을 주어 생생함을 더하게 됩니다. 그렇기 때문에 이미지를 심상(心象, 마음에 그려지는 모습)이라고 표현하는 것입니다.

그렇다면 왜 '이미지'를 '느낌'이라고도 할까요? 문학에서의 '이미지'는 바로 '느낌'입니다. 위에서 살펴본 바와 같은 '감각적 이미지'나 '감각적 형상화' 작업 외에도 우리가 느끼는 모든 것이 이미지가 될 수 있습니다.

나무는 자기 몸으로
나무이다
자기 온몸으로 나무는 나무가 된다
자기 온몸으로 헐벗고 영하 13도
영하 20도 지상에
⋯⋯(중략)⋯⋯
아 벌 받는 몸으로, 벌 받는 목숨으로 기립하여, 그러나
이게 아닌데 이게 아닌데
온 혼으로 애타면서 속으로 몸속으로 불타면서
버티면서 거부하면서 영하에서
영상으로 영상 5도 영상 13도 지상으로
밀고 간다, 막 밀고 올라간다

— 황지우, 「겨울-나무로부터 봄-나무에로」(천재(박) 상 / 해냄 상)

위 시는 대립되는 이미지의 결합으로 '주제'를 더욱 선명하게 드러내는 시로 유명합니다. 어떤 이미지일까요? 답은 **'하강의 이미지' vs '상승의 이미지'**입니다. '겨울-

나무'는 잘못도 없이 벌 받는 몸으로 영하 13도에서 영하 20도로 내려가는 시련을 겪습니다. 그러면서 생각하죠. 이건 아니라고. 그래서 **이 시는 '중략' 다음 행에 있는 '그러나'를 기점으로** 현실을 거부하고 저항하며 마침내 '봄-나무'에로 영상 5도로 영상 13도로 올라오는 것입니다.

　　이렇게 대립적인 이미지는 시의 주제와 밀접한 연관을 가질 때가 많습니다. 참여시의 경우는 대부분 그렇습니다. 따라서 참여시를 만나게 된다면 대립되는 쌍을 먼저 찾으세요. 그것이 시를 쉽게 이해하는 방법입니다. '하강의 이미지' 외에도 '소멸의 이미지', '죽음의 이미지'와 같은 부정적인 이미지가 있는가 하면 '상승의 이미지' 외에 '생성의 이미지' 등의 긍정적인 이미지도 있습니다. 이미지를 '느낌'이라 하는 이유가 여기에 있습니다. 누군가를 처음 만났을 때 "이미지가 어때?"라고 물으면 오감에 입각해서 대답하지 않습니다. 보통은 **'좋았어'나 '별로였어'와 같은 반응을 보이게 되죠.** 이처럼 이미지는 감각적인 이미지 외에도 추상적인 것을 형상화하는 역할도 하고, 분위기를 불러일으키기도 하고 시어의 함축성을 높여주는 등 시 감상의 의미뿐 아니라 감정을 끌어내는 역할을 합니다.

　　시를 읽고 문제를 접했을 때 만나게 되는 '이미지'의 문제는 감각적 이미지를 묻는 문제와 '긍정'과 '부정'의 느낌을 묻는 문제가 함께 출제됩니다. 그러므로 이미지에 관한 문제에서 내용적인 문제가 출제되었다면 여러분의 느낌이 '좋았는지', '나빴는지'에 연결된 시어들을 함께 살피며 시인의 목소리에 귀를 기울이기 바랍니다.

시에 나타난 표현상의 특징을 아는 것은 기본!
시의 형식적인 측면도 살펴보자!

운율

   시가 시일 수 있는 이유로 우리는 '운율'을 이야기했습니다. 운율은 어떻게 만들어 질까요? 멜로디 없이 리듬이 만들어질 수 있는 가장 좋은 방법은 '반복'입니다. 동일한 음의 반복이나 동일한 음절수의 반복, 음보의 반복이나 유사한 통사 구조의 반복 등을 통해 만들어집니다. 이러한 반복은 운율을 만드는 것 외에 의미를 강조해 주는 역할도 하게 됩니다. 반복이 운율을 만드는 경우를 살펴보도록 하겠습니다.

① 동일한 음의 반복
   얄리얄리 얄라셩 얄라리 얄라

청산별곡의 후렴구인 '얄리얄리 얄라셩 알라리 알라'는 'ㄹ'과 'ㅇ'의 반복이 돋보입니다. 'ㄹ'과 'ㅇ'은 음 자체에 음악적 요소가 많기 때문에 단순히 읽기만 해도 리듬이 살아납니다. 이러한 리듬감이 많은 자음은 그 밖에 'ㄴ, ㅁ'이 있습니다.

② 동일한 음절수의 반복

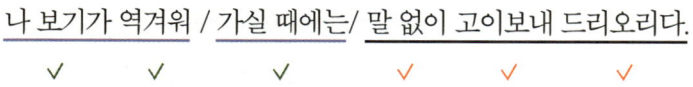

나 보기가 역겨워 / 가실 때에는/ 말 없이 고이보내 드리오리다.

-김소월, 「진달래꽃」, (미래엔 상 / 천재(박) 상 / 해냄 상 / 천재(김) 하 /
비상 하 / 지학(방) 하 / 천재(김) 하)

민요 시인으로 유명한 민족시인 김소월의 대표작 '진달래꽃'의 시작 부분입니다. 이 시가 민요시가 될 수 있는 첫 번째 이유는 운율에 있습니다. 우리 민요의 대부분은 7·5조의 음수율을 갖고 있습니다. 이 시 역시 일곱 글자와 다섯 글자의 반복으로 운율을 형성하고 있습니다. 이렇게 글자 수(음절수)가 반복되어 형성되는 운율을 음수율이라고 합니다. 그런데 이 시를 눈이 아닌 입으로 낭송하게 되면 자연스럽게 세 마디씩 끊어 읽게 되죠.

이렇게 끊어 읽게 되는 말의 마디를 음보라고 하며 이 시는 음보의 운율을 보이기도 하네요. 음보의 율격 역시 우리 민요의 특성으로 볼 수 있습니다. 따라서 이 시는 형식적으로 민요시가 될 수 있는 것입니다. 아래의 민요에서 다시 한 번 3음보의 율격을 느껴 보시기 바랍니다.

③ 음보의 반복

아리랑 / 아리랑 / 아라리오 / 아리랑 / 고개로 / 넘어간다

　세계인이 '한국' 하면 가장 먼저 떠올리는 노래가 '아리랑'입니다. 3음보의 율격이 확실히 보이나요? 그렇다면 여기에서 찾을 수 있는 음수율은 무엇일까요? 그렇습니다. 3·3·4의 음수율을 확인할 수 있습니다. 자칫 모든 음수율을 갖는 시가 음보율을 함께 보인다고 생각하거나 혹은 그 반대의 경우라고 생각한다면 "아닙니다!" 음수율과 음보율은 어떤 관계를 갖는 것이 아니라 독립적인 것이기 때문에 둘이 꼭 같이 와야 한다거나 절대 함께 올 수 없다거나 하는 관계는 아닙니다.

④ 통사 구조의 반복

살펴보면 나는 / 나의 아버지의 아들이고 / 나의 아들의 아버지고
나의 형의 동생이고 / 나의 동생의 형이고 / 나의 아내의 남편이고

- 김광규, 「나」(창비 상)

　통사구조라는 것은 문장의 구조입니다. 주어나 서술어와 같은 문장의 구조가 비슷하게 반복되는 것이죠. 위에서 보는 김광규의 '나'를 보면 '나의 ~의 ~이고'라는 문장의 구조가 계속 반복되는 걸 알 수 있습니다. 이렇게 문장의 구조가 통으로 반복되는 것을 문장구조의 반복 혹은 통사 구조의 반복이라고 합니다. 최근 시험 문제에도 종종 출제되는 방법이니까 잊지 마세요.

어조

운율 외에 많이 물어보는 문제가 무엇일까요? 바로 **어조**에 대한 것입니다. 어조란? 시적 대상에 대한 혹은 독자를 향한 시적 화자의 목소리, 화자의 태도나 정서를 나타내는 말투라고 할 수 있습니다. 여러분도 주변의 선생님이나 친구들, 가족 등과 이야기할 때 그들의 말투가 어떠했는지 한 번 떠올려 보세요. 남자 같은 말투도 있고, 여성스러운 말투도 있고, 부드러운 말투가 있는가 하면, 딱딱한 말투도 있죠. 그 모든 것이 어조가 된답니다. 그 중에서 시험에 자주 나타나는 몇 가지를 살펴보도록 하겠습니다.

① **관조적 어조**
거리를 두고 객관적으로 관찰하기
② **달관적, 초월적 어조**
사물이나 사건에 얽매이지 않고 세속을 벗어난 어조
③ **의지적 어조**
"~라, ~리라, ~겠다, ~자, ~야지" 등의 명령, 청유, 다짐 등의 종결과 단정적인 종결형을 통해 나타난다
④ **비판적, 냉소적 어조**
차갑게 비웃는 듯한 어조

그 외에도 반성적, 기원적, 예찬적, 남성적, 여성적, 체념적 어조 등을 문제에서 자주 만나게 될 것입니다.

내 죽으면 한 개 바위가 되리라

아예 애련(愛憐)에 물들지 않고

희로(喜怒)에 움직이지 않고

……(중략)……

꿈꾸어도 노래하지 않고

두 쪽으로 깨뜨려져도

소리 하지 않는 바위가 되리다

-유치환, 「바위」(천재(박) 상)

위 시는 '죽으면 바위가 되리라'는 의지를 강하게 보여 주는 시입니다. '누군가를 가여워하지도 않고, 기쁨에 겨워하거나 화를 내지 않는, 즉 감정에 휩쓸리지 않는 과묵한 사람이 되고 싶다.'는 강한 소망의 표현이라고도 할 수 있을 것입니다. '바위가 되리라'의 반복 역시 이러한 의미를 강조하는 역할을 합니다. 따라서 어조 역시 '의지적 어조'라고 말할 수 있습니다.

잠 이루지 못하는 밤 고향 집 마늘 밭에 눈은 쌓이리.

잠 이루지 못하는 밤 고향 집 추녀 밑 달빛은 쌓이리.

발목을 벗고 물을 건너는 먼 마을.

고향 집 마당귀 바람은 잠을 자리.

-박용래, 「겨울밤」(천재(김) 상)

화자는 지금 무엇을 하고 있습니까? 화자가 '쌓이는 것'의 주체는 아니겠죠? 화자는 '잠을 이루지 못하고 있습니다.'의 주체입니다. '왜' 잠을 이루지 못할까요? '고향이 지금 이러할 거라고 상상하고 있습니다.' 즉 그리워하고 있다고 말할 수 있겠죠.

그러면 우리가 찾아볼 수 있는 어조는 무엇일까요? 그래요, 아주 쉽습니다. '그리움의 어조'입니다. 맞아요! 이 시에서 찾아볼 수 있는 어조는 그리움입니다. 어조는 이렇듯 화자의 목소리의 느낌입니다. 따라서 어조는 정서나 태도와 밀접한 관련이 있습니다.

수사법

수사법이란 쉽게 말해 '말의 기술'이라고 할 수 있어요. 보다 효과적으로 감정이나 사상 혹은 정보를 전달하기 위한 문장 표현의 기교라고 할 수 있습니다. 수사법은 보통 비유, 변화, 강조의 세 측면에서 살펴봅니다. 여러분은 비유, 변화, 강조라는 것이 있다는 사실을 그냥 알고 있으면 되는 것이지 외우려고 노력할 필요는 없습니다. 하지만 지금부터 살펴볼 수사법들은 하나하나 모두 알아야 하고, 문장에서 찾을 수 있어야 하고, 그 효과가 무엇인지도 충분히 알아야 합니다.

먼저 비유법부터 살펴보겠습니다. 비유법(譬喩法)은 말하고자 하는 사물이나 현상, 감정을 다른 사물이나 현상을 끌어다가 표현해서 더욱 생동감 있고 쉽게 이해하고 느낄 수 있도록 하는 표현 방법으로 여러분이 중학교 때 많이 배웠던 '직유법, 은유법, 의인법' 등이 있어요. 이러한 수사법은 고등학교 과정에서도 중요하니까 다시 한 번 기억하기 바랍니다. 그 외에 풍유법이나 대유법도 알아두어야 합니다.

직유법(直喩法)은 "마치 ~같다, ~처럼, ~인 양, ~같이, ~듯"의 형식으로 나타납니다. 서정주 시인의 '국화 옆에서'란 시를 보면 "내 누님같이 생긴 꽃이여"란 표현이 나옵니다. 이때 주인공은 '꽃'입니다. 그런데 어떤 꽃? 바로 꾸며주는 말(관형구)이 '내 누님같이 생긴'입니다. 귀여운 꽃이 아니라 성숙미를 보여주는 꽃이 되겠죠.(원관념=꽃, 보조관념=누님)

은유법(隱喩法)은 직유법에서 보이는 "마치 ~같다, ~처럼, ~인 양, ~같이, ~듯"이 보이지 않게 숨어 있지요. 따라서 "~은 ~이다"로 표현되기 때문에 내용을 잘 살피지 않으면 비유인지 알 수 없습니다. 하지만 걱정하지 마세요. 그냥 보아도 비유인 것은 '딱' 알 수 있으니까요.

의인법(擬人法)은 사람이 아닌 것을 사람처럼 표현하는 것입니다. 흔히 "쌤, '활유법'과 어떻게 다르나요?" 하고 질문하는데 '활유법⊃의인법'으로 보면 이해가 쉬울 거예요. 사람이 할 수 있는 것으로 표현된 거라면 의인법입니다. 의인법이 활유법보다 더 좁은 범위이기 때문에 더 한정적이어서 '사람이 할 수 없고 동물이 할 수 있는 것'으로 표현될 때만 '활유법'이라고 하면 됩니다. 이 둘을 굳이 구분하려고 노력할 필요는 전혀 없습니다.

풍유법(諷諭法)은 속담, 격언 등을 사용하여 표현합니다. 풍유법은 문장의 형식으로 되어 있기 때문에 함축적인 형식의 '시'보다 '소설'이나 '수필', '극'과 같은 산문에서 자주 쓰인답니다.

대유법(代喩法)은 부분으로 전체를 대신하는 방법으로 **"다리(=몸 전체) 좀 쉬었다 가요."**와 같이 사물의 일부로 사물 전체를 나타내거나 **"아버지, 약주(=술을 총칭)하셨네요."**와 같이 대표되는 사물로 같은 종류 전체를 나타내는 방법이 있지요.

두 번째로 살펴보아야 하는 강조법(強調法)은 힘주어 말하기 위한 것으로 '과장, 반복, 점층, 생략, 대조, 영탄법' 등이 있습니다. 수사법의 명칭 자체에 이미 어떤 형식을 갖게 되는지 드러나기 때문에 특별한 설명은 따로 하지 않겠습니다. 하나만 짧게 말한다면 '영탄법'은 '감탄의 형식'을 통해 강조하는 수사법입니다.

마지막으로 변화법(變化法)은 문장 자체에 변화를 주어 관심을 끄는 수사법입니다. 대답을 요구하지 않는 '의문형식'으로 주의를 집중시키는 '설의법', 정상적인 문장의 순서를 바꾸어 강조하는 '도치법', 묻고 답하는 형식의 '문답법'이 있습니다. 그 외에 '반어법', '역설법'에 대해서는 보다 자세히 공부해 보도록 하겠습니다.

'반어와 역설'은 얼핏 보았을 때 "말이 안 되는 것 같은데?"라고 생각될 때가 있습니다. 그래서 둘을 구분하기 어렵다고 생각하는 친구들도 있습니다. 간단하게 말하면,

반어는 거짓말, 역설은 참말

나 보기가 역겨워 가실 때에는 죽어도 아니 눈물 흘리오리다.

-김소월, 「진달래꽃」 (미래엔 상 / 천재(박) 상 / 해냄 상 / 천재(김) 하 /

비상 하 / 지학(방) 하)

"내가 싫어 간다는데 어떻게 안 운다는 걸까?" 말도 안 된다고 생각하십니까? 그렇습니다. 말도 안 되죠. 그러니까 이건 거짓말입니다. 아마도 죽을 때까지 울 거란 뜻이겠죠. 이 말을 그대로 듣고 떠난다면 바보이거나 혹은 일부러 그녀의 말을 외면하는 남자일 것입니다. 이것은 '거짓말' 그러므로 '반어법'입니다.

'역설'은 얼핏 말도 안 되는 조합으로 보이는 어구이지만 잘 들여다보면 이해가 되는 '참말'입니다.

어데다 무릎을 꿇어야 하나 / 한 발 재겨 디딜 곳조차 없다 //
이러매 눈 감아 생각해 볼밖에 / 겨울은 강철로 된 무지갠가 보다

-이육사, 「절정」 (교학 상 / 유웨이 상)

화자는 한 발을 옮겨 디딜 곳조차 없는 극한 상황에 처해 있습니다. 그럴 때 할 수 있는 일은 무엇일까요? 눈을 감고 '겨울은 무지개일 거라고' 생각하는 수밖에 없다고 말합니다. '무지개'는 여름철 소나기가 지난 뒤에 뜨는 거죠. 하늘을 장식하는 아름다운 것으로 '겨울'과는 어울리지 않습니다. 하지만 화자는 이 힘든 시기를 버티기 위해 그렇게 생각해 보는 것입니다. 겨울은 '무지개'라고. 소나기가 지나면 무지개가 뜨는 것처럼 겨울이 지나면 아름다운 세상이 올 거라고. 그렇게 믿을 수밖에 없는 절박함을 보여 주고 있는 것입니다. 어떤가요? "지금 너무 힘드니 눈 감고 생각한다. 힘든 시간이 지나면 아름다운 세상이 올 거라고."하는 것보다 훨씬 절박하지 않습니까? 이렇게 모순되어 보이지만 그 속에는 진실이 담겨 있는 표현을 역설법이라고 합니다.

'반어와 역설'을 이해하려면 먼저 시적 상황을 이해해야 합니다. 이것이 가장 중요합니다. 전후 맥락을 이해해야만 '거짓말'인지 '모순된 진실'인지 알 수 있을 테니까요. 그만큼 시의 상황 파악이 중요하다는 것을 다시 한 번 강조합니다!

감정이입? 상관없는 물건이나 동식물에 내 감정을 넣어!

이제 수사법 공부를 하나만 더 하겠습니다. 여러분이 문학작품을 읽으면서 이것이 나오면 "무조건 시험문제에 있겠구나!"고 생각해도 무방할 만큼 중요한 개념이죠. 바로 감정이입입니다. 감정이입은 자신의 감정을 마치 객관적인 대상이 갖고 있는 것처럼 이입하여 표현하는 방법입니다.

귀또리 저귀또리 어엿쁘다 저 귀또리

어인 귀또리 지는 달 새는 밤의 긴소리 자른 소리 절절(節節)이 슬픈 소리 제 혼자 우러대여 사창(紗窓) 여윈 잠을 얄밉게도 깨우는고야

두어라 제 비록 미물이나 무인동방(無人洞房)에 내 뜻 알리는 너 뿐인가 하노라

-작자미상 사설시조, (비상 하)

감정이입 역시 시적 상황을 파악하고 있을 때 명확하게 이해할 수 있습니다. 시적 화자는 '무인동방'의 외로움에 잠을 자지 못하고 있습니다. 그러면서 귀뚜라미의 소리에 동병상련의 감정을 느끼게 되는군요. 귀뚜라미가 정말 슬퍼서 우는지는 알 수 없지만 화자의 마음이 절절이 슬프니 귀뚜라미의 소리도 슬프게 들리나 봅니다. 이렇게 자신의 감정을 다른 사물이나 현상에 대입하여 표현하는 것이 바로 감정이입입니다.

감정이입을 공부하고 나면 또 많은 학생들이 "객관적 상관물과는 어떻게 다른가요?"라고 질문하곤 합니다. 객관적 상관물은 '인물의 정서가 인물과 상관이 없는 객관적인 사물이나 사건으로 인해 유발되거나 심화될 때 '그 사물이나 사건'을 객관적 상관물이라고 합니다. 위 시조에서 찾을 수 있는 감정이입에서 화자의 감정을 고조시킨 사물은 '귀뚜라미'입니다. 객관적 상관물은 감정을 유발하는 모든 것이기 때문에 이처럼 자신의 감정을 이입하여 감정이 고조되는 경우가 아닌 그 반대의 경우

도 해당되며, 화자의 감정과 반대의 정서를 객관적 상관물로부터 느낄 수도 있습니다. 분명 '객관적 상관물'과 '감정이입'은 '사물이나 사건'과 '감정이 이입되어 표현된 것'으로 개념은 다르지만 '감정이입'이 사용된 곳에 반드시 '객관적 상관물'이 있다는 것은 확실합니다.

서(西)으로 가는 달같이는 / 나는 아무래도 갈 수가 없다.

- 서정주, 「추천사(鞦韆詞)」(교학 상 / 신사고 상)

집이라고 생긴 게 꼭 습지에 돋아 오른 여름버섯 형상을 닮아있었다.

- 이청준, 「눈길」(현대소설) (미래엔 상 / 비상 상 / 지학(박) 하 / 천재(김) 하)

'추천사'의 '달'은 갈 수 없는 자신의 처지와 반대되는 '사물'로 '갈 수 없는 안타까움과 체념의 정서를 더욱 부각시키는 역할'을 하는 객관적 상관물로, '눈길'의 '집'은 '습지의 버섯'같은 느낌을 화자에게 불러 일으켜 불쾌한 감정을 갖게 하는 객관적 상관물입니다.

작품은 쓰는 것만큼 감상하는 것도 중요하다!
다양한 관점으로 감상하기

    옛날 생각이 나요. 쌤이 고등학교에 다닐 때였죠. 한용운의 '임의 침묵'을 배우는 시간이었어요. 아무리 봐도 절절하게 슬픈 사랑의 노래 같은데 국어선생님이 그걸 '조국'이니 '부처'니 하는 대상으로 해석하라고 하는 거예요. 시를 아름답게 이해하는 걸 못하게 막는 것 같아 속상해서 입만 뿌루퉁하니 내밀고 앉아 있었죠. 결국 수업이 끝난 뒤 교무실로 따라가서 "선생님, 저는 그냥 '님'을 사랑하다 떠난 사람으로 볼래요." 하고 선전포고하듯 말씀드리고 말았답니다. 그때 선생님께서 옆에 있던 A4 용지 위에 표를 그려가며 감상의 관점에 대해 말씀해 주셨습니다. 내가 보았던 관점은 '절대적 관점', 달리 말하면 '내재적 관점'이었다는 것을 그때 알게 되었습니다. 그리고 선생님께서는 이렇게 말씀하셨어요.

"작품을 감상할 때 어떤 관점이 좋다 혹은 나쁘다고 말하는 것은 좋지 않아. 하지만 문학 작품은 '사람'이 쓰는 것이고 그 사람의 삶이나 가치관이 작품에 영향을 미치지 않았을까? 그렇다면 그것을 염두에 두고 감상하고 싶다고 생각할 수도 있고, 역시 사람은 살고 있는 환경에 영향을 받으니까 그 사람이 살던 사회와 관련을 지어 감상할 수도 있는 것 아닐까? 그리고 어떤 때에는 스치듯 듣게 된 노래의 노랫말이 자기 이야기 같아서 눈물을 흘리기도 하잖아. 그렇게 작품의 인물이 아닌 자신의 이야기로 감상할 수도 있는 거니까, 희민이가 생각하는 것과 다른 감상이었다고 이렇게 뿌루퉁해지면 너무 자기만 아는 어린아이 같은 거 아닐까?"

　작품을 감상하는 다양한 시선, 관점을 알고 이런 저런 관점으로 감상해 보면 여러분도 더욱 폭 넓게 감상할 수 있을 거예요. 아래의 표는 그때 쌤의 선생님께서 그려 주셨던 표입니다.

외재적 관점	**반영론적 관점**	작품이 작품의 대상이 되는 **사회, 시대현실, 역사**를 반영한다고 보는 관점
	표현론적 관점	**작가**의 체험, 사상, 감정 등이 작품에 투영되어 나타난다고 보는 관점
	효용론적 관점	작품이 **독자**에게 교훈과 감동, 예술적 쾌감을 주기 위해 만들어진 것으로 보는 관점
내재적 관점	**절대적 관점**	작품을 **작품 자체**로 파악해야 한다고 보아 작품 자체만을 절대적인 것으로 보려는 관점

반영론적 관점은 '현실'을 반영하기 때문에 '구체적인 시대'를 알 수 있습니

다. 감상법을 이해하기가 어렵다고요? 그럼 먼저 답지에서 '구체적인 시대'를 알 수 있게 해 주는 단어가 있는지 확인해 보세요. 그러면 아주 쉽게 찾을 수 있을 겁니다.

표현론적 관점은 표현하는 사람이 '작가'이기 때문에 작가의 삶이나 가치관을 바탕으로 작품을 감상하는 게 옳다고 생각하는 관점입니다. 그래서 답지에서는 '작가'나 '글쓴이'가 주가 되어 기술됩니다. 이때 주의할 것은 '화자'입니다. '화자'는 작품 속에서 말하는 사람이기 때문에 표현론적 관점이 아닌 '내재적 관점'이 됩니다. 작품 속의 '화자'가 '작가'와 동일한 인물이 아니라는 것을 기억하기 바랍니다.

효용론적 관점은 '독자의 변화'가 주요한 포인트입니다. 독자가 심리적으로나 행동적 측면에서 어떤 변화를 맞게 될 때 우리는 '효용론적 관점'에서의 감상이라고 말합니다.
　그 외에 작품을 작품으로만 이해하는 관점이 절대적 관점, 내재적 관점 혹은 내적 관점이라 부르는 감상법입니다.

쌤이 고등학교 국어시간 배웠던 **'님의 침묵'에서 '임'을 '조국'으로 보는 관점**은 '일제강점기'라는 시대가 있었기 때문에 가능한 해석입니다. 따라서 **'반영론적 관점'**의 감상이었다는 것을 알 수 있습니다. **'부처'로 보는 해석**은 '작가'인 한용운이 승려였다는 점을 고려했을 때 할 수 있는 감상이지요. 따라서 **'표현론적 감상법'**으로 감상한 것임을 알 수 있습니다.

수업시간에 다양하게 해석되는 시들을 배우며 "내 마음대로 감상하는 게 '시'인데 왜 이렇게 주입식으로 외우게 하는 거야?"라며 투덜대지 말고, "이런 관점에서 살펴보면 이렇게 해석할 수도 있구나." 하면서 새로운 관점의 해석을 이해해 보려고 노력한다면 시가 더욱 재미있어질 거예요. 어떤 관점으로 바라보느냐에 따라 '시'는 나의 창의적 사고를 말살하는 주입식 교육이 될 수도 있고, 나와 다른 시선으로 보는 재미있는 해석이 될 수도 있으니까요. 여러분도 '시'를 재미있게 즐기고 싶지요? 좀 더 다양한 관점으로 '시'를 보고, 시뿐만 아니라 소설을 보고, 세상을 본다면 지금보다 훨씬 넓은 시야를 지닌 창의적 사고력이 뛰어난 사람이 될 수 있을 거라고 생각합니다.

　이제까지 시에 대한 공부를 해 보았습니다. 물론 공부의 끝은 없지만 '17세를 위한 국어교과서'의 '시 공부'는 여기까지입니다. 쌤은 여러분이 '시'를 읽는 스킬이 아니라 진심으로 '시를 사랑하는 마음'을 갖게 되길 바라는 마음으로 지금까지 이야기를 했습니다. 그 진심이 전해졌길 바라면서 다시 한 번 '시와 소통하기'를 정리해 보도록 하겠습니다.

1. 시적 상황을 파악한다.
　시적 상황은 '주어'와 '서술어'를 중심으로 찾는 것이 효율적이다.

2. 인물의 정서와 태도를 파악한다.
　시적 상황과 '관형어', '부사어'를 통해 파악하면 쉽게 알 수 있다.

3. 함축적 의미와 이미지를 이해한다.
　시어가 긍정적인 느낌인지 부정적인 느낌인지를 본다. 그리고 연결된 시어들의 느낌도 함께 고려하면 함축적 의미를 알 수 있다.

이미지는 '감각적 이미지'로 '시각, 청각, 미각, 후각, 촉각' 외에 '감정의 전이'가 나타나는 '공감각적 표현'이 있다. 그 외에 우리가 느끼는 것들도 모두 이미지에 포함된다. 긍정적이거나 부정적인 이미지로 구분하면 조금 쉽다.

4. 표현방법

기본적인 개념을 알고 있어야 한다. 기억이 나지 않는다면 다시 돌아가서 확인하자.

고등학교 과정에서 빈번히 출제되는 수사법은 '반어법, 역설법, 공감각적 표현, 감정이입, 감각적 형상화' 등이다. 반드시 알아두자.

5. 감상법

구체적 시대를 기준으로 하는 '반영론적 관점', 작가의 삶이 기준이 되는 '표현론적 관점', 독자의 반응과 변화가 기준이 되는 '효용론적 관점' 그 외 작품 자체로만 감상하는 '내적 관점'이 있다. 구분할 수 있어야 하며 작품에 적용할 줄 알아야 한다.

순수하게 시 감상을 목적으로 쌤과 만난 친구는 아마 없을 거예요. 안타까운 일이지만요! 우리의 앞에 대학이라는 분명한 목표가 있고, 수능이라는 커다란 산이 있으니까요. 그러니 실전에서 지금까지의 공부가 빛을 발할 수 있는지 확인해야겠죠? 지금부터 확인해 보도록 하겠습니다. 심호흡을 크게 하고 (후~하~!!) 서두르지 맙시다.

시간이 무한정으로 주어지는 것처럼 천천히 감상하고, 차근차근 문제를 풀어 보세요. 여러분이 처음 문자 메시지를 보내던 날이 기억난다면 처음부터 속도를 빨리하기 위해 애쓰지 않아도 달인의 경지에 오를 만큼 빠른 손놀림을 갖게 된 현재의 모습처럼 '작품 감상과 문제풀이'에 익숙해지면 시간은 자연스럽게 단축될 것입니다.

[13~16] 다음 글을 읽고 물음에 답하시오.

(가) 쫓아오던 햇빛인데

지금 교회당 꼭대기

십자가에 걸리었습니다.

첨탑(尖塔)이 저렇게도 높은데

어떻게 올라갈 수 있을까요.

종소리도 들려오지 않는데

휘파람이나 불며 서성거리다가

괴로웠던 사나이

행복한 예수 그리스도에게

처럼

십자가가 허락된다면

모가지를 드리우고

㉠꽃처럼 피어나는 피를

어두워 가는 하늘 밑에

조용히 흘리겠습니다.

- 윤동주, 「십자가」

(나) 이것은 소리 없는 아우성

저 푸른 해원(海原)을 향하여 흔드는

영원한 노스탤지어의 손수건

ⓛ순정은 물결같이 바람에 나부끼고

오로지 맑고 곧은 ⓒ이념(理念)의 푯대 끝에

애수(哀愁)는 백로처럼 날개를 펴다.

아아 누구던가

이렇게 슬프고도 애달픈 마음을

맨 처음 공중에 달 줄을 안 그는.

- 유치환, 「깃발」

(다) 저것은 벽

어쩔 수 없는 벽이라고 우리가 느낄 때

그때

담쟁이는 말없이 그 벽을 오른다

ⓡ물 한방울 없고 씨앗 한톨 살아남을 수 없는

저것은 절망의 벽이라고 말할 때

담쟁이는 서두르지 않고 앞으로 나아간다

한 뼘이라도 꼭 여럿이 함께 ⓜ손을 잡고 올라간다

푸르게 절망을 다 덮을 때까지

바로 그 절망을 잡고 놓지 않는다

저것은 넘을 수 없는 벽이라고 고개를 떨구고 있을 때

담쟁이잎 하나는 담쟁이잎 수천 개를 끌고

결국 그 벽을 넘는다.

- 도종환, 「담쟁이」

13. (가)~(다)에 대한 설명으로 가장 적절한 것은? 〈표현상의 특징〉

① (가)와 (나)는 역설적 표현을 사용하여 대상에 대한 새로운 시각을 보여 주고 있다.

② (가)와 (다)는 높임 표현을 사용하여 경건한 분위기를 형성하고 있다.

③ (나)와 (다)는 영탄적 표현을 사용하여 화자의 정서를 분명하게 전달하고 있다.

④ (가)~(다) 모두 물음의 형식을 활용하여 독자의 상상을 유발하고 있다.

⑤ (가)~(다) 모두 동일한 시어를 반복하여 화자의 상황을 강조하고 있다.

14. ㉠~㉤에 대한 설명으로 적절하지 않은 것은? 〈이미지 & 함축적 의미〉

① ㉠은 화자가 추구하는 바를 선명한 이미지로 드러낸다.

② ㉡은 깃발에 순수하고 깨끗한 의미를 더해 준다.

③ ㉢은 깃발이 이상에 도달할 수 없도록 하는 조건이다.

④ ㉣은 담쟁이가 처한 극한적인 상황을 형상화한 것이다.

⑤ ㉤은 담쟁이의 의존적인 속성을 부각시킨다.

15. 〈보기〉를 바탕으로 (가)를 감상한 내용으로 적절하지 않은 것은? 〈감상법 & 함축적 의미〉

─────── 〈보기〉 ───────

윤동주는 폭력적인 식민지 현실 앞에 무기력한 자신의 모습을 시로 표현했다. 그러나 현실과 이상 사이의 갈등 속에서 현실에 안주하려는 마음을 이겨 내고, 올바른 가치를 위해 희생하겠다는 의지도 함께 보여 주었다.

① 1연의 '햇빛'은 화자가 생각하는 올바른 가치를 의미하는 것으로 볼 수 있다.

② 2연의 '어떻게 올라갈 수 있을까요'라고 한 것에서 화자의 갈등을 엿볼 수 있다.

③ 3연의 '휘파람이나 불며 서성거리다가'는 화자가 즐거운 마음으로 희생하겠다는 결심을 표현한 것이다.

④ 4연의 '십자가'는 자기를 희생하겠다는 화자의 의지를 드러내기 위한 소재로 볼 수 있다.

⑤ 5연의 '어두워 가는 하늘'이란 화자가 극복하고자 하는 부정적인 현실을 표현한 것이다.

16. 다음은 (다)를 바탕으로 소설을 쓰기 위해 준비한 메모이다. 적절하지 않은 것은? 〔3점〕

〈시적 상황〉

· 주요인물 : 담쟁이 A, B(고교 야구 선수)

· 주안점 : 작품이 표현하려는 인간상을 구체화 한다. 사상의 흐름을 소설 전개에 반영한다.

· 줄거리 전개

담쟁이 A는 학교에서 최고의 투수이고,
담쟁이 B는 재능이 부족한 후보 선수이다. ┐①

↓

담쟁이 A가 어깨 부상으로 공을 던질 수 없게 되자,
전국대회를 앞둔 야구부 동료들은 실의에 빠진다. ┐②

↓

담쟁이 B는 담쟁이 A가 재기할 수 있도록
재활 훈련을 헌신적으로 도우며 함께 연습한다. ┐③

↓

담쟁이 A가 투수로 재기할 수 없다고 판단한 감독은
담쟁이 A에게 타자가 되기를 권유한다. ┐④

↓

담쟁이 A는 감독의 충고를 받아들이지 않고,
야구부를 뛰쳐나가 야구를 그만 두게 된다.

↓

담쟁이 B의 노력을 눈여겨 본 감독이 담쟁이 A를 대신하여
담쟁이 B를 주전 투수로 선발한다.

↓

담쟁이 B가 전국 대회 첫 경기를 승리로 이끌자 동료들은
다시 희망을 갖고 경기하여 대회에서 우승한다. ┐⑤

(가) 쫓아오던 햇빛인데

지금 교회당 꼭대기

십자가에 걸리었습니다.

햇빛을 보며 걸어오다 십자가와 일치된 햇빛을 보았습니다. 이때 '내'가 보면서 온 것은 '십자가'가 아니라 '햇빛'이겠죠. 주어와 서술어를 찾으면 금방 알 수 있습니다.

첨탑(尖塔)이 저렇게도 높은데

어떻게 올라갈 수 있을까요.

누가 올라간 걸까요? 역시 햇빛입니다. 나는 햇빛을 보고 감탄합니다.

종소리도 들려오지 않는데

휘파람이나 불며 서성거리다가

지금 서성거린 주어는 '햇빛'? 휘파람을 불고 서성거릴 수 있는 건 나입니다. 서성거린 주어는 나로 생략되어 있는 것입니다. 좀 전까지는 걷고 있던 내가 십자가에 햇빛이 걸린 것을 보고 교회에 갈 시간도 아닌데(종소리도 들려오지 않는데) 서성거리고 있습니다. '왜?'

괴로웠던 사나이

행복한 예수 그리스도에게

처럼

십자가가 허락된다면

모가지를 드리우고

㉠꽃처럼 피어나는 피를

어두워 가는 하늘 밑에

조용히 흘리겠습니다.

햇빛이 십자가에 걸린 걸 보고 생각이 많았던 거군요. 햇빛이 마치 십자가에 매달리신 예수 그리스도처럼 보였나 봅니다. 옛날에는 해나 달, 별과 같은 하늘 높이 뜬 빛나는 것들이 임금을 상징했습니다. 기독교인이었던 윤동주는 빛나는 햇빛을 보며 예수님을 떠올렸습니다. 그리고 자신의 희생으로 어두워 가는 하늘이 밝아질 수 있다면 그렇게 하겠다는 의지를 보여 주고 있습니다.
힘들었던 일제 강점기! 십자가에 걸린 햇빛을 보며 이런 생각을 하고 있는 청년 윤동주를 상상해 보겠습니까? 쌤은 윤동주를 생각할 때면 가슴 한쪽이 먹먹해지면서 '토닥토닥' 해 주고 싶다는 생각이 들곤 합니다. (밑줄은 주어구, 목적어구, 서술어구)

- 윤동주, 「십자가」

(나) 이것은 소리 없는 아우성

저 푸른 해원(海原)을 향하여 흔드는

영원한 노스탤지어의 손수건

㉡순정은 물결같이 바람에 나부끼고

오로지 맑고 곧은 ㉢이념(理念)의 푯대 끝에

애수(哀愁)는 백로처럼 날개를 펴다.

아아 누구던가

이렇게 <mark>슬프고도 애달픈 마음을</mark>

맨 처음 공중에 달 줄을 안 그는.

깃발을 아우성, 손수건, 순정, 애수로 표현했습니다.
깃발은 아우성치고 있습니다. 바다(해원)를 향한 순정이 슬픔(애수)이 되고 있습니다.
왜냐하면 바다로 가지 못하고 이념의 푯대에 묶여 있기 때문이죠.
깃발의 사연이 한마디로 '슬프고도 애달픈 마음'이라고 화자는 생각하고 있습니다.

- 유치환, 「깃발」

(다) 저것은 벽

어쩔 수 없는 벽이라고 우리가 느낄 때

그때

담쟁이는 말없이 그 벽을 오른다

ⓛ물 한방울 없고 씨앗 한톨 살아남을 수 없는

저것은 절망의 벽이라고 말할 때

담쟁이는 서두르지 않고 앞으로 나아간다

한 뼘이라도 꼭 여럿이 함께 ⓜ손을 잡고 올라간다

푸르게 절망을 다 덮을 때까지

바로 그 절망을 잡고 놓지 않는다

저것은 넘을 수 없는 벽이라고 고개를 떨구고 있을 때

담쟁이잎 하나는 담쟁이잎 수천 개를 끌고

결국 그 벽을 넘는다.

이 시는 이미 우리가 살펴본 시입니다. 기억이 나지 않는다면 쌤이 좀 슬플 지도 모릅니다. 그러니까 이 시는 패스~!!

- 도종환, 「담쟁이」

13. (가)~(다)에 대한 설명으로 가장 적절한 것은? 〈표현상의 특징〉

① (가)와 (나)는 역설적 표현을 사용하여 대상에 대한 새로운 시각을 보여 주고 있다.

　　(가)의 '행복한 예수 그리스도에게처럼~피를 흘리겠다'에서 찾을 수 있습니다. '피를 흘리는 것'과 '행복한'은 모순됩니다. 하지만 우리를 위해 피를 흘리신 예수 그리스도는 자신의 희생으로 모두가 구원받을 수 있다면 행복하다고 생각하셨죠. 그러므로 진실입니다.

　　(나)는 '소리 없는 아우성'에서 찾을 수 있습니다. 깃발이 펄럭이는 모습이 아우성치는 것 같습니다. 하지만 소리는 없죠. 아우성에 소리가 없다는 것이 말이 안 되지만 이제 이 말이 거짓말이 아닌 진실임은 알 수 있습니다. 정답은 ①입니다.

② (가)와 (다)는 높임 표현을 사용하여 경건한 분위기를 형성하고 있다.

　　(가)에서는 높임 표현이 사용되고 예수, 교회 등의 시어에서 경건함을 느낄 수 있지만 (다)에서 높임 표현은 찾을 수 없습니다.

③ (나)와 (다)는 영탄적 표현을 사용하여 화자의 정서를 분명하게 전달하고 있다.

　　(나)는 '아아'에서 영탄적 표현을 찾을 수 있고 이러한 감탄사는 당연히 정서 전달을 분명하게 합니다. 그러나 (다)에는 영탄적 표현이 전혀 없습니다.

④ (가)~(다) 모두 물음의 형식을 활용하여 독자의 상상을 유발하고 있다.

　　(가)와 (나)는 물음의 형식을 활용하고 있다. 하지만 (다)는 물음의 형식이 없기 때문에 우리는 독자의 상상력을 (가)와 (나)에서 유발하고 있는지를 확인할 필요조차 없습니다.

⑤ (가)~(다) 모두 동일한 시어를 반복하여 화자의 상황을 강조하고 있다.

　　이미 (가)에서 동일한 시어의 반복은 찾아볼 수 없습니다. 그렇다면 (나)와 (다)는 볼 필요도 없겠지요?

14. ⑦~⑩에 대한 설명으로 적절하지 않은 것은?〈이미지 & 함축적 의미〉

① ⑦은 화자가 추구하는 바를 선명한 이미지로 드러낸다.

② ⑥은 깃발에 순수하고 깨끗한 의미를 더해 준다.

③ ⑥은 깃발이 이상에 도달할 수 없도록 하는 조건이다.

④ ⑧은 담쟁이가 처한 극한적인 상황을 형상화한 것이다.

⑤ ⑩은 담쟁이의 의존적인 속성을 부각시킨다.

시어의 의미를 제대로 이해하고 있는가를 묻는 문제입니다.

담쟁이는 벽을 혼자만 넘는 것이 아니라 함께 손을 잡고 넘어갑니다. 이것은 나약함을 의미하는 것이 아닌 절망을 '함께' 이겨 내자는 의지로 보아야 합니다. 우리가 시를 읽을 때 '상황과 태도 및 정서'를 파악하면서 읽었다면 이 문제는 다른 답지에서 답일까 하면서 갸우뚱거렸다고 해도 ⑤번이 절대적으로 틀렸다는 것을 알 수 있는 문제입니다.

15. 〈보기〉를 바탕으로 (가)를 감상한 내용으로 적절하지 않은 것은? 〈감상법 & 함축적 의미〉

〈보기〉를 바탕으로 풀어야 하는 문제라면 〈보기〉는 매우 중요한 의미를 갖습니다. 또한 작가에 대한 정보를 바탕으로 풀어야 하는 문제인 만큼 꼼꼼하게 〈보기〉를 체크 하면서 풀어야 합니다.

〈보기〉

윤동주는 폭력적인 식민지 현실 앞에 무기력한 자신의 모습을 시로 표현했다. 그러나
　　　　　　　▶시대적 배경　　　　▶자신에 대한 평가 : 반성적 태도로 이어짐
현실과 이상 사이의 갈등 속에서 현실에 안주하려는 마음을 이겨 내고, 올바른 가치
를 위해 희생하겠다는 의지도 함께 보여 주었다.
　　　▶윤동주 시에는 희생의 모티프가 많다.

---

① 1연의 '햇빛'은 화자가 생각하는 올바른 가치를 의미하는 것으로 볼 수 있다.

'햇빛'은 화자가 부러워한 존재입니다. 긍정적인 의미라는 점에서 일단 맞다고 봅니다.

② 2연의 '어떻게 올라갈 수 있을까요'라고 한 것에서 화자의 갈등을 엿볼 수 있다.

역시 부러움이죠. 자신의 무기력한 모습에 대한 자괴감도 느낄 수 있으니 부정적인 의미입니다.

③ 3연의 '휘파람이나 불며 서성거리다가'는 화자가 즐거운 마음으로 희생하겠다는 결심을 표현한 것이다.

'부사어'의 중요함을 기억합니까? 중요한 성분은 아니지만 감정을 나타낼 때는 부사어나 관형어가 최고라고 했었죠. 이 문장에는 '부사어나 관형어'는 없지만 화자의 태도를 나타내 주는 중요한 말이 있습니다. 찾아보세요. '~이나'를 찾았다면 쌤은 완전 좋아할 거 같아요. 그래요. '휘파람이나 불며'의 '이나'는 긍정적인가요? 부정적인가요? 부정적입니다. 따라서 '즐거운 마음'으로 이어질 수 없습니다. 또 서성거린다는 건 '희생'보다는 '갈등'에 더 어울리는 표현이겠죠. 이래서 정답은 ③번이 됩니다.

④ 4연의 '십자가'는 자기를 희생하겠다는 화자의 의지를 드러내기 위한 소재로 볼 수 있다.

'예수 그리스도'처럼 '십자가'에서 피를 흘리고 싶다고 말하는 화자입니다. 당연히 그렇다면 '십자가'는 희생과 연결될 수 있습니다.

⑤ 5연의 '어두워 가는 하늘'이란 화자가 극복하고자 하는 부정적인 현실을 표현한 것이다.

'어둡다'는 것은 웬만하면 '부정적 이미지'일 때가 많습니다. '하강, 소멸, 어둠'과 같은 이미지는 우리에게 그다지 '긍정적'으로 느껴지지 않으니까요. 〈보기〉를 바탕으로 본다면 '식민지 조국'의 고통이 심화되고 있다는 것을 이렇게 표현했다고 생각하게 됩니다.

쌤은 지금 '긍정'과 '부정'으로 구분하며 시어를 살펴보았습니다.

우리는 평가자입니다. 출제자가 풀어 놓은 내용을 평가하는 것이죠. 따라서 세밀하게 의미를 해석하기 위해 애쓰기보다 큰 틀에서 '긍정적인 시어인지 부정적인 시어인지'를 살피는 것만으로도 출제자의 해석을 평가할 수 있을 때가 많다는 것을 확인할 수 있었기 바랍니다.

16. 다음은 (다)를 바탕으로 소설을 쓰기 위해 준비한 메모이다. 적절하지 않은 것은? 〔3점〕

〈시적 상황〉

· 주요인물 : 담쟁이 A, B(고교 야구 선수)

· 주안점 : 작품이 표현하려는 인간상을 구체화 한다. 사상의 흐름을 소설 전개에 반영한다.

· 줄거리 전개

담쟁이 A는 학교에서 최고의 투수이고,
담쟁이 B는 재능이 부족한 후보 선수이다. ①]

↓

담쟁이 A가 어깨 부상으로 공을 던질 수 없게 되자,
전국대회를 앞둔 야구부 동료들은 실의에 빠진다. ②]

↓

담쟁이 B는 담쟁이 A가 재기할 수 있도록
재활 훈련을 헌신적으로 도우며 함께 연습한다. ③]

↓

담쟁이 A가 투수로 재기할 수 없다고 판단한 감독은
담쟁이 A에게 타자가 되기를 권유한다. ④]

↓

담쟁이 A는 감독의 충고를 받아들이지 않고,
야구부를 뛰쳐나가 야구를 그만 두게 된다.

↓

담쟁이 B의 노력을 눈여겨 본 감독이 담쟁이 A를 대신하여
담쟁이 B를 주전 투수로 선발한다.

↓

담쟁이 B가 전국 대회 첫 경기를 승리로 이끌자 동료들은
다시 희망을 갖고 경기하여 대회에서 우승한다. ⑤

이 문제는 거창해 보이기는 하지만 상황만 잘 파악하고 있었다면 별 문제 없이 풀수 있는 문제입니다. 이 시는 힘든 현실을 힘을 합해 극복하는 담쟁이를 그리고 있습니다. 답지 중에는 '좌절'하는 담쟁이 하나를 찾아 볼 수 있는데요. 역시 **긍정과 부정으로 나누어** 읽었다고 해도 주저 없이 ④번을 정답으로 찾았을 것으로 보입니다. 담쟁이 A는 자신에게 닥친 어려움을 끝내 극복하지 못하였기 때문에 정답은 ④입니다.

숙제 확인 102쪽

〔13~18〕 다음 글을 읽고 물음에 답하시오.

(가) **고향**에 고향에 돌아와도
그리던 고향은 아니러뇨.
산꿩이 알을 품고
뻐꾸기 제 철에 울건만,

마음은 제 고향 지니지 않고

머언 항구로 떠도는 구름.

오늘도 뫼 끝에 홀로 오르니

흰 점 꽃이 인정스레 웃고,

어린 시절에 불던 풀피리 소리 아니 나고

메마른 입술에 쓰디쓰다.

고향에 고향에 돌아와도

그리던 하늘만이 높푸르구나.

- 정지용, 「고향」

(나) 어제 우리가 함께 사랑하던 자리에

오늘 가을비가 내립니다

우리가 서로 사랑하는 동안

함께 서서 바라보던 ㉠숲에

잎들이 지고 있습니다

어제 우리 사랑하고

오늘 낙엽지는 자리에 남아 그리워하다

내일 이 자리를 뜨고 나면

바람만이 불겠지요

바람이 부는 동안
또 많은 사람들이
서로 사랑하고 헤어져 그리워하며
한세상을 살다가 가겠지요

어제 우리가 함께 사랑하던 자리에
피었던 꽃들이 오늘 이울고 있습니다.

- 도종환, 「가을비」

(다) 비단 장막으로 찬 기운 스며들고 새벽은 멀었지만
텅 빈 뜨락에 이슬 내려 **구슬 병풍은 더욱 차갑다.**
못 위의 연꽃은 시들어도 밤까지 향기 여전하고
우물가의 **오동잎은 떨어져** 그림자 없는 가을.
물시계 소리만 똑딱똑딱 서풍 타고 울리는데
발(簾) 밖에는 서리 내려 밤벌레만 시끄럽구나.
베틀에 감긴 옷감 가위로 잘라낸 뒤
옥관* 임의 꿈을 깨니 ⓛ비단 장막은 허전하다.
먼 길 나그네에게 부치려고 **임의 옷을 재단하니**
쓸쓸한 등불이 어두운 벽을 밝힐 뿐.
울음을 삼키며 **편지 한 장 써놓았는데**
역사* 내일 아침 남쪽 동네로 전해준다네.

옷과 편지 봉하고 뜨락에 나서니

반짝이는 은하수에 새벽별만 밝네.

차디찬 금침에서 뒤척이며 잠 못 이룰 때

지는 달이 정답게 내 방을 엿보네.

紗幮寒逼殘宵永　　露下虛庭玉屛冷

池荷粉褪夜有香　　井梧葉下秋無影

丁東玉漏響西風　　簾外霜多啼夕蟲

金刀剪下機中素　　玉關夢斷羅帷空

裁作衣裳寄遠客　　悄悄蘭燈明暗壁

含啼寫得一封書　　驛使明朝發南陌

裁封已就步中庭　　耿耿銀河明曉星

寒衾轉輾不成寐　　落月多情窺畫屛

– 허난설헌, 「사시사(四時詞)」

* 옥관: 옥문관(국경을 지키러 간 남편이 있는 공간)

* 역사: 편지를 전하는 사람

---

13. (가)~(다)의 공통점으로 가장 적절한 것은? 〔1점〕〈표현상의 특징+정서·태도〉

① 자연물을 통해 화자의 정서를 드러내고 있다.

② 명암의 대비를 통해 화자의 내면을 드러내고 있다.

③ 공간 이동에 따른 화자의 정서 변화를 드러내고 있다.

④ 시상의 반전을 통해 화자의 심리 변화를 드러내고 있다.

⑤ 과거 회상을 통해 화자의 삶을 반성적으로 돌아보고 있다.

14. 〈보기〉를 참조하여 (가)를 감상한 내용으로 적절하지 않은 것은? 〔3점〕 〈함축적 의미 & 태도〉

─── 〈보기〉 ───

이 시에서 화자가 추구하는 '고향'은 현실에서의 아픔과 슬픔을 정화하고, 새로운 삶으로 나아가고자 하는 꿈을 담은 정신적 안식처로 풀이할 수 있다. 그러나 화자가 찾은 현실적인 고향은 자연은 그대로이지만, 정신적인 안식을 주지 못하는 공간이다. 이 시는 정신적인 고향과 현실적 고향 사이의 괴리로 인한 화자의 안타까움을 드러낸 것이다.

① '고향'은 화자가 현실에서의 아픔을 치유하기 위해 찾은 공간이라고 볼 수 있겠군.
② '뻐꾸기 제 철에 울건만'에는 변함없는 자연의 모습이 나타나 있군.
③ '항구로 떠도는 구름'은 자신이 추구하는 고향을 찾지 못한 화자의 정신적 방황을 드러낸 것이라 할 수 있겠군.
④ '메마른 입술에 쓰디쓰다'는 과거와 현재 사이의 심리적 거리로 인한 상실감을 표현한 것이겠군.
⑤ '그리던 하늘만이 높푸르구나'에는 잃어버렸던 유년의 꿈을 회복하려는 의지가 드러나 있군.

15. ㉠과 ㉡에 대한 설명으로 적절한 것은? 〈공간적 배경을 통한 정서〉

① ㉠은 자책감을 느끼는 공간이다.

② ㉡은 심리적 갈등을 해소하는 공간이다.

③ ㉠은 ㉡과 달리, 현실 도피의 공간이다.

④ ㉡은 ㉠과 달리, 충족감을 느낄 수 있는 공간이다.

⑤ ㉠과 ㉡은 모두 그리움의 정서를 환기하는 공간이다.

16. 〈보기〉를 참조하여 (나)를 영상물로 제작하기 위한 의견을 제시하였다. 적절하지 <u>않은</u> 것은?

〈시적 상황+소재〉

───── 〈보기〉 ─────

 선생님: 시를 영상물로 제작할 때에는 작품에 대해 감상한 바를 바탕으로 해야 합니다. 시적 화자를 구체적인 인물로 설정하고, 시를 둘러싼 분위기와 여백을 구체적인 영상으로 만들면 됩니다. 그 과정에서 중심 요소가 부차적인 것으로 물러앉을 수 있으며, 새로운 의미가 첨가될 수도 있습니다. 하지만 시의 내용을 잘못 이해해서 제작한 것은 바람직하다고 할 수 없습니다.

① 단풍이 든 숲에 빗방울 소리를 음향 효과로 넣어 계절적 분위기를 드러내자.

② 숲이 보이는 곳을 배경으로 사랑하던 사람과의 추억을 떠올리는 장면을 보여주는 것이 좋겠어.

③ 주인공이 혼자 바라보는 낙엽에 임의 모습을 오버랩해서 임에 대한 그리움을 드러내는 것이 좋겠어.

⇓

④ 남녀가 머물렀던 숲에 찾아오는 다른 연인들의 다정한 모습을 대비시켜 주인공의 절망감을 강조하자.

⇓

⑤ 피었던 꽃이 시드는 장면을 클로즈업하여, 만남과 헤어짐이 삶의 보편적 모습임을 암시하는 것이 좋겠어.

17. (가)와 (나)의 표현상의 공통점으로 적절한 것은? 〈표현상의 특징〉

① 처음과 끝을 대응시켜 형태적 안정감을 준다.

② 문장의 어순을 바꾸어 의미를 강조하고 있다.

③ 영탄적 표현으로 심리를 직접적으로 드러낸다.

④ 대구적 표현을 반복하여 정형적 운율미를 드러낸다.

⑤ 말을 건네는 방식으로 대상과의 친밀감을 드러낸다.

18. (다)를 이해한 내용으로 적절하지 않은 것은? 〈정서＋이미지＋상황〉

① '구슬 병풍은 더욱 차갑다'라는 표현에는 화자의 외로운 마음이 투영되어 있다.

② '오동잎은 떨어져'라는 표현은 하강의 이미지로 쓸쓸한 분위기를 조성하고 있다.

③ '임의 옷을 재단하니'와 '편지 한 장 써놓았는데'라는 표현에는 임을 걱정하고 그리워하는 화자의 마음이 드러나 있다.

④ '반짝이는 은하수'와 '새벽별만 밝네'라는 표현에는 임과 지내던 시절을 회상하는 화자의 모습이 드러나 있다.

⑤ '지는 달이 정답게 내 방을 엿보네'라는 표현에서, '지는 달'은 잠 못 이루는 화자에게 위안이 되고 있다.

(가) 고향에 고향에 돌아와도

그리던 고향은 아니러뇨.

산꿩이 알을 품고

뻐꾸기 제 철에 울건만,

마음은 제 고향 지니지 않고

머언 항구로 떠도는 구름.

오늘도 뫼 끝에 홀로 오르니

흰 점 꽃이 인정스레 웃고,

어린 시절에 불던 풀피리 소리 아니 나고

메마른 입술에 쓰디쓰다.

고향에 고향에 돌아와도

그리던 하늘만이 높푸르구나.

— 정지용, 「고향」

고향은 산령도 뻐꾸기도 흰 꽃도 하늘도 변함이 없는데
고향에 돌아온 화자는 고향이 낯섭니다. 마음은 떠도는 구름 같고 입은 숩니다.
왜일까요? 그 이유는 나와 있지 않지만 화자의 마음이 좋을 것 같지 않습니다.

(나) 어제 우리가 함께 사랑하던 자리에

오늘 가을비가 내립니다

우리가 서로 사랑하는 동안

함께 서서 바라보던 ㉠숲에

잎들이 지고 있습니다

어제 우리 사랑하고

오늘 낙엽지는 자리에 남아 그리워하다

내일 이 자리를 뜨고 나면 ← 죽고 나면, 혹은 사랑의 그리움마저 끝나면

바람만이 불겠지요 ← 무상함이 느껴집니다

바람이 부는 동안

또 많은 사람들이

서로 사랑하고 헤어져 그리워하며

한세상을 살다가 가겠지요

3연과 4연을 보니 자신의 이야기를 모두의 일반적인 이야기로 바꿉니다.

어제 우리가 함께 사랑하던 자리에

피었던 꽃들이 오늘 이울고 있습니다.

사랑하다 헤어지는 우리의 인생의 쓸쓸함을 숲으로 비유하고 있습니다. 헤어짐을 낙엽이 지고 바람이 부는 일에 꽃들이 지는 일에 비유하며 '이별'의 슬픔을 '가을비'로 표현하고 있습니다.

- 도종환, 「가을비」

(다) 비단 장막으로 찬 기운 스며들고 새벽은 멀었지만

텅 빈 뜨락에 이슬 내려 **구슬 병풍은 더욱 차갑다.**

못 위의 연꽃은 시들어도 밤까지 향기 여전하고

우물가의 **오동잎은 떨어져** 그림자 없는 가을.

물시계 소리만 똑딱똑딱 서풍 타고 울리는데

발(簾) 밖에는 서리 내려 밤벌레만 시끄럽구나.

베틀에 감긴 옷감 가위로 잘라낸 뒤

옥관* 임의 꿈을 깨니 ⓒ비단 장막은 허전하다.

밤에 잠이 깨니 병풍은 차갑고, 벌레는 시끄럽게 울고 화자는 허전합니다. 왜요? '임의 꿈을 깨니'에서 '임이 없어서'라는 것을 알 수 있죠. 출제자의 언어로 하면 '임의 부재'가 원인임을 알 수 있습니다. 외롭고 허전하겠군요. 그리움도 있을 것 같습니다

먼 길 나그네에게 부치려고 **임의 옷을 재단하니**

쓸쓸한 등불이 어두운 벽을 밝힐 뿐.

울음을 삼키며 **편지 한 장 써놓았는데**

역사* 내일 아침 남쪽 동네로 전해준다네.

임의 옷을 만들고 편지도 한 장 썼습니다. 편지에는 '건강에 대한 걱정과 그리움' 등이 있겠죠. 그리움이 더 커지겠습니다.

옷과 편지 봉하고 뜨락에 나서니

반짝이는 은하수에 새벽별만 밝네.

차디찬 금침에서 **뒤척이며 잠 못 이룰 때**

지는 달이 정답게 내 방을 엿보네.

새벽이 되었습니다. 여전히 잠 못 드는 화자를 위로해 주는 건 '달'입니다.

紗幮寒逼殘宵永	露下虛庭玉屛冷
池荷粉褪夜有香	井梧葉下秋無影
丁東玉漏響西風	簾外霜多啼夕蟲
金刀剪下機中素	玉關夢斷羅帷空
裁作衣裳寄遠客	悄悄蘭燈明暗壁
含啼寫得一封書	驛使明朝發南陌
裁封已就步中庭	耿耿銀河明曉星
寒衾轉輾不成寐	落月多情窺畫屛

– 허난설헌, 「사시사(四時詞)」

* 옥관: 옥문관(국경을 지키러 간 남편이 있는 공간)

* 역사: 편지를 전하는 사람

한시입니다. 한시는 어렵다고 읽지 않아도 괜찮은 '착한 고전'입니다. 원문이 '한자'이기 때문에 우리가 만나게 되는 한시는 번역시입니다. 현대어로 번역하되 '고전의 향기'가 남아 있도록 번역을 합니다. 따라서 고전에 고전을 면치 못 하는 친구라 해도 만만하게 접근할 수 있으니 시험에 '한시'를 만나면 편하게 읽도록 하세요.

13. (가)~(다)의 공통점으로 가장 적절한 것은? [1점] 〈표현상의 특징＋정서·태도〉

① 자연물을 통해 화자의 정서를 드러내고 있다.

(가)에 나온 자연물들은 화자가 고향은 그대로인데 자신은 고향을 느낄 수 없는 대비된 정서를 보여주고, (나)는 가을비와 낙엽, 바람, 꽃으로 쓸쓸함과 상실감을 느끼게 합니

다. (다)는 새벽 잠 못 이루는 화자의 쓸쓸함과 그리움이 물시계, 벌레 등으로 심화되고 있으며 '달'을 통해 위로받고 있습니다. 정답은 그래서 ①번입니다.

② 명암의 대비를 통해 화자의 내면을 드러내고 있다.

이미 (가)에서도 우리는 '명암(밝고 어두움)'의 대비는 없습니다. "쌤, '대조'는 있으니까 밝음은 긍정이고 어둠은 부정으로 봐서 명암의 대비를 찾을 수 없나요?"라고 물어보고 싶다면 답지에서 출제자가 제시한 것을 너무 자기 생각으로 오버한 것입니다. 명암은 밝고 어두움입니다. 그 이상으로 생각을 확장시키는 것은 평가자인 여러분의 몫이 아닙니다. 우리가 언어영역을 접할 때 마음가짐은 '창의적 해석'이라기보다 '뛰어난 분석력' 입니다.

③ 공간 이동에 따른 화자의 정서 변화를 드러내고 있다.

(가)는 이미 고향에 돌아온 상황입니다. 고향에 오기 전 어떤 정서였는지를 모르기 때문에 정서의 변화가 있었는지 우리는 알지 못합니다. 이미 (가)에서 틀린 답지라는 사실을 알게 됩니다.

④ 시상의 반전을 통해 화자의 심리 변화를 드러내고 있다.

역시 (가)는 처음부터 고향에 왔지만 고향이 아니라고 느끼는 화자의 이야기입니다. 시상의 반전은 처음부터 없습니다. (가)에서 이미 답이 아닌 것을 확실히 알았기 때문에 (나)와 (다)에서 확인하지는 않습니다.

⑤ 과거 회상을 통해 화자의 삶을 반성적으로 돌아보고 있다.

(가)는 '고향의 모습은 여전하구나. 그런데 고향으로 느껴지지 않아.'라는 내용입니다. 여전하구나 하고 느낀다고 해서 회상이 나타나는 것은 아닙니다. 회상이라는 단어를 사용하려면 구체적인 과거의 사건이 나와야 합니다. 역시 (가)에서 땡! 답이 될 수 없습니다.

14. 〈보기〉를 참조하여 (가)를 감상한 내용으로 적절하지 <u>않은</u> 것은? 〔3점〕 〈함축적 의미 & 태도〉

─── 〈보기〉 ───

이 시에서 화자가 추구하는 '고향'은 현실에서의 아픔과 슬픔을 정화하고, 새로운 삶으로 나아가고자 하는 꿈을 담은 정신적 안식처로 풀이할 수 있다. 그러나 화자가 찾은 현실적인 고향은 자연은 그대로이지만, 정신적인 안식을 주지 못하는 공간이다. 이 시는 정신적인 고향과 현실적 고향 사이의 괴리로 인한 화자의 안타까움을 드러낸 것이다.

① '고향'은 화자가 현실에서의 아픔을 치유하기 위해 찾은 공간이라고 볼 수 있겠군.

② '뻐꾸기 제 철에 울건만'에는 변함없는 자연의 모습이 나타나 있군.

③ '항구로 떠도는 구름'은 자신이 추구하는 고향을 찾지 못한 화자의 정신적 방황을 드러낸 것이라 할 수 있겠군.

④ '메마른 입술에 쓰디쓰다'는 과거와 현재 사이의 심리적 거리로 인한 상실감을 표현한 것이겠군.

⑤ '그리던 하늘만이 높푸르구나'에는 잃어버렸던 유년의 꿈을 회복하려는 의지가 드러나 있군.

→ 이 시는 부정적인 결말입니다.
긍정적 의지는 찾을 수 없죠. 정답은 ⑤번입니다.

15. ㉠과 ㉡에 대한 설명으로 적절한 것은? 〈공간적 배경을 통한 정서〉

㉠의 숲은 '사랑하다 헤어진 공간' ㉡의 비단 장막은 '임이 없는 허전함을 느끼게 해주는 소재'입니다. 이 둘은 모두 화자의 입장에서 긍정적인 정서를 느끼게 하는 공간은 아닙니다. 쌤이 말하는 '긍정적'은 '느낌이 좋은'이라는 뜻으로 사용하고 있으니

'옳고 그름'으로 이해하면 안됩니다. ^^

① ㉠은 자책감을 느끼는 공간이다.

② ㉡은 심리적 갈등을 해소하는 공간이다.

③ ㉠은 ㉡과 달리, 현실 도피의 공간이다.

④ ㉡은 ㉠과 달리, 충족감을 느낄 수 있는 공간이다.

⑤ ㉠과 ㉡은 모두 그리움의 정서를 환기하는 공간이다.

　　정답은 '상실'과 연결되는 '그리움'으로 찾아야 합니다. 따라서 정답은 ⑤번입니다.

16. 〈보기〉를 참조하여 (나)를 영상물로 제작하기 위한 의견을 제시하였다. 적절하지 않은 것은?

　　〈시적 상황+소재〉

> ─────── 〈보기〉 ───────
>
> **선생님:** 시를 영상물로 제작할 때에는 작품에 대해 감상한 바를 바탕으로 해야 합니다. 시적 화자를 구체적인 인물로 설정하고, 시를 둘러싼 분위기와 여백을 구체적인 영상으로 만들면 됩니다. 그 과정에서 중심 요소가 부차적인 것으로 물러앉을 수 있으며, 새로운 의미가 첨가될 수도 있습니다. 하지만 시의 내용을 잘못 이해해서 제작한 것은 바람직하다고 할 수 없습니다.

　　영상으로 제작하는 문제는 자주 출몰하는 유형입니다. 일반적으로는 내용 일치 문제이지만 보기에서 새로운 의미가 첨가될 수도 있다는 조건을 주는 것으로 보아 답지를 읽을 때 이 부분을 유념하여 살펴보아야 할 것입니다.

① 단풍이 든 숲에 빗방울 소리를 음향 효과로 넣어 계절적 분위기를 드러내자.

② 숲이 보이는 곳을 배경으로 사랑하던 사람과의 추억을 떠올리는 장면을 보여주는 것이 좋겠어.

③ 주인공이 혼자 바라보는 낙엽에 임의 모습을 오버랩해서 임에 대한 그리움을 드러내는 것이 좋겠어.

④ 남녀가 머물렀던 숲에 찾아오는 다른 연인들의 다정한 모습을 대비시켜 주인공의 절망감을 강조하자.

⑤ 피었던 꽃이 시드는 장면을 클로즈업하여, 만남과 헤어짐이 삶의 보편적 모습임을 암시하는 것이 좋겠어.

②번 내용은 시에서는 없었던 내용입니다. 하지만 화자의 정서를 고려한다면 이해할 수 있습니다. 하지만 ④번은 자신의 이야기를 '보편적'인 이야기로 확대한 위의 내용으로 볼 때 적절하지 않습니다. 자신만 그런 것이 아니라 다른 사람들도 자신처럼 사랑하다 헤어지며 한세상 살다갈 것이라고 화자는 이야기 하고 있기 때문입니다. 정답은 그래서 ④번입니다.

17. (가)와 (나)의 표현상의 공통점으로 적절한 것은? 〈표현상의 특징〉

① 처음과 끝을 대응시켜 형태적 안정감을 준다. →수미상관법
② 문장의 어순을 바꾸어 의미를 강조하고 있다. →도치법

③ 영탄적 표현으로 심리를 직접적으로 드러낸다. →영탄법

④ 대구적 표현을 반복하여 정형적 운율미를 드러낸다. →대구법의 반복

⑤ 말을 건네는 방식으로 대상과의 친밀감을 드러낸다. →대화체

(가)에서 확인할 수 있는 수사법은 '수미상관법'과 '높푸르구나'에서 찾을 수 있는'영탄법'입니다. 하지만 (나)에서 찾을 수 있는 것은 '수미상관법'뿐입니다. 답은 ①번입니다.

18. (다)를 이해한 내용으로 적절하지 않은 것은? 〈정서＋이미지＋상황〉

① '구슬 병풍은 더욱 차갑다'라는 표현에는 화자의 외로운 마음이 투영되어 있다.

② '오동잎은 떨어져'라는 표현은 하강의 이미지로 쓸쓸한 분위기를 조성하고 있다.

③ '임의 옷을 재단하니'와 '편지 한 장 써놓았는데'라는 표현에는 임을 걱정하고 그리워하는 화자의 마음이 드러나 있다.

④ '반짝이는 은하수'와 '새벽별만 밝네'라는 표현에는 임과 지내던 시절을 회상하는 화자의 모습이 드러나 있다.

⑤ '지는 달이 정답게 내 방을 엿보네'라는 표현에서, '지는 달'은 잠 못 이루는 화자에게 위안이 되고 있다.

내용을 이해하는 문제입니다. 답지는 내용을 잘 이해했다면 편하게 풀 수 있는 문제입니다. '은하수', '새벽별'은 임에 대한 그리움을 달래기 위해 마련한 옷과 편지를 봉한 후 본 것입니다. 이것은 시간이 흘러 새벽이 되었다는 것을 의미하는 것으로 과거를 회상하는 것과는 상관이 없죠. 따라서 정답은 ④번입니다.

[20~25] 다음 글을 읽고 물음에 답하시오.

(가) 태양을 의논하는 거룩한 이야기는
항상 태양을 등진 곳에서만 비롯하였다.

달빛이 흡사 비오듯 쏟아지는 밤에도
우리는 헐어진 성(城)터를 헤매이면서
언제 참으로 그 언제 우리 하늘에
오롯한 태양을 모시겠느냐고
가슴을 쥐어뜯으며 이야기하며 이야기하며
가슴을 쥐어뜯지 않았느냐?

그러는 동안에 영영 잃어버린 벗도 있다.
그러는 동안에 멀리 떠나버린 벗도 있다.
그러는 동안에 몸을 팔아버린 벗도 있다.
그러는 동안에 맘을 팔아버린 벗도 있다.

그러는 동안에 드디어 서른 여섯 해가 지나갔다.

다시 우러러보는 이 하늘에

[A] 겨울밤 달이 아직도 차거니

　오는 봄엔 분수(噴水)처럼 쏟아지는 태양을 안고

　그 어느 언덕 꽃덤불에 아늑히 안겨 보리라.

- 신석정, 「꽃덤불」

(나) 또 다른 말도 많고 많지만

삶이란

나 아닌 그 누구에게

기꺼이 **연탄 한 장** 되는 것

방구들 선득선득해지는 날부터 이듬해 봄까지

㉠조선팔도 거리에서 제일 아름다운 것은

연탄차가 부릉부릉

힘쓰며 언덕길을 오르는 거라네

해야 할 일이 무엇인가를 알고 있다는 듯이

연탄은, 일단 제몸에 불이 옮겨 붙었다 하면

하염없이 뜨거워지는 것

매일 따스한 밥과 국물 퍼먹으면서도 몰랐네

온 몸으로 사랑하고 나면

한 덩이 재로 쓸쓸하게 남는 게 두려워

여태껏 **나**는 그 누구에게 **연탄** 한 장도 되지 못하였네

생각하면

삶이란

나를 산산이 으깨는 일

눈내려 세상이 미끄러운 어느 이른 아침에

나 아닌 그 누가 마음 놓고 걸어갈

그 길을 만들 줄도 몰랐었네, 나는

- 안도현, 「연탄 한 장」

(다) 슬프나 즐거오나 옳다 하나 외다 하나

내 몸의 해올 일만 닦고 닦을 뿐이언정

그 밧긔 여남은 일이야 分別(분별)할 줄 이시랴.

내 일 망녕된 줄 내라 하여 모랄 손가.

이 마음 어리기도 님 위한 탓이로세.

아뫼 아무리 일러도 임이 혜여 보소서.

ⓛ秋城(추성) 鎭胡樓(진호루) 밧긔 울어 예는 저 시내야.

무음 호리라 晝夜(주야)에 흐르는다.

님 향한 내 뜻을 조차 그칠 뉘를 모르나다.

뫼흔 길고 길고 물은 멀고 멀고

어버이 그린 뜻은 많고 많고 하고 하고

어디서 외기러기는 울고 울고 가느니.

- 윤선도, 「견회요(遣懷謠)」

20. (가)~(다)의 공통점으로 가장 적절한 것은? 〈태도, 운율〉

① 화자가 지향하는 바람직한 삶이 나타나 있다.

② 규칙적인 율격을 통한 운율감이 드러나 있다.

③ 시적 대상에 대해 예찬적 태도를 보이고 있다.

④ 지나간 삶에 대한 반성적 태도가 나타나 있다.

⑤ 주어진 현실에 순응하려는 자세가 드러나 있다.

21. 〔A〕에 나타난 시적 화자의 상황과 정서가 가장 유사한 것은? 〈시적 상황 및 정서〉

① 나 하늘로 돌아가리라. / 아름다운 이 세상 소풍 끝내는 날, / 가서, 아름다웠다고 말하리라……. - 천상병, 「귀천」

② 돌담에 속삭이는 햇발같이 / 풀 아래 웃음짓는 샘물같이 / 내 마음 고요히 고운 봄 길 위에 / 오늘 하루 하늘을 우러르고 싶다. - 김영랑, 「돌담에 속삭이는 햇발」

③ 나 보기가 역겨워 / 가실 때에는 / 말없이 고이 보내 드리우리다. // 영변에 약산 / 진달래꽃 / 아름 따다 가실 길에 뿌리우리다. - 김소월, 「진달래꽃」

④ 나는 나룻배 / 당신은 행인 // 당신은 흙발로 나를 짓밟습니다. / 나는 당신을 안고 물을 건너갑니다. / 나는 당신을 안으면 깊으나 얕으나 급한 여울이나 건너갑니다. - 한용운, 「나룻배와 행인」

⑤ 지금 눈 나리고 / 매화 향기 홀로 아득하니 / 내 여기 가난한 노래의 씨를 뿌려라. // 다시 천고의 뒤에 / 백마 타고 오는 초인이 있어 / 이 광야에서 목놓아 부르게 하리라. - 이육사, 「광야」

22. (가)를 쓰기 위해 구상하는 과정에서 떠올렸을 생각으로 적절하지 <u>않은</u> 것은?

〈표현상의 특징, 이미지〉

① 시간의 흐름을 시상에 반영하자.

② 어둠과 밝음의 대립된 이미지를 활용하자.

③ 상징적 시어를 이용하여 주제를 형상화하자.

④ 동일한 구조의 문장을 반복하여 운율을 나타내자.

⑤ 시의 처음과 끝을 유사하게 하여 화자의 정서를 강조하자.

23. (나)와 〈보기〉를 연관 지어 수업한다고 할 때, 학생들의 반응으로 적절하지 <u>않은</u> 것은?

[3점] 〈효용론적 관점으로 감상〉

───── 〈보기〉 ─────

선생님 : 작가의 창작 의도를 자신의 삶과 연관 지어 내면화하고 바른 삶을 살도록 이끌어 주는 것도 문학의 가치입니다.

Ⅰ. 한 소년을 돌보며
행복해 하는 나무

Ⅱ. 소중한 것을 나눠주며
행복해 하는 나무

Ⅲ. 가장 소중한 것도 아낌없이 주며
행복해 하는 나무

Ⅳ. 아직 줄 수 있는 것이 있어
행복해 하는 나무

① (나)의 '연탄 한 장'과 〈보기〉의 '나무'를 보니 우리를 위해 희생하시는 부모님
의 얼굴이 떠올랐어.

② (나)의 '하염없이 뜨거워지는' 연탄과 〈보기〉의 아낌없이 주는 '나무'처럼 끝없
이 베푸는 사랑을 해야겠어.

③ (나)의 '한 덩이 재로 쓸쓸하게 남는 걸 두려워' 하는 시적 화자와 〈보기〉의 밑
동만 남은 '나무'는 같은 심정일거야.

④ (나)의 '나'와 〈보기〉의 인물은 자신만을 생각하는 우리들의 모습을 그린 것이
라 할 수 있겠어.

⑤ (나)의 '연탄'과 〈보기〉의 '나무'를 통해 두 작가는 인간의 삶과 관련된 주제를
드러내고 싶었던 거야.

24. 〈보기〉를 참조하여 (다)를 감상한 내용으로 적절하지 않은 것은?

〈표현론적 관점에서 감상, 상황＋태도〉

〈보기〉

○ '견회(遣懷)'는 '시름을 쫓다, 회포를 풀다, 마음을 달래다'의 뜻으로 쓰임.

○ 윤선도는 죽음을 각오하고 당시 집권 세력들의 죄상을 격렬하게 규탄하는 상소를 올렸다가 도리어 이로 인해 모함을 받아 함경도 추성(秋城)으로 유배되고, 그곳에서 임금에 대한 충성심과 부모에 대한 효심이 드러나는 '견회요(遣懷謠)' 5수를 지음.

---

① 제목인 견회요(遣懷謠)는 화자의 억울한 마음을 달래는 노래라는 의미로군.

② 남을 의식하지 않고 자신이 해야 할 일을 굳건히 하겠다는 화자의 강직한 태도가 보이는군.

③ 일이 잘못되면 자신이 귀양 가게 될 수도 있다는 것을 미처 생각하지 못한 어리석음을 자책하는군.

④ 밤낮으로 흐르는 시냇물처럼 임금님을 향한 화자의 충성심은 언제나 변함없을 것이라고 말하고 있군.

⑤ 부모님에 대한 그리움을 외기러기에 의탁하여 애절하게 표현한 것을 보니 화자의 효심이 느껴지는군.

25. ㉠과 ㉡에 대한 설명으로 가장 적절한 것은? 〈표현상의 특징〉

① ㉠은 의인화가 있고, ㉡은 의인화가 없다.

② ㉠은 객관적 생각이고, ㉡은 주관적 생각이다.

③ ㉠은 ㉡과 달리 새로운 대상으로 관심을 옮겨가고 있다.

④ ㉠과 ㉡ 모두 화자의 감정을 직설적으로 나타내고 있다.

⑤ ㉠과 ㉡ 모두 청각적 심상을 사용하며 정서를 드러내고 있다.

(가) 태양을 의논하는 거룩한 이야기는

항상 태양을 등진 곳에서만 비롯하였다.

달빛이 흡사 비오듯 쏟아지는 밤에도

우리는 헐어진 성(城)터를 헤매이면서

언제 참으로 그 언제 우리 하늘에

오롯한 태양을 모시겠느냐고

가슴을 쥐어뜯으며 이야기하며 이야기하며

가슴을 쥐어뜯지 않았느냐?
절박함, 간절함

그러는 동안에 영영 잃어버린 벗도 있다.
언제 태양을 모시겠느냐고 이야기하는 동안
그러는 동안에 멀리 떠나버린 벗도 있다.

그러는 동안에 몸을 팔아버린 벗도 있다.

그러는 동안에 맘을 팔아버린 벗도 있다.

그러는 동안에 드디어 ★서른 여섯 해가 지나갔다.

다시 우러러보는 이 하늘에

겨울밤 달이 아직도 차거니

[A] 오는 봄엔 분수(噴水)처럼 쏟아지는 태양을 안고

그 어느 언덕 꽃덤불에 아늑히 안겨 보리라.

- 신석정, 「꽃덤불」

서른여섯 해는 이 시의 배경을 알 수 있게 해 주는 핵심입니다. 바로 일제 강점기 36년이기 때문입니다. 이렇게 현실 참 여적인 시는 '나쁜 시어 vs 좋은 시어'로 나누어 감상하면 편하다고 말했습니다. 서른여섯 해가 지나고도 아직 겨울밤이 라면 광복직후의 혼란을 이야기하는 것입니다. 언제쯤 제대로 된 해방이 올까. 화자는 그 날을 기다리고 있습니다.

(나) 또 다른 말도 많고 많지만

삶이란

나 아닌 그 누구에게

기꺼이 **연탄 한 장** 되는 것

방구들 선득선득해지는 날부터 이듬해 봄까지

㉠조선팔도 거리에서 제일 아름다운 것은

연탄차가 부릉부릉

힘쓰며 언덕길을 오르는 거라네

해야 할 일이 무엇인가를 알고 있다는 듯이

연탄은, 일단 제몸에 불이 옮겨 붙었다 하면

하염없이 뜨거워지는 것

매일 따스한 밥과 국물 퍼먹으면서도 몰랐네

온 몸으로 사랑하고 나면

한 덩이 재로 쓸쓸하게 남는 게 두려워

여태껏 **나는** 그 누구에게 **연탄** 한 장도 되지 못하였네

연탄의 의미가 무엇인지 알 수 있습니다. 남을 위해 자신을 희생할 수 있는 삶입니다. 우리는 자신의 희생이나 아픔이 두려워 누구에게 따뜻한 사람이 되지 못하고 살고 있지 않는지를 반성할 수 있게 합니다.

생각하면

삶이란

나를 산산이 으깨는 일

눈내려 세상이 미끄러운 어느 이른 아침에

나 아닌 그 누가 마음 놓고 걸어갈

그 길을 만들 줄도 몰랐었네, 나는

도치법을 사용하면서 자신을 반성하고 있습니다

– 안도현, 「연탄 한 장」

(다) 슬프나 즐거오나 옳다 하나 외다 하나

내 몸의 해올 일만 닦고 닦을 뿐이언정

그 밧긔 여남은 일이야 分別(분별)할 줄 이시랴.

고전의 핵심은 마음을 편하게 먹기에 있고 시조의 핵심은 종장에 있습니다.
자신은 자신의 일을 할 뿐 다른 일은 생각하지 않는다고 합니다.

내 일 망녕된 줄 내라 하여 모랄 손가.

이 마음 어리기도 님 위한 탓이로세.

아뫼 아무리 일러도 임이 혜여 보소서.

'내가 이렇게 사는 것이 바보(망녕)된 것인 줄은 알지만 다 당신을 위한 것입니다. 당신을 위한 것임을 생각해 보세요.';
화자는 억울해 보입니다. 자신의 마음을 몰라주는 '임' 때문에

ⓛ秋城(추성) 鎭胡樓(진호루) 밧긔 울어 예는 저 시내야.

무음 호리라 晝夜(주야)에 흐르는다.

▶ 감정이입입니다. 시내는 울 수 있는 동물이 아닙니다. 자신이 울고 있으면서 시내에 자신의 감정을 이입하고 있습니다. 감정이입은 문제와 항상 연결되니 유의해야 합니다.

님 향한 내 뜻을 조차 그칠 뉘를 모르다.
　┗ 자신의 충성심은 변함이 없다는 것을 강조하고 있습니다.
　　모함으로 귀향이라도 갔나 봅니다.

뫼흔 길고 길고 물은 멀고 멀고
　┗ 역시 귀향을 간듯 하군요. 먼 곳으로
어버이 그린 뜻은 많고 많고 하고 하고
　┗ 부모님도 많이 그리워하고 있고
어디서 외기러기는 울고 울고 가느니.
　┗ 고전에는 이러한 감정이입이 자주 등장합니다.

- 윤선도, 「견회요(遣懷謠)」

20. (가)~(다)의 공통점으로 가장 적절한 것은? 〈태도, 운율〉

① 화자가 지향하는 바람직한 삶이 나타나 있다.

'바람직한 삶'이란 말에 대해 여러분이 생각하는 '도덕적인 삶'을 생각하지 않아도 괜찮습니다. 괜찮다고 생각하는 세상이나 삶이 모두 포함된다고 보면 조금 편하게 접근할 수 있을 것입니다. (가)는 태양을 모시는 삶이 (나)는 사람들에게 연탄같은 사람이 되는 것이 (다)는 임을 위해 사는 것이 '괜찮다'고 화자들은 생각합니다. 정답입니다.

② 규칙적인 율격을 통한 운율감이 드러나 있다.

(가)와 (나)는 자유시입니다. 민요시라면 모를까 일반적인 자유시는 규칙적인 율격이 거의 나타나지 않습니다. (다)는 시조니까 규칙적 율격이 있지만, 그 전에 이미 (가)에서 이 답지는 아웃입니다.

③ 시적 대상에 대해 예찬적 태도를 보이고 있다.

어디에도 예찬은 없습니다. '태양'을 모시고 싶어 하지만 예찬은 찾을 수 없고 '연탄'은 긍정적 대상이기는 하지만 예찬은 아닙니다. (다)의 '임'은 사랑하는 사람이지 예찬의 대상은 아니죠.

④ 지나간 삶에 대한 반성적 태도가 나타나 있다.

반성하고 있는 시는 (나)뿐입니다. 이미 (가)에서 버려진 답지입니다.

⑤ 주어진 현실에 순응하려는 자세가 드러나 있다.

그 어떤 시도 현실에 순응하려고 하지는 않습니다. 번호를 채우기 위한 답지라 할 수 있죠. 설마 이 답지를 선택하지 않았기를 바랍니다.

21. [A]에 나타난 시적 화자의 상황과 정서가 가장 유사한 것은? 〈시적 상황 및 정서〉

① 나 하늘로 돌아가리라. / 아름다운 이 세상 소풍 끝내는 날, / 가서, 아름다웠다고 말하리라……. - 천상병, 「귀천」

자신이 살아왔던 삶이 아름다웠다며 죽음을 담담하게 받아들이겠다는 화자가 보입니다.

② 돌담에 속삭이는 햇발같이 / 풀 아래 웃음짓는 샘물같이 / 내 마음 고요히 고운 봄 길 위에 / 오늘 하루 하늘을 우러르고 싶다. - 김영랑, 「돌담에 속삭이는 햇발」

햇발같이 샘물같이 하늘을 우러르는 삶을 살고 싶어하는 화자가 있습니다.

③ 나 보기가 역겨워 / 가실 때에는 / 말없이 고이 보내 드리우리다. // 영변에 약산 / 진달래꽃 / 아름 따다 가실 길에 뿌리우리다. - 김소월, 「진달래꽃」

자신이 싫어 떠나는 임을 위해서도 진달래 꽃을 뿌려주며 축복해 주겠다는 여자가 있군요.

④ 나는 나룻배 / 당신은 행인 // 당신은 흙발로 나를 짓밟습니다. / 나는 당신을 안고 물을 건너갑니다. / 나는 당신을 안으면 깊으나 얕으나 급한 여울이나 건너갑니다. - 한용운, 「나룻배와 행인」

나를 짓밟는 당신이지만 당신을 위해 살겠다는 화자입니다.

⑤ 지금 눈 나리고 / 매화 향기 홀로 아득하니 / 내 여기 가난한 노래의 씨를 뿌려라. // 다시 천고의 뒤에 / 백마 타고 오는 초인이 있어 / 이 광야에서 목놓아 부르게 하리라. - 이육사, 「광야」

지금은 눈이 오고 있지만 언젠가 천고의 뒤에 좋은 세상이 오면 백마 타고 오는 초인에게 노래를 부르게 하고 싶다는 의지를 담은 화자가 있습니다. [A]의 화자는 현실이 아직도 차가운 겨울달밤이라고 생각합니다. 그리고 언젠가 봄이 오면 꽃덤불에 안기고 싶다는 소망을 말하고 있습니다. 눈=겨울달밤, 천고의 뒤=봄, 노래=꽃덤불 이와 같은 등식이 성립하는 ⑤번이 정답입니다.

22. (가)를 쓰기 위해 구상하는 과정에서 떠올렸을 생각으로 적절하지 <u>않은</u> 것은?

〈표현상의 특징, 이미지〉

① 시간의 흐름을 시상에 반영하자. → 36년이 지났습니다.

② 어둠과 밝음의 대립된 이미지를 활용하자. → 겨울밤 vs 봄 태양

③ 상징적 시어를 이용하여 주제를 형상화하자. → 태양, 꽃덤불 등

④ 동일한 구조의 문장을 반복하여 운율을 나타내자. → 3연은 통으로 동일한 문장 구조의 반복이죠

⑤ 시의 처음과 끝을 유사하게 하여 화자의 정서를 강조하자. → 수미상관법은 없죠? 정답입니다

23. (나)와 〈보기〉를 연관 지어 수업한다고 할 때, 학생들의 반응으로 적절하지 <u>않은</u> 것은?

[3점] 〈효용론적 관점으로 감상〉

―――――――― 〈보기〉 ――――――――

선생님 : 작가의 창작 의도를 자신의 삶과 연관 지어 내면화하고 바른 삶을 살도록 이끌어 주는 것도 문학의 가치입니다.

Ⅰ. 한 소년을 돌보며
행복해 하는 나무

Ⅱ. 소중한 것을 나눠주며
행복해 하는 나무

Ⅲ. 가장 소중한 것도 아낌없이 주며
행복해 하는 나무

Ⅳ. 아직 줄 수 있는 것이 있어
행복해 하는 나무

'연탄'이 '나무'로 바뀐 그림이네요. 그 밖에 달라진 것은 없어 보입니다. 내용에 충실하게
풀면 됩니다.

① (나)의 '연탄 한 장'과 〈보기〉의 '나무'를 보니 우리를 위해 희생하시는 부모님
의 얼굴이 떠올랐어.

② (나)의 '하염없이 뜨거워지는' 연탄과 〈보기〉의 아낌없이 주는 '나무'처럼 끝없
이 베푸는 사랑을 해야겠어.

③ (나)의 '한 덩이 재로 **쓸쓸하게 남는 걸 두려워**' 하는 시적 화자와 〈보기〉의 밑동만 남은 '**나무**'는 같은 심정일거야.

나무는 연탄과 같은 존재입니다. '쓸쓸하게 남는 게 두려운' 존재는 아니죠. 정답입니다.

④ (나)의 '**나**'와 〈보기〉의 인물은 **자신만을 생각하는** 우리들의 모습을 그린 것이라 할 수 있겠어.

⑤ (나)의 '연탄'과 〈보기〉의 '나무'를 통해 두 작가는 **인간의 삶과 관련된** 주제를 드러내고 싶었던 거야.

24. 〈보기〉를 참조하여 (다)를 감상한 내용으로 적절하지 않은 것은?

〈표현론적 관점에서 감상, 상황+태도〉

〈보기〉

○ '견회(遣懷)'는 '시름을 쫓다, 회포를 풀다, 마음을 달래다'의 뜻으로 쓰임.

○ 윤선도는 죽음을 각오하고 당시 집권 세력들의 죄상을 격렬하게 규탄하는 상소를 올렸다가 도리어 이로 인해 모함을 받아 함경도 추성(秋城)으로 유배되고, 그곳에서 임금에 대한 충성심과 부모에 대한 효심이 드러나는 '견회요(遣懷謠)' 5수를 지음.

---

① 제목인 견회요(遣懷謠)는 화자의 억울한 마음을 달래는 노래라는 의미로군.

② 남을 의식하지 않고 자신이 해야 할 일을 굳건히 하겠다는 화자의 강직한 태도가 보이는군.

③ 일이 잘못되면 자신이 귀양 가게 될 수도 있다는 것을 미처 생각하지 못한 어리석음을 자책하는군.

'어리다'의 의미가 '어리석다'인 것은 맞습니다. 하지만 이어지는 문맥을 보면 '어리기도 님 위한 탓이로세'라고 하여 그조차도 충심임을 주장하고 있어 <u>스스로를 자책하기보다 자 신의 충심을 알아달라는 뜻</u>으로 보는 것이 맞습니다. 정답입니다.

④ 밤낮으로 흐르는 시냇물처럼 임금님을 향한 화자의 충성심은 언제나 변함없을 것이라고 말하고 있군.

3수에서 찾을 수 있었죠.

⑤ 부모님에 대한 그리움을 외기러기에 의탁하여 애절하게 표현한 것을 보니 화자의 효심 이 느껴지는군.

4수에서 찾을 수 있었습니다. ②~④번 답지들을 살펴보면 ③번 답지와 나머지 답 지들이 어울리지 않는다는 것을 알 수 있습니다. 이렇게 답지들을 잘 살피다 보면 답이 그냥 나올 때가 많답니다.

25. ㉠과 ㉡에 대한 설명으로 가장 적절한 것은? 〈표현상의 특징〉

① ㉠은 의인화가 있고, ㉡은 의인화가 없다.

② ㉠은 객관적 생각이고, ㉡은 주관적 생각이다.

③ ㉠은 ㉡과 달리 새로운 대상으로 관심을 옮겨가고 있다.

④ ㉠과 ㉡ 모두 화자의 감정을 직설적으로 나타내고 있다.

⑤ ㉠과 ㉡ 모두 청각적 심상을 사용하며 정서를 드러내고 있다.

㉠을 먼저 살펴보면 의인화도, 객관적이지도 새로운 대상인 것도 아닙니다. 다만 '아름답다'는 표현을 통해 직설적인 감정은 찾아볼 수 있고, '부릉부릉'을 통해 청 각적 심상을 찾을 수 있습니다. 그렇다면 정답이 될 수 있는 후보는 ④번과 ⑤번밖 에 남지 않습니다. 이제 ㉡을 보면 감정이입을 찾을 수 있습니다. 감정이입은 자신

의 감정을 직접 표현하지 않고 다른 대상에 이입하여 표현하기 때문에 직절적인 표현이라고 볼 수 없습니다. 다만 '울어 예는'에서 청각적 심상을 찾을 수 있을 뿐입니다. '운다'는 것에 '시각적 표현'이라고 생각하는 친구들도 많습니다. 자신이 울 때 '소리를 내지 않는 거겠죠' 하지만 아무리 숨을 죽여 울어도 훌쩍임마저 감추기는 어렵습니다. 그래서 일반적으로 '울다'는 것은 청각적 심상으로 기억하는 것이 좋습니다. 정답은 그래서 ⑤번이 됩니다.

소설로
시작
하는

3강

소셜
스킬

장면을 찾고 인물을 따라가면
내용 정리 끝!

소설이 제일 쉬웠어요!

　우리는 심심할 때 소설을 읽기도 하고, 재미있다고 소문난 소설은 일부러 찾아서 밤을 새워가며 읽기도 합니다. 소설은 '시'보다 우리와 친근하며 더 쉽게 느껴집니다. 그런데도 '모의고사'에서 만나는 '소설'은 왜 이해하기 힘들고 어려운 걸까요?

　제가 평소에 책을 많이 읽지 않아서 어려운 걸까요?

　처음 보는 소설이 나와서 내용 이해가 되지 않았어요.

　지문이 너무 길어서 다 읽고 나도 기억나는 게 없어요.

글을 많이 읽었다거나 이미 알고 있는 작품이 시험에 출제되었다면 무척 유리한 상황에서 내용을 이해할 수 있고 문제를 풀 수도 있을 겁니다. 그러나 안타깝게도 우리는 시계를 거꾸로 돌릴 수 있는 능력이 없으니 현재 자신의 모습을 인정하고 눈앞에 있는 글과 소통할 수 있도록 해야 합니다. "지금부터라도 책을 많이 읽어야 할까요?"라고 묻는다면 시간이 허락되는 한 많이 읽어 나쁠 것은 없습니다. 꼭 소설이 아니어도 전공을 미리 정하고 전공과 관련된 책을 읽는 것은 '입학사정관제'가 중시되는 현 입시정책에서 긍정적으로 작용할 수 있습니다. 그러나 언어영역은 다시 말하지만 '의사소통능력'을 평가하기 위한 시험입니다. 따라서 주어진 '소설' 지문만으로도 내용의 파악이 가능하도록 제시되며 그것만으로도 충분히 문제를 풀 수 있도록 출제하고 있습니다.

그럼 남은 문제는 '지문의 길이'입니다. 중학교에 다닐 때 유난히 암기력이 떨어지던 쌤은 고랭지 농작물인 '감자, 귀리, 조, 콩, 아마, 대마, 홉'을 외우라는 사회선생님의 말씀에 한숨이 나왔습니다. 그래서 선생님께 "이 중에서 중요한 것 몇 개만 뽑아주시면 안 되느냐?"고 물었죠. 선생님께서는 '감자와 귀리'만 외우라고 하셨습니다. 그 말씀을 듣는 그 순간 이미 나는 그 둘을 외웠습니다. 그 정도라면 외울 필요도 없겠다고, 이미 다 외워졌다고 하자 선생님께서는 "그럼 조와 콩까지 외울 수 있겠네."라고 하셨고 쌤은 그렇게 '감자, 귀리, 조, 콩, 아마, 대마, 홉'을 20여 년이 지난 지금까지 외우고 있습니다.

지문의 길이가 너무 길어서 내용이 정리되지 않는다고요? 그럼 지문을 잘게 잘라서 내용을 이해하면 됩니다. 문제될 게 없죠? 지문에 제시된 내용을 '배경'을 중심으로 나눕니다. 시간이 바뀌거나 공간이 바뀌면 끊어서 내용을 이해하고 다음 장면으로 넘어갑니다. 같은 배경이라도 새로운 인물이 중심으로 들어오거나 퇴장하면 끊어서 내용을 이해하고 다음으로 넘어갑니다. 장면을 나누는 것조차 어렵게 느껴진다면 문단을 나누어 읽는 것도 괜찮습니다. " "표 때문에 들여쓰기가 된 부분은 문단으로 구분하지 않습니다. 그렇게 잘라서 내용을 이해한다면 20년 넘도록 고랭지 농작물을 외우고 있는 쌤처럼 내용을 쉽게 기억할 수 있을 것입니다.

'시'가 하나의 장면을 보여 주어 앞뒤의 모든 일들을 생각할 수 있게 해 주는 한 장의 생각을 부르는 사진이라면 '소설'은 '장면과 장면'이 만나고 '인물과 인물'이 만나 독자가 그들을 따라가며 등장인물을 이해하고 감정을 이입하도록 하는 이야기입니다. 따라서 장면 장면의 상황을 찾고, 나타난 인물들의 정서 및 태도를 이해하는 것이 중요합니다. '시'와 크게 다를 게 없죠? 다만 소설의 인물은 단수가 아닌 복수로 등장하기 때문에 '이들 간의 관계'가 좋은지 혹은 나쁜지, 좋다면 '왜 좋고' 나쁘다면 '왜 나쁜지'를 파악한다면 소설의 내용 정리는 완벽해질 것입니다.

소설 내용 파악하기 노하우!

1. 내용을 끊어서 이해하며 읽는다.
   - 배경이 바뀌거나 등장인물이 바뀔 때 나누는 것이 좋다.
   - 문단이 바뀔 때마다 끊어 읽어도 무방하다.
2. 각 장면에 나타난 인물 간의 관계를 파악한다.
3. 인물들이 처한 상황을 이해한다.
4. 관계의 좋고 나쁨의 이유를 찾는다.
5. 인물들의 정서와 태도를 찾는다.

우리는 화재가 난 곳에 도착했다. 삼십 원이 없어졌다. 화재가 난 곳은 아래 층인 페인트 상점이었는데 지금은 미용 학원인 이층에서 불길이 창으로부터 뿜어 나오고 있었다. 경찰들의 호각 소리, 소방차들의 사이렌 소리, 불길 속에 서 나는 탁탁 소리, 물줄기가 건물의 벽에 부딪혀서 나는 소리. 그러나 사람들 의 소리는 아무것도 나지 않았다. 사람들은 불빛에 비쳐 무안당한 사람처럼 붉은 얼굴로, 정물처럼 서 있었다.

우리는 발밑에 굴러 있는 페인트 든 통을 하나씩 궁둥이 밑에 깔고 웅크리 고 앉아서 불구경을 했다. 나는 불이 좀 더 오래 타기를 바랐다. 미용 학원이라 는 간판에 불이 붙고 있었다. '원' 자에 불이 붙기 시작했다.

"김 형, 우리 얘기나 합시다." 하고 안이 말했다. "화재 같은 건 아무것도 아 닙니다. 내일 아침 신문에서 볼 것을 오늘 밤에 미리 봤다는 차이밖에 없습니 다. 저 화재는 김 형의 것도 아니고 내 것도 아니고 이 아저씨 것도 아닙니다. 우리 모두의 것이 돼 버립니다. 그러나 화재는 항상 계속해서 나고 있는 건 아 닙니다. 그러기 때문에 난 화재엔 흥미가 없습니다. 김 형은 어떻게 생각하십 니까?"

"동감입니다." 나는 아무렇게나 대답하며 이젠 '학' 자에 불이 붙고 있는 것 을 보았다.

"아니 난 방금 말을 잘못했습니다. 화재는 우리 모두의 것이 아니라 화재는 오로지 화재 자신의 것입니다. 화재에 대해서 우리는 아무것도 아닙니다. 그러 기 때문에 난 화재에 흥미가 없습니다. 김 형은 어떻게 생각하십니까?"

"동감입니다."

물줄기 하나가 불타고 있는 '학'으로 달려들고 있었다. 물이 닿은 곳에서는 회색 연기가 피어올랐다. 힘없는 아저씨가 갑자기 힘차게 깡통으로부터 일어섰다.

"내 아냅니다." 하고 사내는 환한 불길 속을 손가락질하며 눈을 크게 뜨고 소리쳤다. "내 아내가 머리를 막 흔들고 있습니다. 골치가 깨질 듯이 아프다고 머리를 막 흔들고 있습니다. 여보……."

"골치가 깨질 듯이 아픈 게 뇌막염의 증세입니다. 그렇지만 저건 바람에 휘날리는 불길입니다. 앉으세요. 불 속에 아주머님이 계실 리가 있습니까?"라고 안이 아저씨를 끌어 앉히며 말했다. 그러고 나서 안은 나에게 나지막하게 속삭였다. "이 양반, 우릴 웃기는데요."

나는 꺼졌다고 생각하고 있던 '학'에 다시 불이 붙고 있는 것을 보았다. 물줄기가 다시 그곳으로 뻗어 가고 있었다. 그러나 물줄기는 겨냥을 잘 잡지 못하고 이리저리 흔들리고 있었다. 불은 날쌔게 '용'을 핥고 있었다. 나는 '미'까지 어서 불붙기를 바라고 있었고 그리고 그 간판에 불이 붙는 과정을 그 많은 불구경꾼들 중에서 나 혼자만 알고 있기를 바랐다.

무언가 하얀 것이 우리가 웅크리고 앉아 있는 곳에서 불타고 있는 건물 쪽으로 날아가는 것이 보였다. 그 비둘기는 불 속으로 떨어졌다.

"무엇이 불 속으로 날아 들어갔지요?" 내가 안을 돌아다보며 물었다.

"예, 뭐가 날아갔습니다." 안은 나에게 대답하고 나서 이번엔 아저씨를 돌아다보며, "보셨어요?" 하고 그에게 물었다.

아저씨는 잠자코 앉아 있었다. 그때 순경 한 사람이 우리 쪽으로 달려왔다.

"당신이다."라고 순경은 아저씨를 한 손으로 붙잡으면서 말했다. "방금 무얼 불 속에 던졌소?"

"아무것도 안 던졌습니다."

"뭐라구요?" 순경은 때릴 듯한 시늉을 하며 아저씨에게 소리쳤다. "내가 던지는 걸 봤단 말요. 무얼 불 속에 던졌소?"

"돈입니다."

"돈?"

"돈과 돌을 손수건에 싸서 던졌습니다."

"정말이오?" 순경은 우리에게 물었다.

"예, 돈이었습니다. 이 아저씨는 불난 곳에 돈을 던지면 장사가 잘된다는 이상한 믿음을 가졌답니다. 말하자면 좀 돌았다고 할 수 있는 사람이지만 나쁜 짓은 결코 하지 않는 장사꾼입니다." 안이 대답했다.

"돈은 얼마였소?"

"일 원짜리 동전 한 개였습니다." 안이 다시 대답했다.

순경이 가고 났을 때 안이 사내에게 물었다.

"정말 돈을 던졌습니까?"

"예."

"모두?"

"예."

우리는 꽤 오랫동안 불꽃이 튀는 탁탁 소리에 귀를 기울이고 있었다. 한참 후에 안이 사내에게 말했다.

"결국 그 돈은 다 쓴 셈이군요…… 자, 이젠 그럼 약속이 끝났으니 우린 가 내용을 한 번에 이해하기 위해 쌤의 노하우대로 정리해 볼까요?

1. 장면은 하나입니다. **'불구경'을 하고 있는 곳**입니다. 하지만 등장인물을 고려할 때, 내용은 둘로 나눌 수 있습니다. 첫 번째 장면의 주요 등장인물은 **'나, 안, 아저씨'**입니다. 두 번째 장면의 주요 등장인물은 **'나, 안, 아저씨' 외에 '경찰'이 추가됩니다.**

2. 장면을 나누었다면 이제 각 장면에 나타난 인물 간의 관계를 알아보겠습니다. 첫 장면의 '나'는 '미용 학원'이라는 간판에 불이 붙어가는 것을 골똘히 보고 있습니다. '안'은 '화재'에 관심이 없다고 김(나)에게 말하고 있습니다. '아저씨'는 '안'이나 '나'와는 하등의 관계가 없는 말을 하죠. **이들은 서로에게 별로 관심이 없는 것 같습니다.**

3. '나'는 불구경에 관심이 많으면서도 건성으로 '동감'이라 말하고 있고 '아저씨'의 외침에도 '냉소'를 보냅니다.

4. 이제 이들의 정서를 살펴봅시다. 결론은 다 제각각이라는 것입니다. 나는 불이 계속 붙길 바라며 불구경에 재미가 붙었습니다. 나쁘지 않습니다. 하지만 '안'은 매사에 냉소적인 정서를 보이죠. 아저씨는 정서적으로 매우 불안한 상태인 것 같습니다.

두 번째 장면을 보면

"경찰이 와서 아저씨에게 불 속에 무엇을 던졌는지 묻습니다. 아저씨는 '돈'이라고 한다. 안은 '돈을 다 썼으니 우리의 약속도 끝이 났다'며 아저씨께 인사를 하고 나도 작별 인사를 한다."

글을 읽는 동안 내용은 자연스럽게 위와 같이 정리가 됩니다. 첫 장면을 분석한 것처럼 항목별로 하나하나 정리하며 읽는 것은 옳지 않습니다. 지문을 짧게 끊어 놓으면 자연스럽게 두 번째 장면을 이해하듯 한두 문장으로 내용이 머리에 자연스럽게 정리가 됩니다. 이 안에 이미 **"어떤 상황인지, 둘의 관계가 어떠한지, 정서나 태도가 어떠한지"** 상황인지, 둘의 관계가 어떠한지, 정서나 태도가 어떠한지" 우리는 알게 됩니다. 첫 장면을 분석했던 이유는 이렇게 한 번 주의 깊게 읽고 나면 그 모든 것들을 파악할 수 있다는 것을 보여주기 위함입니다. 장면으로 나누어 주기만 해도 짧은 지문의 내용을 머릿속에서 정리하기가 쉬우니까요! 이렇게 하면 아무리 긴 지문이라도 수월하게 읽을 수 있답니다.

자, 그럼 머릿속에 정리된 내용을 첫 장면에서 했듯이 분석해 볼까요?

1. 상황입니다. 가진 돈을 모두 쓰면 헤어지자고 한 이들은 '아저씨'가 가진 돈 전부를 불 속에 던지자 서로 헤어지자는 인사를 하고 있습니다.

2. 인물 간의 관계입니다. 뭐, 여전합니다. 경찰의 등장으로 '아저씨'가 가진 돈을 불 속에 모두 던져 넣었다는 것을 알게 되자 '안'은 작별인사를 합니다. 이제 함께 있을 이유가 없어졌다는 거죠. 참 냉정한 사람입니다. **완전 썰렁한 관계**라고 할 수 있죠.

3. 그들은 무엇을 하고 있습니까? **"결국 그 돈은 다 쓴 셈이군요……. 자, 이젠 그럼 약속이 끝났으니 우린 가겠습니다. 안녕히 계십시오."**라는 인사에서 보듯이 이들은 '아저씨'의 돈이 떨어질 때까지만 같이 있기로 했고, 이제 돈이 없으니 끝이라고 인사하고 있습니다.

4. 이제 인물의 정서를 살펴보겠습니다. '나'에 대한 정서는 별로 드러나지 않습니다. 하지만 '아저씨'는 가진 돈을 모두 버리는 걸로 보아 '좌절 혹은 절망'의 감정인 것 같습니다. 이것은 앞의 장면에 이어 생각할 때 더욱 확실해집니다. '안'은 말할 것도 없이 '차가운' 정서를 가진 사람입니다.

어떤가요? 여전히 머릿속이 혼란스러운가요? 하지만 처음에는 자꾸 끊어 읽으려고 노력해야 합니다. 문단을 나누고 문단의 내용에 따라 기억하며 읽는 연습을 하다 보면 어느새 문단 구분이 없어도 중간 중간 내용을 정리하며 읽는 습관이 생길 거예요. 중요한 요소들의 끈을 꼭 잡고 읽는 것! 그것이 소설처럼 긴 지문을 읽는 가장 핵심적인 방법입니다. 그럼 실전에서 함께 연습해 볼까요?

2008. 6. 전국연합평가

다음 글을 읽고 물음에 답하시오.

강변 아파트 칠 동 십팔 층 삼 호에는 **늙은 여자와 젊은 여자와 젊은 여자의 남편과 두 아이가 살고 있었다.** 늙은 여자와 젊은 여자는 고부간이었다. 고부간의 의는 좋지도 나쁘지도 않았다. **젊은 여자는** 좋은 가정교육과 학교 교육을 받은 똑똑한 여자로서 매사에 **완전한 걸 좋아했다.** 비뚤어지거나 모자라거나 흠나거나 더럽거나 넘치는 걸 참지 못했다. - ①

- -

그러나 사람의 행복이라는 데 대해서만은 대단히 융통성 있는 생각을 갖고 있었다. 아무리 행복한 사람에게도 한 가지 근심이 있기 마련이라는 게 그것이었다. 늙은 여자는 젊은 여자의 바로 이 한 가지 근심이었다. **젊은 여자는 늙은 여자를 한 가지 근심으로서밖에 인정하지 않았다.** - ②

- -

늙은 여자는 실상 늙은 여자가 아니었다. 아직 환갑도 안 되었고 소녀처럼 혈색 좋은 볼과 검고 결 좋은 머리와 맑은 눈을 가지고 있었다. 젊은 여자를 며느리로 맞을 때는 더 젊었었다. **하객들은 동서 간처럼 보이는 고부간이라고 수군댔었다.** - ③

- -

시집온 지 며칠이 지나도록 **젊은 여자는 늙은 여자를 결코 어머니라고 부르지 않았다.** 꼭 불러야 할 기회는 젊은 여자 쪽에서 교묘하게 피했기 때문에 늙은 여자는 그걸 별로 부자연스럽게 여기지 않았다. - ④

- -

그러던 어느 날 젊은 여자는 친구를 초대했다. 친구들은 오이소박이 맛을 특히 칭찬하면서 누가 어떻게 담갔는가를 알고 싶어했다. 그것은 늙은 여자의 솜씨였다. 늙은 여자는 젊은 여자가 우리 어머님이 담그셨다고 그래주길 가슴 두근대며 기다렸다. 그러나 젊은 여자는 간결하게 말했다.

"우리 집 **노인네** 솜씨야."

늙은 여자는 그 말이 섭섭해 며칠 동안 입맛을 잃었다. 그러나 그것은 다만 시작에 불과했다. 감기 기운만 있어 봬도 **노인네**가 옷을 얇게 입으시니까 그렇죠. 화장실만 자주 들락거려도 **노인네**가 과식을 하시니까 그렇죠. 질긴 거나 단단한 걸 먹으려 해도 **노인네**가 그걸 어떻게 잡수실려고 그래요. **이런 식으로 그 여자는 모든 자연스러운 행동을 하나하나 간섭받으면서 늙은 여자로 만들어졌다.** – ⑤

그러다가 젊은 여자는 아이를 낳았다. 늙은 여자에게 손자가 생긴 것이다. 그때부터 ㉠**젊은 여자는 늙은 여자를 할머니라고 불렀다.** 늙은 여자의 아들까지 덩달아서 할머니라고 불렀다. **마땅히 어머니라고 불러야 할 사람들이 할머니라고 부르기 위해 대화의 방법까지 간접적인 것으로 고쳐 나갔다.** 할머니 진지 잡수시라고 해라. 할머니 그만 주무시라고 해라. 할머니 전화 받으시라고 해라. 이런 식이었다. – ⑥

오늘 아침에도 늙은 여자는 깨어서 누워 있었다. **늙은 여자의 방은 아파트의 방 중 바깥으로 창이 나지 않은 단 하나의 방이었기 때문에 밖이 얼마만큼 밝았나를 알 수 없었다.** 문은 부엌으로 나 있었다. 그 방은 방이 아니라 골방이었다. 늙은 여자는 눈감고 창밖의 어둠이 군청색으로, 남빛으로, 엷어지면서 창호지의 모공을 통해 청량한 샘물 같은 새벽바람이 일제히 스며들던 옛집의 새벽을 회상했다. 그 여자의 회상은 회상치곤 아주 사실적이었다. 아파트촌의 새벽이 그 여자의 회상을 따라 밝아왔다. 부엌에서 그릇 부딪는 소리가 들리고 이어서 할머니 일어나시라고 해라 하는 젊은 여자의 차가운 목소리가 들렸다. 아이들은 아직 자고 있

었기 때문에 그것은 늙은 여자 들으라고 하는 소리였다. - ㉠

- 박완서,「황혼」

우선 문단 단위로 끊어 읽어 보았습니다.

내용 1. 이 글의 주인공은 젊은 여자와 늙은 여자로 부르는 고부간입니다. 젊은 여자는 교양 있는 여자인가 봅니다.

첫 문단만 잘 읽어도 전체의 내용을 알 수 있다.

모든 글이 그렇듯이 소설의 지문에서도 첫 문단이 가장 중요합니다. 긴 원문의 부분을 발췌해오는 것이기 때문에 출제자는 지문 영역 선정에 고심합니다. 긴 소설이라 최대한 짧게 끊고 싶은 마음이 굴뚝같을 테니까요. 그렇게 고민하며 시작한 첫 부분인 만큼 절대로 빠질 수 없는 부분이겠죠? 따라서 제시된 지문의 첫 문단은 이어질 내용을 이끄는 엔진 역할을 할 때가 많습니다.

위 지문 역시 첫 문단을 살펴보니 앞으로 이어질 내용에서 '고부간의 이야기'가 전개될 것이란 사실을 알 수 있습니다. 며느리에 대해 언급한 내용을 보니 완전한 것을 좋아하고 그렇지 않은 것을 싫어한다고 했네요. 보통 소설에서 이러한 인물은 긍정적으로 전개되지 않습니다. 개인적인 취향에서 마음에 들지 몰라도 일단 소설에서는 별로 매력이 없는 인물형입니다. 이 점을 참고한다면 앞으로 소설 읽기가 쉬워질 것 같습니다.

내용 2. 며느리인 젊은 여자는 시어머니인 늙은 여자를 하나의 근심거리로밖에 생각하지 않았다는 내용입니다. 관계도, 그들의 친함 정도도, 태도도, 이 문장 하나로 다 알 수 있습니다.

'갈등'이 전개될 거라는 사실을 우리는 짐작할 수 있습니다. 분위기를 보아 하니 며느리가 가해자의 역할을, 시어머니가 피해자의 역할을 맡게 될 것 같죠?

내용 3. 늙은 여자는 겉보기에는 젊은 여자와 동서 간으로 보일 만큼 젊어보였습니다.
내용 4. 젊은 여자는 결코 늙은 여자를 '어머니'라고 부르지 않았습니다.
내용 5. 젊은 여자는 '시어머니'인 늙은 여자에게 말끝마다 '늙은 여자'를 지칭하는 말을 붙였습니다.
내용 6. 젊은 여자가 아이를 낳은 뒤부터 젊은 여자는 늙은 여자를 '할머니'라 불렀고, 늙은 여자의 아들도 자기 어머니를 '할머니'라 부르게 되었습니다.

며느리는 시어머니가 젊어 보이는 게 매우 싫었던 모양입니다. 의도적으로 시어머니를 '늙은 여자'로 또 '할머니'로 만들어 가네요. 이것이 지문에서 드러나는 갈등의 원인인 것 같습니다.

내용 7. 빛이 들지 않는 '골방'에서 옛날을 회상하던 늙은 여자에게 젊은 여자는 "할머니 일어나시라고 해라!"고 차가운 소리로 말합니다.

늙은 여자의 삶은 빛이 들지 않는 '골방'과 같습니다. 늙은 여자 취급을 받지 않던 과거의 회상도 젊은 여자의 '할머니'란 단 한 마디에 현실로 돌아오고 맙니다. 왠지 젊은 여자가 아주 맘에 안 들고, 늙은 여자가 안쓰럽다는 생각이 듭니다.

내용을 잘게 끊어서 읽어 보니 이 지문은 길이는 길지만 내용은 아주 간단하다는 것을 알 수 있습니다. 소설 지문은 꽤 긴 분량으로 우리를 위협하지만 막상 내용을 잘라 보면 많아야 두 가지 이야기를 찾을 수 있을 뿐입니다. 그나마 대부분은 한 가지 이야기를 담고 있습니다. '내용 3~내용 6'은 사실 젊은 여자가 늙은 여자에게 하는 횡포입니다. 이렇게 잘게 문단을 나누며 읽는 연습을 계속하다 보면 어느새 비슷한 내용을 묶어가는 자신을 만나게 될 것입니다. 한 번에 쉽게 이루어지는 건 없습니다. 연습하고 또 연습하세요. 문단이 끝나고 다음 문단으로 갔을 때, 앞에서 본 내용을 머리에서 놓지 않고 가는 것! 즉 끈을 가지고 옮겨 가는 것! 그것이 가장 중요한 언어 읽기의 핵심입니다. 분량이 많으니 내용도 많고 기억할 것도 많을 거라는 거부감과 두려움을 극복한다면 어쩌면 가장 쉽게 이해할 수 있는 영역이 소설일지도 모릅니다.

이제 이러한 소설 지문을 읽고 우리가 풀어야 하는 문제에는 과연 어떤 것들이 있는지 살펴볼까요? 먼저 이 문제들을 풀어 보세요.

27. ㉠의 이유로 적절하지 않은 것은?
　① 심리적인 거리가 멀어서
　② 호칭에 대한 부담을 덜기 위해서
　③ 시어머니를 '어머님'이라고 부르기 꺼려서
　④ 집안 어른으로서의 권위를 인정하기 위해서
　⑤ 시어머니에 대한 태도를 분명히 하기 위해서

28. 골방에 대한 독자의 추측으로 적절하지 않은 것은?

① 전통적인 효 사상과는 거리가 있군.

② 늙은 여자의 외로움이 깊어가는 공간이군.

③ 자신의 삶을 돌아보며 반성하는 공간이군.

④ 늙은 여자의 활동이 제한적임을 암시하는군.

⑤ 시계가 없으면 시간의 흐름을 알 수 없겠군.

29. 〈보기〉를 참고하여 위 소설을 소개하는 글을 쓰려고 할 때, 가장 적절한 것은? 〔3점〕

〈보기〉

박완서의 소설은 개인이 겪는 슬픔과 기쁨, 성공과 실패가 사회 현실의 전체적인 맥락과 어떻게 연결되어 있는지에 대한 깊은 이해를 보여 준다. 박완서는 구체적인 생활 체험에 뿌리를 둔 직관력과 섬세한 언어 감각을 통해서, 개인과 사회라는 추상 형태를 생생하게 빚어내는 데 뛰어난 능력을 지니고 있다. 그리고 이 작가의 전반적인 주제 의식은 개인과 사회가 도덕적으로 마비되고 정신적으로 붕괴되는 원인을 파헤치는 데 있다.

---

① 개인의 문제로 외면하기에는 너무나 커져 버린 노인 소외 문제를 다룬 소설입니다.

② 늙은 여자의 개인적 불행이 잔잔한 파도처럼 밀려와 눈시울을 적시게 하는 소설입니다.

③ 쓸쓸하게 늙어가는 한 여자의 슬픈 노년이 날카로운 송곳처럼 가슴을 찌르는 소설입니다.

④ 변화하는 사회에 적응하려는 한 늙은 여자의 노력에 격려의 박수를 보내줘야

할 소설입니다.

⑤ 같이 산다고 모두 다 가족은 아닙니다. 가족 간의 메말라 가는 정을 회복할 수 있다는 희망을 보여주는 소설입니다.

27번 문제는 '인물의 의도'를 파악하는 문제입니다.

28번 문제는 '배경'의 기능에 대한 문제입니다.

29번 문제는 '반영론적 관점'으로 감상하는 문제입니다.

언어영역 문항으로 출제되는 '소설'도 유형화되어 있습니다. 출제되는 유형은 다음의 경우를 제외하고는 없습니다.

첫째 – 사건의 내용 이해

둘째 – 인물의 성격 및 정서, 태도

셋째 – 인물 간의 관계

넷째 – 배경, 소재의 기능

다섯째 – 표현상의 특징, 작품의 개념

여섯째 – 작품의 감상법

일곱째 – 한자성어(고전소설에만 해당)

이 가운데 내용을 이해하지 않고 풀 수 있는 문제는 거의 없습니다. 작품의 개념에 관한 문제나 작품의 감상법에 대한 문제도 최근에는 내용과 관련된 문제가 출제되고 있습니다. 따라서 내용의 이해가 충분히 이루어진 후에야 문제에 접근할 수 있기 때문에 내용을 짧게 끊고 정리해 가며 읽는 습관을 기르는 것이 중요합니다.

샘과 함께 위의 문제들을 짚어 볼까요?

27. ㉠의 이유로 적절하지 <u>않은</u> 것은?

① 심리적인 거리가 멀어서

② 호칭에 대한 부담을 덜기 위해서

③ 시어머니를 '어머님'이라고 부르기 꺼려서

④ 집안 어른으로서의 권위를 인정하기 위해서

⑤ 시어머니에 대한 태도를 분명히 하기 위해서

27번에 제시된 문제는 '인물의 의도'를 파악하는 문제이지만 결국은 인물의 정서와 태도를 묻는 문제라고 할 수 있습니다.

며느리가 시어머니에 대해 어떤 태도를 보였는지 어떤 마음가짐이었는지 우리는 알고 있습니다. **며느리는 시어머니를 '싫어'합니다. '어머니'를 '어머니'라 부른 적도 없습니다.** 그렇다면 답지 중 시어머니에 대해 긍정적으로 생각하고 있는 답지가 하나 있습니다. 네, ④번입니다.

'심리적 거리가 멀다.'는 말은 친한 사이가 아니라는 말입니다. 언어영역 출제자들은 참 어렵게 말하는 버릇이 있지요? 하지만 늘 같은 말을 사용하니까 우리가 미리 그들의 언어습관을 기억해 주는 친절함을 가져야 합니다.^^ '호칭에 대한 부담'이란 '원래의 호칭으로 부르기 싫다.'는 말을 출제자의 언어로 표현한 것입니다. 결국 ②번 답지와 ③번 답지는 같은 말입니다. ⑤번의 시어머니에 대한 태도를 분명히 한다는 말은 말 그대로 "난 당신을 어머니라 부르기 싫습니다. 당신은 그저 늙은 여자, 할머니입니다."라고 분명히 하는 거죠. 출제자의 언어가 아주 마음에 들지 않는다고 하더라도 우리는 그들의 언어를 익혀야 그들과 소통할 수 있습니다. 우리가 조금 많은 양의 문제를 접하고 풀어야 하는 건 이런 이유에서죠.

28. 골방에 대한 독자의 추측으로 적절하지 않은 것은?

　　① 전통적인 효 사상과는 거리가 있군.

　　② 늙은 여자의 외로움이 깊어가는 공간이군.

　　③ 자신의 삶을 돌아보며 반성하는 공간이군.

　　④ 늙은 여자의 활동이 제한적임을 암시하는군.

　　⑤ 시계가 없으면 시간의 흐름을 알 수 없겠군.

　　28번과 같은 '배경의 역할'을 묻는 문제 역시 내용의 이해만으로 충분히 풀 수 있습니다. 학교에서 소설의 배경이 하는 역할에 대해 이미 배웠겠죠?

배경은 이런 역할을 해!!

1. 소설의 분위기를 나타낸다.

2. 사건 전개를 암시한다.

3. 주제를 함축한다.

　　그러나 배경의 역할을 이해하려면 내용을 먼저 이해해야 합니다. 내용을 이해하면 자연스럽게 그 기능도 알 수 있지요. 배경의 역할이 언제나 위의 세 가지 사항을 모두 충족시키는 것은 아니므로 우리는 내신 문제에서 배경의 역할이 무엇인지 개념적으로 묻는 게 아닌 이상 굳이 이것을 따로 외울 필요는 없습니다. 언어는 암기 과목이 아닙니다. 아주 필수적인 개념은 기억해야겠지만, 쌤이 강조하듯 의사소통을 위한 알파벳 정도로만 알고 있어도 개념 이해는 충분합니다.

'골방'은 '빛'이 들어오지 않는 방으로 '늙은 여자'의 현실과 같은 공간입니다. 사실 그리 늙지 않았는데도 시간의 흐름이 정지된 채 젊은 여자에 의해 늙은 여자로 갇혀 버린, 빛도 들어오지 않는 외로운 공간. 이 사실을 내용을 읽으며 파악한 우리들은 정답이 ③이 된다는 사실을 알 수 있을 것입니다. 위에서 보았던 '배경의 역할'을 달달 외웠다고 이 문제를 푸는 데 도움이 되었을까요? 아니죠! 쌤은 그렇게 생각하지 않아요. 정말 중요한 것은, 특히 문학에서는 그 안에 담긴 마음을 알아주고 이해해 주는 거라고 생각하니까요. 많은 문제집과 수험서가 '스킬'을 알려 주겠다고 말하지만, 정작 그렇게 요령으로 공부하다 보면 일정 점수 이상 올라가지 않아요. 어떤 친구들은 언어영역 공부를 전혀 하지 않는데도 항상 99%를 찍고 있죠? 왜 그럴까요? 그 친구들은 의사소통의 방식을 온몸으로 알고 있기 때문이에요. 그건 스킬로 풀 수 있는 문제가 아니랍니다. 마음을 열고 편안하게, 대화를 위한 자세를 갖도록 하세요. 그것이 진정 언어영역을 잘 할 수 있는 스킬 중의 스킬입니다.

29. 〈보기〉를 참고하여 위 소설을 소개하는 글을 쓰려고 할 때, 가장 적절한 것은? 〔3점〕

〈보기〉

박완서의 소설은 개인이 겪는 슬픔과 기쁨, 성공과 실패가 사회 현실의 전체적인 맥락과 어떻게 연결되어 있는지에 대한 깊은 이해를 보여 준다. 박완서는 구체적인 생활 체험에 뿌리를 둔 직관력과 섬세한 언어 감각을 통해서, 개인과 사회라는 추상 형태를 생생하게 빚어내는 데 뛰어난 능력을 지니고 있다. 그리고 이 작가의 전반적인 주제 의식은 개인과 사회가 도덕적으로 마비되고 정신적으로 붕괴되는 원인을 파헤치는 데 있다.

〈보기〉가 제시되는 [3점] 문항은 어렵다고 생각합니다. 하지만 우리 조금 생각의 전환을 해 보는 건 어떨까요? [3점] 문항은 좀 귀찮습니다. 지문과 답지만 보면 되는 것이 아니라 보기도 신경을 써야 하니까요. 〈보기〉의 핵심이 될 만한 내용들을 반드시 체크하는 습관을 기른다면 '어렵다?'가 아니라 '조금 귀찮을 뿐!'이 될 수 있습니다.

위 문제의 〈보기〉는 **'개인의 비극을 사회적 문제로 인식하는 작가의 경향'**이 있다는 내용이 중심입니다. 중심을 파악했다면 답지로 가 볼까요?

① 개인의 문제로 외면하기에는 너무나 커져 버린 노인 소외 문제를 다룬 소설
        └▶ 개인의 문제를 사회 문제로
② 늙은 여자의 개인적 불행이 잔잔한 파도처럼 밀려와 눈시울을 적시게 하는 소설
    └▶ 개인적인 문제
입니다.
③ 쓸쓸하게 늙어가는 한 여자의 슬픈 노년이 날카로운 송곳처럼 가슴을 찌르는 소
         └▶ 개인적인 문제
설입니다.

> ②번과 ③번은 사실 같은 내용의 답지입니다. 한 여자는 개인이고 슬픈 노년은 늙은 여자의 불행입니다.

④ 변화하는 사회에 적응하려는 한 늙은 여자의 노력에 격려의 박수를 보내줘야 할 소설입니다.
⑤ 같이 산다고 모두 다 가족은 아닙니다. 가족 간의 메말라 가는 정을 회복할 수 있다는 희망을 보여 주는 소설입니다.
└▶ ④번과 ⑤번의 내용은 지문에서 찾아볼 수 없는 내용입니다.

언어영역 출제자들이 요구하는 게 이처럼 내용을 정확히 이해하고, 출제자와 대화하는 자세라는 사실을 잊는다면 아무리 공부해도 점수를 잘 받을 수 없습니다. 그럼

다시 한 번 출제자와의 대화에 앞서 글쓴이와의 대화를 먼저 해 볼까요?

주인공 빙의? 인물을 따라가자!!

아래 소설은 2008년 9월에 보았던 학력평가에 제시된 지문입니다. 쌤이 중간 중간 ▶표를 해두었습니다. 편하게 읽어가면서 ▶표가 있는 곳에서 잠깐씩 멈추어서 내용을 정리해 보세요. 긴 소설이라고 해도 어렵지 않을 것입니다. "어디서 끊어야 잘 끊었단 소리를 들을까?" 하고 걱정할 필요도 없습니다. 아무도 여러분이 어디서 끊었는지 궁금해 하지 않습니다. 다만, 시간이 과거로 넘어가는 역행 구성의 경우에는 과거 회상이나 현재 사건의 원인을 찾아가는 역할을 하기 때문에 왜 과거로 넘어가는지 생각하면서 읽어 주시기 바랍니다. 그리고 아예 장소를 옮겨서 이야기가 진행될 때에도 장소를 옮기기 전 어떤 일이 있었는지 한 번 멈추어 보는 것도 소설을 정리하며 읽는 기본이 되므로 꼭 기억하기 바랍니다. 이제 앞에서 연습한 장면 끊기를 바탕으로 인물의 행동과 마음을 따라가는 연습을 해 보겠습니다.

[앞부분의 줄거리] 수남이는 청계천 전기용품 도매상에서 일하는 성실한 열여섯 살의 점원이다. 어느 날 배달 가서 세워 놓은 자전거가 바람에 넘어져 고급 승용차에 흠집을 낸다. 승용차 주인은 수리비로 오천 원을 요구하며 자전거 바퀴를 자물쇠로 채워 놓는다.

▶ 수남이는 바보가 돼 버린 아이처럼 조용히 ㉠멍청히 서 있었다. 누군가가 나직이 속삭였다.

"토껴라 토껴. 그까짓 것 갖고 토껴라."

그것은 악마의 속삭임처럼 은밀하고 감미로웠다. 수남이의 가슴은 크게 뛰었다. 이번에는 좀더 점잖고 어른스러운 소리가 나섰다.

"그래라, 그래. 그까짓 거 들고 도망가렴. 뒷일은 우리가 감당할게."

그러자 모든 구경꾼이 수남이의 편이 되어 와글와글 외쳐 댔다.

"도망가라, 어서어서 자전거를 번쩍 들고 도망가라, 도망가라."

수남이는 자기편이 되어 준 이 많은 사람들을 도저히 배반할 수 없었다. 이상한 용기가 솟았다. 수남이는 자전거를 마치 검부러기처럼 가볍게 옆구리에 끼고 질풍같이 달렸다.

정말이지 조금도 안 무거웠다. 타고 달릴 때보다 ⓛ더 신나게 달렸다. 달리면서 마치 오래 참았던 오줌을 시원스레 내깔기는 듯한 쾌감까지 느꼈다.

▶ 주인 영감님은 자전거를 옆에 끼고 질풍처럼 달려온 놈을 눈을 휘둥그렇게 뜨고 바라볼 뿐이었다. 오늘 바람이 세더니만 필시 이 조그만 놈이 바람에 날아왔나, 설마 그럴 리야 없을 텐데 내 눈이 어떻게 된 것인가 그런 눈치였다.

수남이는 너무 숨이 차서 이런 주인 영감님의 궁금증을 시원히 풀어 주지 못하고 한동안 헉헉대기만 한다.

"임마, 말을 해. 무슨 일이야? 네놈 꼴이 영락없이 도둑놈 꼴이다, 임마."

도둑놈 꼴이라는 소리가 수남이의 가슴에 가시처럼 걸린다. 수남이는 겨우 숨을 가라앉히고 자초지종을 주인 영감님께 고해바친다. 다 듣고 난 주인 영감님은 무엇이 그리 좋은지 무릎을 치면서 통쾌해 한다.

"잘 했다, 잘 했어. 맨날 촌놈인 줄만 알았더니 제법인데, 제법이야."

그리고는 가게에서 쓰는 드라이버니 펜치를 가지고 자전거에 채운 자물쇠를 분해하기 시작한다. 엎드려서 그 짓을 하고 있는 주인 영감님이 수남이의 눈에 흡사 도둑놈 두목 같아 보여 속으로 정이 떨어진다. 주인 영감님 얼굴이

ⓐ누런 똥빛인 것조차 지금 깨달은 것 같아 속이 메스껍다.

마침내 자물쇠를 깨뜨렸나 보다. 영감님 얼굴에 회심의 미소가 떠오르더니 자유롭게 된 자전거 바퀴를 시험이라도 하려는 듯이 자전거로 골목을 한 바퀴 빙그르르 돌아 들어와서는,

"네놈 오늘 운 텄다."

그리고는 수남이의 머리를 쓰다듬고 볼과 턱을 두둑한 손으로 귀여운 듯이 감싼다. 영감님이 기분이 좋을 때면 수남이에 대한 애정의 표시로 으레 그렇게 했었고, 수남이도 그걸 좋아했었다.

그런데 오늘은 싫다. 영감님의 손이 싫다. 그것이 운 트기는커녕 재수 옴 붙었다는 생각이 여전하고, 수남이는 그 날 온종일 우울했다. 그러나 자기가 왜 그렇게 우울한지 그걸 차분히 생각할 새도 없는 바쁜 하루였다.

▶ 가게 문을 닫고 주인댁에서 날라 온 저녁밥을 먹고 나면 비로소 수남이 혼자만의 시간이다. 꿀 같은 시간이었다. 책을 펴 놓고 영어 단어를 찾고, 수학 문제를 풀어 보고, 턱을 괴고 소년답게 감미로운 공상에 잠길 수 있는 그런 시간이었다.

그러나 오늘 수남이는 그게 되지를 않았다. ⓒ책을 집어던졌다.

낮에 내가 한 짓은 옳은 짓이었을까? 옳을 것도 없지만 나쁠 것은 또 뭔가. 자가용까지 있는 주제에 나 같은 아이에게 오천 원을 우려내려고 그렇게 간악하게 굴던 신사를 그 정도 골려 준 것이 뭐가 나쁜가? 그런데도 왜 무섭고 떨렸던가. 그때의 내 꼴이 어땠으면, 주인 영감님까지 "네놈 꼴이 꼭 도둑놈 꼴이다."고 하였을까.

그럼 내가 한 짓은 도둑질이었단 말인가. 그럼 나는 도둑질을 하면서 그렇게 기쁨을 느꼈더란 말인가.

수남이는 몸을 부르르 떨면서 낮에 자전거를 갖고 달리면서 맛본 공포와 함께 그 까닭 모를 쾌감을 회상한다. 마치 참았던 오줌을 내깔길 때처럼 무거운 억압이 갑자기 풀리면서 전신이 날아갈 듯이 가벼워지는 그 상쾌한 해방감 한번 맛보면 도저히 잊혀질 것 같지 않은 그 짙은 쾌감, 아아 도둑질하면서도 나는 죄책감보다는 쾌감을 더 짙게 느꼈던 것이다

혹시 내 피 속에 도둑놈의 피가 흐르고 있기 때문이 아닐까. 순간 수남이는 방바닥에서 송곳이라도 치솟은 듯이 후닥닥 일어서서 안절부절을 못하고 ㉣좁은 방안을 헤맸다.

수남이의 눈앞에는 수갑을 차고, 순경들에게 끌려 와 도둑질 흉내를 그대로 내보이던 형의 얼굴이 환히 떠오른다.그리고 서울 가서 무슨 짓을 하든지 도둑질만은 하지 말라고 신신당부하던 아버지의 얼굴도 떠오른다.

(중략)

▶ 소년은 아버지가 그리웠다. 도덕적으로 자기를 견제해 줄 어른이 그리웠다. 주인 영감님은 자기가 한 짓을 나무라기는커녕 손해 안 난 것만 좋아서 "오늘 운 텄다."고 좋아하지 않았던가.

수남이는 ㉤짐을 꾸렸다. 아아, 내일도 바람이 불었으면. 바람이 물결치는 보리밭을 보았으면.

마침내 결심을 굳힌 수남이의 얼굴은 ⓑ누런 똥빛이 말끔히 가시고, 소년다운 청순함으로 빛났다.

— 박완서, 「자전거 도둑」

29. 다음은 수남이가 주인 영감에게 쓴 편지이다. 위 글의 내용으로 보아 적절하지 <u>않은</u> 것은?

주인 영감님께

그동안 영감님 가게에서의 생활은 고되고 힘들었지만, ⓐ일을 끝낸 저녁에는 공부를 할 수 있어 좋았습니다. 그런데 오늘 낮에 일어난 일로 저는 마음이 괴롭습니다. ⓑ저에게는 형이 있는데, 형은 도둑질을 하다가 잡혀 간 적이 있습니다. 그 사건으로 아버지는 큰 충격을 받았고, 저에게 ⓒ무슨 일이 있더라도 도둑질은 하지 말라고 하셨습니다. 그런데 오늘 낮에 있었던 일이 마음에 걸립니다.

그래서 ⓓ저는 영감님 곁을 떠나기로 했습니다. 영감님께서 제 행동을 칭찬하셨는데, 그건 ⓔ영감님의 진심이 아니란 것은 알고 있습니다. 하지만 영감님 곁에 있으면 안 될 것 같습니다. 안녕히 계십시오.

수남이 올림

① ⓐ   ② ⓑ   ③ ⓒ   ④ ⓓ   ⑤ ⓔ

30. ㉠~㉤에 담긴 심리나 태도에 대한 설명으로 적절하지 <u>않은</u> 것은?

	행동	심리 및 태도
①	㉠멍청히 서 있었다.	⇨ 당황하여 어떻게 해야 할지 몰라 함.
②	㉡더 신나게 달렸다.	⇨ 구경꾼들로부터 벗어난 데서 오는 홀가분한 느낌.
③	㉢책을 집어 던졌다.	⇨ 낮에 한 행동으로 인해 마음이 편하지 않음.
④	㉣좁은 방안을 헤맸다.	⇨ 불편한 심정으로 마음의 갈피를 잡지 못함.
⑤	㉤짐을 꾸렸다.	⇨ 불편한 심정이 해소되었음.

31. ⓐ와 ⓑ의 상징적 의미로 가장 적절한 것은?

① 물질만능주의에 빠진 기성세대에 대한 불신과 반감

② 도덕이나 양심보다 이익을 중시하는 삶의 태도

③ 험난한 세상을 꿋꿋하게 헤쳐 나가려는 자세

④ 사회적 규범에 억눌린 인간의 원초적 본성

⑤ 궁핍한 삶으로 인해 상실된 인간의 윤리

이제 내용을 먼저 살펴볼까요?

내용 1. 성실한 수남이가 배달 가서 세워 놓은 자전거가 넘어져 고급 승용차에 흠집을 내자 승용차 주인은 수리비를 요구하며 자전거를 자물쇠로 채워놓는다.

내용 2. 자전거를 가지고 도망가라는 구경꾼들의 말에 자전거를 들고 도망가면서 알 수 없는 쾌감을 느꼈다.

내용 3. 도망 온 자신을 칭찬하는 가게 주인도 싫고, 온종일 우울한 이유도 모른 채 바쁜 하루를 보낸다.

내용 4. 자전거를 도둑질해 온 것 같은 죄책감과 도망치며 느끼던 쾌감으로 인해 괴로워하며 도둑질은 하지 말라던 아버지를 떠올린다.

내용 5. 자신을 도덕적으로 견제해 줄 어른을 그리워하며 짐을 꾸렸다. 다시 소년다운 청순함으로 빛났다.

장면으로 구분해 보자면

1. 배달을 간 곳 : 흠집을 낸 승용차 주인이 수리비를 요구해서 자전거를 들고 도망치며 쾌감을 느꼈다.

2. 가게 낮 : 도망 온 수남이에게 도둑놈 꼴이라면서도 잘했다고 칭찬해 주는 가게

주인이 싫었고 온종일 우울해 한다.

　3. 가게 밤 : 혼자 남은 수남인 아버지를 떠올리며 도덕적으로 견제해 줄 어른이 필요하다 느끼며 짐을 꾸리고 다시 순수함을 되찾는다.

　나누어진 문단은 이렇게 자연스럽게 배경에 따라 내용이 정리될 수 있습니다.

　그리고 등장인물에 따라 장면을 나눌 수도 있습니다. ①'승용차 주인' 구경꾼들과 함께 있는 수남이', ②'가게 주인과 함께 있는 수남이', ③'혼자 남게 된 수남이'로 나누어진 장면은 **수남이를 나쁘게 만드는 어른과 세상 사람들**에 대한 내용과 **스스로를 반성할 수 있는 시간을 갖게 된 수남이**로 나눌 수 있습니다.

　따라서 장면을 나누는 데에는 정답은 없습니다. 어떻게 잘라가며 읽든 그것은 여러분 마음입니다. 정답을 확실히 제시하는 게 여러분 마음에 들지도 모릅니다. 하지만, 쌤은 그렇게 생각하지 않습니다. 여러분 스스로 자기만의 방법을 터득할 수 있도록 도와주고 싶습니다.

　이제 인물에 대해서 생각해 보겠습니다. 주인공은 '수남'이, 성실하고 바른 소년입니다. 잠깐 잘못을 저지르기는 하지만 스스로 반성할 줄 아는 멋진 소년이죠.

　그 외의 인물로 수남이를 위협하는 고급 승용차 주인(수남의 말을 빌면 간악한 어른)이 나옵니다. 또 수남에게 도망가라고 종용한 구경꾼들이 있습니다. 어른이긴 해도 도덕적 견제를 해 줄 수 없는 사람들입니다. 그리고 가게 주인 영감님. 도망쳐온 수남을 혼내기는커녕 오히려 잘했다고 부추기는 어른입니다. 한 마디로 이곳 어른들은 도덕적으로 수남을 지켜 줄 수 없습니다.

　인물에 대한 평가나 관계에 대한 것들을 따로 정리하려고 애쓰지 마세요. 쌤과 함게 공부하는 친구들에게 늘 하는 잔소리 하나! 무엇이든 똑 부러지게 정리하고 외우려하지 말라는 거예요. 우리가 함께 공부하는 작품이 반드시 시험에 출제된다는 보장은 어디에도 없어요. 여러분은 처음 보는 지문도 스스로 읽어내야 합니다. 쌤은 그 방법을 알려주려는 거고요. 그러니까 소설은 "중간 중간 내용을 정리해 가며 읽는다. 읽으면서 각 등장인물을 편하게 느껴 본다(좋은 사람, 나쁜 사람). 그 느낌을 바탕으로 스스로를 자극하면서 읽으려고 노력한다."는 정도면 충분해요. 첫 술에 배부를 생각하지 말고, 하루 20분 이상 언어영역에 투자하겠다는 의지와 꾸준함도 필요하지요. 잔소리가 길어지면 짜증날 테니 문제를 직접 풀어 보기로 하죠. 우리가 얼마나 지문을 잘 이해했는지 체크해 보는 거예요. 이제 출제자와 만나 봅시다.

가게 문을 닫고 주인댁에서 날라 온 저녁밥을 먹고 나면 비로소 수남이 혼자만의 시간이다. 꿀 같은 시간이었다. 책을 펴 놓고 영어 단어를 찾고, 수학 문제를 풀어 보고, 턱을 괴고 소년답게 감미로운 공상에 잠길 수 있는 그런 시간이었다.

그러나 오늘 수남이는 그게 되지를 않았다. ⓒ책을 집어던졌다.

낮에 내가 한 짓은 옳은 짓이었을까? 옳을 것도 없지만 나쁠 것은 또 뭔가. 자가용까지 있는 주제에 나 같은 아이에게 오천 원을 우려내려고 그렇게 간악하게 굴던 신사를 그 정도 골려 준 것이 뭐가 나쁜가? 그런데도 왜 무섭고 떨렸던가. 그때의 내 꼴이 어땠으면, 주인 영감님까지 "네놈 꼴이 꼭 도둑놈 꼴이다."고 하였을까.

그럼 내가 한 짓은 도둑질이었단 말인가. 그럼 나는 도둑질을 하면서 그렇게 기쁨을 느꼈더란 말인가.

수남이는 몸을 부르르 떨면서 낮에 자전거를 갖고 달리면서 맛본 공포와 함께 그 까닭 모를 쾌감을 회상한다. 마치 참았던 오줌을 내깔길 때처럼 무거운 억압이 갑자기 풀리면서 전신이 날아갈 듯이 가벼워지는 그 상쾌한 해방감 — 한번 맛보면 도저히 잊혀질 것 같지 않은 그 짙은 쾌감, 아아 도둑질하면서도 나는 죄책감보다는 쾌감을 더 짙게 느꼈던 것이다.

혹시 내 피 속에 도둑놈의 피가 흐르고 있기 때문이 아닐까. 순간 수남이는 방바닥에서 송곳이라도 치솟은 듯이 후다닥 일어서서 안절부절을 못하고 ㉣ 좁은 방안을 헤맸다.

수남이의 눈앞에는 수갑을 차고, 순경들에게 끌려 와 도둑질 흉내를 그대로 내보이던 형의 얼굴이 환히 떠오른다. 그리고 서울 가서 무슨 짓을 하든지 도둑질만은 하지 말라고 신신당부하던 아버지의 얼굴도 떠오른다.

(중략)

소년은 아버지가 그리웠다. 도덕적으로 자기를 견제해 줄 어른이 그리웠다. 주인 영감님은 자기가 한 짓을 나무라기는커녕 순해 안 난 것만 좋아서 "오늘 운 텄다."고 좋아하지 않았던가.

수남이는 ㉤짐을 꾸렸다. 아아, 내일도 바람이 불었으면. 바람이 물결치는 보리밭을 보았으면.

마침내 결심을 굳힌 수남이의 얼굴은 ⓑ누런 똥빛이 말끔히 가시고, 소년다운 청순함으로 빛났다.

- 박완서, 「자전거 도둑」

29. 다음은 수남이가 주인 영감에게 쓴 편지이다. 위 글의 내용으로 보아 적절하지 <u>않은</u> 것은?

주인 영감님께

  그동안 영감님 가게에서의 생활은 고되고 힘들었지만, ⓐ일을 끝낸 저녁에는 공부를 할 수 있어 좋았습니다. 그런데 오늘 낮에 일어난 일로 저는 마음이 괴롭습니다. ⓑ저에게는 형이 있는데, 형은 도둑질을 하다가 잡혀 간 적이 있습니다. 그 사건으로 아버지는 큰 충격을 받았고, 저에게 ⓒ무슨 일이 있더라도 도둑질은 하지 말라고 하셨습니다. 그런데 오늘 낮에 있었던 일이 마음에 걸립니다.

  그래서 ⓓ저는 영감님 곁을 떠나기로 했습니다. 영감님께서 제 행동을 칭찬하셨는데, 그건 ⓔ영감님의 진심이 아니란 것은 알고 있습니다. 하지만 영감님 곁에 있으면 안 될 것 같습니다. 안녕히 계십시오.

수남이 올림

① ⓐ   ② ⓑ   ③ ⓒ   ④ ⓓ   ⑤ ⓔ

  이 문제는 출제자 용어를 빌려 말하자면 '내용 일치' 문제입니다. 지문 속에 있는 내용인지 짝 맞추기 하듯 맞춰 보는 문제란 뜻이죠. 쌤은 실제로 문제를 풀 때 이런 내용 일치 문제는 형광펜을 모두 사용해서 하나하나 짝을 맞춰 봅니다. 지문에 있는 내용을 그대로 찾기만 하면 되는데도 왜 많은 친구들은 이런 문제를 틀릴까요?

  그 이유는 두 가지 중 하나입니다. 내용을 대충 읽었거나 자신의 기억에 의존해서 문제를 풀었을 경우죠. 사람들은 대개 자신이 들은 것을 진실이라고 생각합니다. 때로는 상대가 말한 적이 없는데 들었다고 착각하기도 합니다. 더러 상대의 의도와 관계없이 자신의 선입견대로 이해하기도 하고요. "넌 그렇게 말했어. 내가 분명히 들었다고!" 하면서 싸우기도 하죠. 이런 친구들은 꼭 다시 한 번 확인해 주세요. 자신의 선입견이나 대충대충 읽는 성급함 때문에 누구나 맞을 수 있는 문제를 틀릴 수도 있습니다.

이런 습관은 일상생활에서도 문제가 됩니다. 의사소통을 할 때 오해를 사거나 관계에 문제를 일으킬 소지가 있으니까요. 언어영역은 문제 하나를 맞추는 것 말고도 '의사소통' 능력을 평가하는 것이 아주 중요하다는 이야기, 앞에서도 했죠? ^^ 위 문제를 지문으로 따라가면 '수남이는 영감이 진심으로 좋아했기 때문에 도덕적으로 자신을 견제해 줄 어른으로 생각할 수 없었다.'는 것이죠. 따라서 답은 ⑤번이 됩니다. 다들 잘 풀었죠?

30. ㉠~㉤에 담긴 심리나 태도에 대한 설명으로 적절하지 않은 것은?

이 문제는 인물에 대한 문제입니다. 선생님이 처음에 제시해 주었던 심리와 태도 문제예요. 읽으면서 인물이 좋은지 나쁜지, 지나치지 말고 생각하면서 읽으라고 했던 것! 이 점을 잘 기억하세요. 내용의 흐름을 놓치지 않았다면 이번에도 별 문제없이 잘 풀 수 있을 거라고 생각합니다. 자, 같이 볼까요?

행동	심리 및 태도
① ㉠명청히 서 있었다.	⇨ 당황하여 어떻게 해야 할지 몰라 함.
② ㉡더 신나게 달렸다.	⇨ 구경꾼들로부터 벗어난 데서 오는 홀가분한 느낌.
③ ㉢책을 집어 던졌다.	⇨ 낮에 한 행동으로 인해 마음이 편하지 않음.
④ ㉣좁은 방안을 헤맸다.	⇨ 불편한 심정으로 마음의 갈피를 잡지 못함.
⑤ ㉤짐을 꾸렸다.	⇨ 불편한 심정이 해소되었음.

수남이는 '신나게 달려' 도망을 치고, 가게 주인 영감의 칭찬(?)까지 들었는데도 마음이 불편합니다. 왜 그랬는지 수남이는 귀가 후 고민합니다. 그리고 바로 쌤이 가운데 줄을 그어놓은 부분(수남이는 ~ 것이다)에서 수남이가 고민하는 이유를 찾을 수 있게 됩니다. 수남이는 '도둑질을 하면서 쾌감을 느꼈다.'고 생각합니다. 그러니 수남이의 마음을 제대로 이해한 친구라면 정답으로 당연히 ②번을 체크했겠죠?

31. ⓐ와 ⓑ의 상징적 의미로 가장 적절한 것은?

문제가 참 거창하다고 생각하지 않나요? '상징적 의미'라는 말이 부담이 되는 친구도 있을 거예요. 그러나 우리는 출제자의 이런 위협적인 말투에 겁먹지 말자고요! 언어영역은 '출제자와의 기 싸움'도 중요합니다. 처음에 쌤이 말했던 걸 꼭 기억하세요.

"뭐?"

"만만하게 접근하기!"

맞아요. 우리는 출제자의 시험에 들어 두려움에 떠는 존재가 아니라 아주 거만한 자세로 출제자가 문제를 잘 풀었는지 아닌지 평가하는 사람이라는 사실을 꼭 기억합시다. 사실 이런 문제를 출제하는 이유는 **우리가 살면서 어떤 말의 일부만을 듣고 오해하거나 상황을 잘못 판단**하여 예기치 못한 상황에 처할 때를 대비한 거죠. 아마 출제자들은 여러분이 그런 실수를 범하지 않길 바라면서 이 문제를 냈을 거예요.

참, 극히 일부에 밑줄이 그어진 문제를 풀 때의 요령 하나! 반드시 조금 시선을 넓혀서 보기 바랍니다. 쌤은 수업을 하면서 "밑줄 친 ⓐ문제는 이어진 앞이나 뒤까지 꼭 보아야 해."라고 늘 강조합니다. 그래야 우리가 지문 속, 아니 나에게 말을 거는 다른 사람의 말을 오해하지 않을 테니까요.

> **주인 영감님**이 수남이의 눈에 흡사 **도둑놈 두목 같아 보여** 속으로 정이 떨어진다. 주인 영감님 얼굴이 ⓐ누런 똥빛인 것조차 지금 깨달은 것 같아 속이 메스껍다.
>
> 마침내 결심을 굳힌 **수남이의 얼굴**은 ⓑ누런 똥빛이 **말끔히 가시고, 소년다운 청순함**으로 빛났다.

① 물질만능주의에 빠진 기성세대에 대한 불신과 반감

② 도덕이나 양심보다 이익을 중시하는 삶의 태도

③ 험난한 세상을 꿋꿋하게 헤쳐 나가려는 자세

④ 사회적 규범에 억눌린 인간의 원초적 본성

⑤ 궁핍한 삶으로 인해 상실된 인간의 윤리

ⓐ와 연결된 문장과 ⓑ와 연결된 문장을 다시 살펴봅니다. ⓐ의 '누런 똥빛'은 '주인 영감'의 얼굴빛이지만 ⓑ의 '누런 똥빛'은 수남이의 얼굴빛입니다. 그러니 ①번 답지에서 말하는 '기성세대'는 이미 대상에서 사라집니다. 수남이는 소년이지 기성세대가 아니니까요. 또한 ⓐ는 도둑놈 두목 같아 보이는 주인 영감의 얼굴빛으로 결코 좋은 의미일 수 없습니다. 물론 ⓑ에서 역시 누런 똥빛이 말끔히 가시고, 소년다운 청순함이 빛난 것으로 보아 좋은 의미는 절대 아니겠죠. 그렇다면 ③번도 말이 안 되는 답지라는 것을 알겠죠? 도둑놈 두목 같은 얼굴빛을 누런 똥빛이라고 했다면 사회적 규범에 억눌린 인간의 원초적 본성으로 해석하는 것 역시 무리로 보입니다. 우리의 본성이 도둑놈의 얼굴빛은 아닐 테니까요. 혹시나 이것이 맞는다고 생각한 친구가 있다면 "인간의 본성이 도둑질은 아니지 않겠니?" 하고 쌤이 걱정스럽게 쳐다보며 다시 물어볼 것 같아요. 쌤과 이야기를 하면서 지워진 답지들을 보세요. 자, 이제 몇 번이

남았나요? ⑤번이죠? 수남이는 분명 가난한 학생이에요. 하지만 가게 주인 영감이 궁핍한지는 알 수 없어요. 그리고 가게 주인까지 하고 있다면 궁핍하지는 않을 수도 있죠. 그러니까 주인 영감의 얼굴빛에서 궁핍한 삶으로 인해 상실된 인간의 윤리를 찾을 수는 없을 겁니다. "쌤, 주인 영감도 궁핍한 삶을 살면서 가게를 일구고 하는 과정에서 그렇게 된 거 아닐까요?"라고 묻는다면, 쌤은 이렇게 대답할래요.

> "선입견! 자기의 생각에 빠진 섣부른 판단! 우리가 누군가의 말을 잘못 이해하고 오해하는 가장 큰 이유가 거기에 있다고 했어요. 지문의 내용만으로 우리는 주인 영감의 과거를 알 수 없습니다. 물론 그랬을 수도 있죠. 하지만 아닐 수도 있어요. 그대의 생각 가운데 '무엇'이 우리의 의사소통을 방해하는 요소인지 알아챘다면 앞으로는 절대!! 자신의 생각만으로 판단하는 실수를 저지르지 않기 바랍니다."

정답은? ②입니다. ^^

위에 살펴본 문제들을 보면 그것이 내용의 일치를 물었든, 태도나 정서를 물었든, 상징적인 의미를 찾도록 했든, 결국은 **내용을 제대로 이해했는지 묻는 문제**였다는 사실을 알겠죠? 그러므로 소설 지문의 가장 큰 문제는 내용을 제대로 이해할 수 있는가에 달려 있다고 생각하면 됩니다. 처음부터 빨리 읽으려 하지 말고, 내용의 끈을 꼭꼭 짚어가면서 읽도록 합시다. 인물의 성격이나 관계에 대해서도 생각의 끈을 놓아서는 안 됩니다. 그것만 잘 지키면서 읽는 연습을 한다면 소설의 어느 부분을 얼마만큼 떼어왔든 여러분은 그 속의 인물들과 대화를 나눌 수 있습니다. 그리고 그와 관련된 어떤 문제라도 모두 풀어낼 수 있을 것입니다. 정말이에요, 쌤이 장담할게요!

"이제 내용만 알면 언어영역 '소설'은 끝인가요?"라고 물어보고 싶죠? ^^;; 하지만 그렇지 않습니다. 우리가 해야 할 일이 등장인물의 생각을 공유하는 것만 있는 게 아니거든요. 소설가는 왜 이렇게 소설을 쓴 것일까? 소설가와 진지하게 생각을 공유하려면 어떻게 해야 할까? 이 질문에 답을 하려면 우선 몇 가지 소설적 장치, 즉 개념을 이해할 필요가 있습니다. 지금부터 소설을 공부하면서 꼭 알아야 할 개념을 정리해 보겠습니다.

'시점'과 '인물 제시 방법'으로 작가의 의도를 이해하자!

이 얘기, 누구의 목소리지?

먼저 '시점'입니다. 소설에서의 시점이란 소설이라는 이야기를 풀어가는 목소리가 누구인가를 말합니다. 주인공이 자신의 이야기를 하는 것 같은 **1인칭 주인공 시점**, '나'가 주인공인 친구를 지켜보는 것 같은 **1인칭 관찰자 시점**도 있습니다. 그런가 하면 참 오지랖 넓게도 인물들 하나하나의 마음까지 꿰뚫어 주는 **3인칭 전지적 작가 시점**도 있고, 아주 드물지만 신문기사를 읽는 것처럼 객관적으로 보여주는 것만 하는 **작가 관찰자 시점**도 있습니다. 그럼 작가는 왜 이렇게 다양한 시점을 이용할까요? 그것은 그 나름의 장점이 있고, 또 그 장점을 잘 살리면 소설에서 말하고자 하는 내용이 훨씬 더 잘 전달되기 때문입니다.

먼저 1인칭 시점부터 살펴볼까요? 1인칭 시점에는 주인공 시점과 관찰자 시점이 있습니다. 1인칭 주인공 시점을 사용하면 '나'가 직접 '나'의 이야기를 독자에게 해 줍니다. 분명 '서술자=작가'가 아닙니다. 그러나 순진한 독자들은 마치 '나'가 작가인 양 착각을 하기 쉽고, 그래서 이야기를 허구가 아닌 것으로 받아들이기 쉽지요. **사실인 것처럼 생각하는 순진한 착각에 빠지기 쉽다는 뜻입니다.** 또한 '나'가 '나'의 이야기를 하는 것이므로 **'나'에 대해 우리(독자)가 자세한 속사정까지 알 수 있다**는 장점이 있습니다. "그렇다면 작가들이 가장 선호하는 시점이 1인칭 주인공 시점이겠군요?"라고 물을지도 모르겠습니다. 그러나 장점만 있다면 왜 다른 시점을 사용하겠습니까? 1인칭 주인공 시점의 단점은 바로 **'나'가 아닌 '다른 인물'에 대해서 속속들이 많은 정보를 알 수 없다**는 점입니다. 그들의 감정도 그들이 '나'와 함께 있지 않는 한 어떤지 알 수 없고, 또 어디서 무엇을 하는지도 정확히 알 수 없습니다. 그러니 내용을 전달하는 데 어려움이 따르겠죠? 이것이 바로 1인칭 주인공 시점의 단점이랍니다.

다른 인물의 감정을 전달할 수 없다는 것은 1인칭 관찰자 시점의 치명적 약점입니다. '나'는 중심이 되는 인물이 아니기 때문에 **1인칭 주인공 시점보다도 독자가 알 수 있는 정보의 양이 훨씬 적습니다.** "그럼 1인칭 관찰자 시점은 1인칭 주인공 시점보다 더 안 좋은 거 아닌가요?"라고 물어보고 싶지요? '분명 장점이 있으니까 쓰겠지.'라고 생각하며 직접 연구해 보기 바랍니다. 적극적으로 공부하는 학생은 선생님들을 행복하게 해 주죠. ^^

그렇습니다. 1인칭 관찰자 시점에도 매력적인 장점이 있습니다. 1인칭 관찰자 시점의 장점은 바로 이 단점에서 출발합니다. 많은 것을 보여주지 않아서 생기는 긴장감과 궁금증, 이러한 **긴장감과 궁금증은 독자들을 상상하게 만들어 주고, 적극적으로 이야기를 읽어 가며 그 속에 빠져들 수 있게 해 준다**는 강점이 있습니다. 어떤 사건을 추리해 가는 이야기라면 이러한 관찰자 시점이 훨씬 흥미로울 것입니다. 거기다가 **1인칭 주인공 시점처럼 진짜 있었던 이야기 같은 착각까지 갖게 해 주니 독자의 신뢰감도 커질 수** 있겠지요. 이런 단점을 이용하여 장점을 극대화하는 힘을 가진 사람들이 바로 소설가입니다. 따라서 소설가는 소설을 쓰기 전 어떻게 하면 더 멋지고 재미있게, 또 효과적으로 이야기를 전개할지 그 서술자를 선택하는 것부터 신중해진답니다.

다음 작품은 박완서의 「그 여자네 집」의 결말 중 일부입니다. 1인칭 관찰자 시점의 묘미를 제대로 살리고 있는 작품인데요, 함께 감상해 볼까요?

그를 우연히 만난 것은 그가 상처하고 나서도 이삼 년 후 엉뚱하게 정신대 할머니를 돕기 위한 모임에서였다. 뜻밖이었지만, **생전의 그의 아내로부터 귀에 못이 박히게 주입된 선입관이 있는지라 그가 그 모임에 나타난 것도 곱단이하고 연결지어서 생각되는 걸 어쩔 수가 없었다.** 모임이 끝난 후 그가 보이지 않자 나는 마치 범인을 뒤쫓듯이 허겁지겁 행사장을 빠져 나와 저만치 어깨를 축 늘어뜨리고 걸어가는 그를 불러 세웠다. 그리고 다짜고짜 따지듯이 재취 장가를 들었느냐고 물었다. 그는 아니라고 말하고 나서 앞으로도 할 생각이 없다고, 묻지도 않은 말까지 덧붙이는 것이었다.

"왜요? 곱단이를 못 잊어서요? 여긴 왜 왔어요? 정신대에 그렇게 한이 맺혔어요? 고작 한 여자 때문에. 정신대만 아니었으면 둘이서 혼인했을 텐데 하구요? 참 대단하십니다."

내 퍼붓는 말에 그는 대답 대신 앞장서서 근처 찻집으로 갔다. 그 나이에 아직도 싱그러움이 남아 있는 노인을 나는 마치 순애의 넋이 씐 것처럼 꼬부장한 마음으로 바라다보았다. 그가 나직나직 말했다.

"내가 곱단이를 아직도 잊지 못한다는 건 순전히 우리 집사람이 지어 낸 생각이에요. 난 지금 곱단이 얼굴도 생각이 안 나요. 우리 집사람이 줄기차게 이르집어 주지 않았으면 아마 이름도 잊어버렸을 거예요. 내가 곱단이를 그리워했다면 그건 아마 누구에게나 있을 수 있는 젊은 날에 대한 아련한 향수였겠지요. 아름다운 내 고향에서 보낸 젊은 날을 문득문득 그리워하는 것도 죄가 되나요. 내가 유람선상에서 운 것도 저게 정말 북한 땅일까? 남의 나라에서 바라보니 이렇게 지척인데 내 나라에선 왜 그렇게 멀었을까? 그게 서럽고 부끄러워 나도 모르게 눈물이 복받친 거지, 거기가 신의주라는 건 별로 중요하지 않았어요.

오늘 여기 오게 된 것도, 글쎄요, 내가 한 짓도 내가 설명할 수 있을 것 같지 않지만··아마 얼마 전 우연히 일본 잡지에서 정신대 문제를 애써 대수롭게 여기지 않으려는 일본 사람들의 생각을 읽고 분통이 터진 것과 관계가 있겠죠. (중략)"

이 작품 속 '나'는 '그의 아내'의 말만 듣고 '그'에 대해 선입견을 가지고 있습니다. 그리고 독자들은 '나'를 통해 '그'를 만나기 때문에 독자인 우리들 역시 그가 생전 곱단이라는 사람을 잊지 못한 것으로 알게 되죠. 하지만 마지막 '그'의 말로 지금까지의 모든 것들이 오해였음이 드러납니다. 영화 '식스 센스(six sense)'에서의 반전이 무색할 만큼의 반전이 이루어지는 부분입니다. 이렇게 관찰자 시점은 모든 것을 다 보여 주지 않기 때문에 매력이 있습니다. 바로 이러한 작가의 의도를 묻는 문제가 언어영역에서 물어보는 단골손님이 됩니다.

3인칭 시점의 대표인 전지적 작가 시점은 1인칭 시점이 갖고 있는 단점을 상쇄하기에 가장 훌륭한 서술 방식입니다. 서술자는 작품 속에 나타나지 않습니다. 그렇지만 모든 등장인물에 대해 어디에서 무엇을 하고 있으며 어떤 속마음을 가지고 있는지 모두 알고 있습니다. 독자가 궁금해 하기 전에 그 모든 것을 다 알려 주죠. 따라서 독자가 이야기를 들으며 가장 잘 이해할 수 있는 시점이라고 할 수 있습니다. 참 친절하죠. 그러나, 바로 그렇기 때문에 독자가 적극적으로 상상할 수 있는 여지를 빼앗습니다. 그리고 진짜 있었던 일이라는 생각도 별로 들지 않죠. 하지만 사건과 인물에 대한 정보를 가장 잘 전달할 수 있기 때문에 가장 많은 소설이 전지적 작가 시점으로 써진답니다.

3인칭 작가 관찰자 시점은 한편의 다큐멘터리를 생각하면 이해가 쉬울 거예요. 모든 사람과 사건에 대해 서술자는 어떠한 해설도 해 주지 않습니다. 덕분에 독자들은 상상해야 할 것이 많습니다. 하지만 우리가 가장 만나기 힘든 시점이 바로 3인칭 관찰자 시점입니다. 독자들로 하여금 적극적인 읽기의 권한을 주고 있지만 바로 지나치게 친절하지 않은 서술은 조금 편하게 읽고 싶은 독자들에게는 '내가 소설을 읽는 거야, 다큐멘터리를 읽는 거야?' 하는 투덜거림을 가져옵니다. 재미없는 소설이 되기 쉽다는 뜻입니다. "일부분이 아닌 전체 소설에서 3인칭 관찰자 시점을 찾아오면 쌤이 책 한 권을 선물할게." 하고 학생들에게 말한 적이 있습니다. 겨우 한 명의 학생이 어렵게 책을 찾아왔던 기억이 납니다. 물론 약속은 지켰습니다. 그만큼 별로 선호하지 않는 시점이니 3인칭이라면 거의 전지적 작가 시점이라고 생각해도 무방합니다. ^^

자, 시점을 선택하기 위해 고심하는 작가의 모습을 이제 상상할 수 있겠죠? 작가들은 이러한 고심 끝에 자신의 이야기에 알맞은 시점을 정하고 소설을 풀어갑니다. 그래서 우리가 풀어야 하는 언어영역 문제에서도 이처럼 시점에 대한 문제가 종종 출제되는 것이죠. 문제의 시점을 선택한 이유가 무엇인지 여러분이 이해해 주기를 바라는 마음이라고 하면 답이 될까요?

나는 주인공과 얼마나 친할까?

이제 두 번째 개념 공부를 할 시간입니다. 시점과 떼려야 뗄 수 없는 '**거리**'에 대한 이야기입니다.

전지적 작가 시점	관찰자 시점
서술자 가깝다　가깝다 인물　　　독자 멀다	서술자 멀다　멀다 인물　　　독자 가깝다

학교 수업시간에 위와 같은 표를 본 적이 있을 거예요. 시점을 공부하면서 선생님께서 가르쳐 주셨을 테니까요. 그런데 '거리'가 무엇을 기준으로 하는 '거리'인지 이해하지 못한 채 그저 암기과목 외우듯 공부하는 친구들이 많습니다. 앞서 보았던 박완서의 「황혼」과 관련된 문제를 풀면서 '심리적 거리'라는 출제자의 언어를 살펴본 적이 있습니다. 그때 심리적 거리는 '친한 정도'라고 했지요? 지금 우리가 함께 말하는 '거리' 역시 친한 정도라고 보면 됩니다.

지금부터 쌤이 말하는 대로 생각해 보세요.

쌤이 친구 다솜이에 대해 또 다른 친구인 영민이에게 이야기를 해 준다고 생각해 봐요. 다솜이의 마음이 어떤지, 다솜이가 어제 무엇을 했고, 오늘은 무엇을 했는지 시시콜콜 다 얘기해 줄 수 있는 친구라면 나는 다솜이랑 친한 사이일까요, 아닐까요? 그리고 그렇게 다솜이에 대해 시시콜콜한 이야기까지 나누는 영민이랑 나는 친한 사이일까요, 아닐까요? 답은 하나! 쌤(서술자)은 다솜이(인물)와도 친하고 영민이(독자)하고도 친한 사이입니다. 하지만 다솜이랑 영민이가 많이 친한 사이라면 굳이 쌤이 다솜이의 이야기를 시시콜콜하게 영민이에게 해 주었어야 할까요? 쌤이 말해 주지 않아도 영민이는 다솜이가 오늘 무엇을 했고, 어제는 무엇을 했는지, 어떤 심리 상태인지 알고 있겠죠. 영민이(독자)는 다솜이(인물)에 대해 관심이 있을지는 모르겠지만 둘(독자와 인물)이 친한 사이는 아닙니다.

쌤이 다솜이와 영민이의 이야기를 꺼낸 이유를 알겠지요? 쌤은 다솜이에 대해 모든 것을 알고 있는 서술자, 바로 전지적인 작가 시점의 서술자입니다. **쌤은 인물인 다솜이에 대해서도 독자인 영민이에 대해서도 가까운 사이입니다. 하지만 인물인 다솜이와 독자인 영민이는 서로 가깝지 않습니다. 이것이 바로 전지적 작가 시점에서 말하는 거리의 실체**입니다. ^^

그 반대의 경우를 생각해 봅니다. 쌤이 영민이에게 관심이 있다는 다솜이를 소개해 주었다고 칩시다. 쌤은 다솜이에 대해 별로 아는 것이 없기 때문에 영민이에게 다솜이의 행동이나 말을 본 대로 전해 주기만 합니다. 영민이도 쌤한테 적극적으로 다솜이의 속마음을 알아 달라고 부탁하지 않습니다. 왜일까요? 그런 부탁까지 하기에는 우리(서술자와 독자)의 사이도 그다지 친하지 못하기 때문입니다. 하지만 이를 통해 영민이는 다솜이에 대해 좀 더 많은 것을 상상하게 되고, 좀 더 많은 관심을 갖게 되겠죠. 그러다 보면 영민(독자)이는 스스로 다솜이(인물)의 마음을 이해할 수 있게 될 것입니다. 이렇게 하다 보면 둘은 친해지겠죠. 서술자인 쌤은 반드시 그들과 친해질 필요가 없는 사람입니다. 서술자는 인물과 독자 모두와 먼 거리에 있고, 인물과 독자의 사이만 가까운 것, 이것이 바로 관찰자 시점입니다. 이것은 1인칭 관찰자 시점에서도 마찬가지입니다.

다만 1인칭 주인공 시점의 경우, 인물이 곧 서술자입니다. 둘 사이가 멀다면 정신 분열이겠죠. 따라서 둘은 가깝습니다. 그리고 이들과 만나는 독자의 거리도 당연히 가깝겠죠. 독자가 누군가와는 거리가 가까워야만 소설을 감상한 것일 테니까요. 따라서 이때 거리라는 것 자체에는 의미가 없습니다. '서술자=인물'이기 때문에 이들의 사이는 가까울 수밖에 없습니다. 또 독자는 서술자와 인물 중 어느 한 쪽과만 가까울 수 없기 때문에 모두가 가까운 사이, 그것이 바로 1인칭 주인공 시점입니다.

1인칭 주인공 시점의 거리 : (서술자=인물) 가깝다 독자

인물을 보여 주는 방법

이제 마지막입니다!

작가가 왜 이렇게 썼을까 들여다보며 소설을 깊이 이해하기 위한 마지막 개념을 살펴보도록 하겠습니다. 바로 '인물 제시 방법'입니다. 인물 제시 방법 역시 '시점'과 맞물려서 배운 친구들이 많을 것입니다.

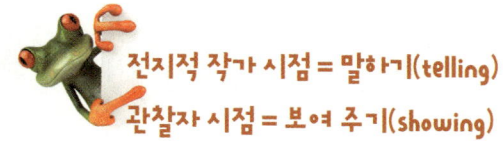

전지적 작가 시점 = 말하기(telling)
관찰자 시점 = 보여 주기(showing)

이러한 도식은 어느 정도 맞는 말입니다. '말하기'를 '대화'로 착각하는 친구들이 많습니다. 하지만 '말하기'는 주어인 '누가' 말하는 것일까를 생각해 보아야 합니다. '말하기'의 주체는 서술자입니다. '보여 주기' 역시 주체는 서술자겠죠? 우리가 영화를 **보러 가면** 영화를 만든 감독님께서 우리에게 영화를 말해 주나요? 아니죠. 그냥 영화를 '**보러 가서**' 등장인물의 행동이나 대사를 보고 듣습니다. 그리고 의상 팀이 입혀준 옷을 보고 무대감독이 만들어 놓은 세트를 봅니다. 이것이 바로 '보여 주기'입니다. 그래서 보여 주기는 'showing'인 것입니다. **등장인물의 행동이나 대사, 옷차림에 대한 묘사나 배경에 대한 묘사를 통해 독자가 직접 소설 속의 인물을 만나게 해 주는 것**입니다. 그러다 보니 우리에게 직접 보여 주는, 인물의 심리에 대해 우리가 직접 보아서 알아야 하는 관찰자 시점과 통하는 부분이 많습니다. "관찰자 시점=보여 주기"라는 등식은 이렇게 성립됩니다.

반대로 선생님이 영화를 보고 와서 친구에게 영화에 대한 <u>이야기</u>를 합니다. 인물의 액션을 몸으로 보여줄 수도 있겠지만 대부분은 '설명'을 하겠죠. 인물의 심리까지 자세히 말해 줄 수도 있습니다. 'telling' 즉 말하기란 **서술자가 직접 소설의 내용을 설명해 주는 것**을 말합니다. 이것이 바로 전지적 작가 시점과 통하는 제시 방법입니다. 그러나 여러분이 이러한 등식을 절대적인 것으로 생각하면 출제자의 함정에 여지없이 빠지게 됩니다. 왜냐하면 1인칭 관찰자의 경우엔 자신의 생각을 그대로 전달할 수 있기 때문에 때에 따라 '말하기'가 쓰일 수 있습니다. 그리고 전지적 작가 시점의 경우에도 '설명'뿐만 아니라 행동의 묘사나 대화를 제시할 수도 있습니다. 실제로 고전소설의 경우는 100% '전지적 작가 시점'이지만 인물의 제시 방식은 99% '보여 주기'라는 점을 여러분은 조심해야 합니다.

> 무인(武人) 홍세희(洪世熹)라는 사람은 연화방(蓮花坊)에서 살았으니, 장생과 친하게 지냈었다. 4월에 이일(李鎰)이라는 사람을 따라 왜적을 방어했었다. 조령(鳥嶺)에 이르렀을 때 장생을 만났다. 그는 짚신을 신고 지팡이를 끌면서 손을 붙잡고는 무척 기뻐하면서,
> "나는 사실 죽지 않았소. 바다 동쪽으로 향하여 한 나라를 찾아 떠나 버렸소."
> 하더란다. 그러면서,
> "그대는 지금 죽을 나이가 아니오. 병화(兵禍)가 있으면 높은 곳의 숲으로 향해 가고, 물에는 들어가지 마시오. 정유년에는 삼가고 남쪽으로는 오지 마시오. 혹 공사(公事)의 주관한 일이 있더라도 산성(山城)으로 오르진 마시오."
> 하고는 말을 끝마치자 날아서 가 버리니 잠깐 사이에 있는 곳을 알 수 없더란다.

위의 지문은 허균이 쓴 고전소설 「장생전」의 일부이다.

무인(武人) 홍세희(洪世熹)라는 사람은 연화방(蓮花坊)에서 살았으니, 장생과 친하게 지냈었다. 4월에 이일(李鎰)이라는 사람을 따라 왜적을 방어했었다. 조령(鳥嶺)에 이르렀을 때 장생을 만났다.

이 부분을 '보여 주기'로 제시했다면 굉장히 방대한 양이어야 했을 것입니다. 장생과 친하게 지내게 된 이야기도 한참 해야 할 테고, 왜적을 방어하는 이야기라면 훨씬 더 박진감 있고 긴장감 넘치게 묘사했어야 할 테죠? 그러나 설명하는 '말하기'로 제시하니까 아주 짧게 내용 제시가 끝나는군요.

다음에 이어지는 장생의 말은 몇 마디 되지 않지만 분량으로는 훨씬 깁니다. 대신 인물의 대사로 제시되므로 죽은 사람이 살아와서 몇 마디 말하고 하늘로 날아갔다는 말도 안 되는 이야기가 생생하게 전달되어 독자로 하여금 그 자리에 같이 있는 것 같은 생생함을 줍니다.

이처럼 '말하기' 제시법은 서술자가 '직접 제시'하는 것으로 사건을 요약해서 제시할 수 있고, 사건의 진행 속도가 빠르다는 장점이 있습니다. 하지만 독자가 상상할 수 있는 여지는 많이 줄어들겠죠. 당연히 재미도 떨어지고요.

반면 '보여 주기'는 서술자가 '간접 제시'를 통해 서술하는 방식으로 생생한 현장을 전달하여 독자의 상상력을 자극하고, 극적인 재미도 느낄 수 있게 해 줍니다. 하지만 사건의 진행 속도가 떨어진다는 단점이 있어요.

이러한 '말하기'와 '보여 주기'는 언어영역의 시험에서 당연히 단골손님으로 등장합니다. 단순히 답지에서 "①인물의 행동 묘사를 통해 성격을 드러낸다(2009년 9월, 위에 제시된 「장생전」에 대한 문제의 답지)."와 같은 형태로 물어볼 수 있습니다. 이런 문제는 일반적으로 소설 지문의 첫 번째 문제로 출제되며 **'서술상의 특징' 또는 '표현상의 특징'**이라는 출제자의 언어로 물어보게 마련입니다. 만일 시험에 이런 문제가 나오면 제시된 소설의 **'시점'과 '인물 제시 방법'**을 다시 한 번 살펴보기 바랍니다.

시점 & 인물 제시 방법 정리

		장점	단점
1인칭	주인공	신뢰감, 사실성, 주인공의 심리 묘사에 탁월	주인공 이외의 인물에 대한 심리 묘사 불가능
	관찰자	신뢰감, 사실성, 등장인물에 대한 상상의 폭 넓음	주인공의 심리 묘사가 어려움
3인칭	전지적	모든 인물의 심리묘사 탁월 내용의 이해가 빠르고 쉬움	독자의 상상력이 떨어져 흥미를 잃을 수 있음
	관찰자	등장인물에 대한 상상의 폭이 가장 넓음. 객관적	보여 주기로만 이루어져 재미가 없음

유형	방법	장점	단점
말하기	직접 제시 → 설명	사건 전개 빠름, 서술 시간 절약	흥미 감소, 구체적인 상황 제시 어려움
보여 주기	간접 제시 → 묘사, 대화	생생한 묘사, 독자의 상상적 참여 가능, 극적 효과	표현의 제약이 있음, 사건 전개 느림, 서술 시간이 김

이상으로 소설을 공부할 때 꼭 알아두어야 할 개념 설명이 모두 끝났습니다. 작가의 의도를 파악하기 위한 기본 개념, 출제자와의 대화를 위해 출제자가 이 부분을 선택한 의도가 무엇인지를 생각해야 한다는 사실을 반드시 기억하기 바랍니다.

소설 읽기 마무리 정리!
1. 첫 문단의 중요함을 잊지 않고 중간 중간 끊어 내용을 정리하며 읽는다.
2. 인물의 관계나 성격, 정서 등을 염두에 두며 읽는다.
3. 작가가 선택한 시점과 인물의 제시 방법을 찾는 연습을 하면서 읽는다.

소설에서는 이것만 잘 기억해도 됩니다. 그러면 문제를 풀 때도 별로 어렵지 않을 거예요. 스킬! 물론 중요할지도 모릅니다. 하지만 더욱 중요한 것은 기본기! 기본이 충실하면 약간의 스킬만 더 익혀도 일취월장할 수 있지요. 그러나 스킬에 목숨을 거는 친구는 분명 한계에 부딪힙니다. 생각보다 빨리 말이죠. 스킬은 다른 곳에 있지 않습니다. 쌤이 지금껏 알려준 것들에서 '스킬만 공부해야지.' 하고 마음먹은 건 아니죠? 공부는 쌤이 대신 해 줄 수 없어요. 쌤과 함께 하는 시간은 "어떻게 할까?"를 함께 고민하는 시간이고, '열심히' 하는 것은 여러분의 몫이니까요. 충분히 연습하고 생각하며 공부하기 바랍니다.

연습에 도움이 되는 몇 개의 지문과 문제를 주겠습니다. 이것은 오늘 바로 해야 하는 숙제입니다. 책을 덮지 말고 오늘 숙제는 오늘 끝내기!
파이팅!!입니다.

2011. 9. 전국연합평가

숙제 확인 188쪽

[13~16] 다음 글을 읽고 물음에 답하시오.

전염병 환잔데, 왜 가족을 한 침대에 그냥 재웠느냐고? 하긴 그렇다. 그러나 ㉠3등실에는 간호하는 가족들이 누울 침대라고는 없다. 차디찬 청바닥 모두 신을 신은 채 다니는 먼지투성이의 청바닥뿐이다. 물론 3등실에 입원하는 사람들은 3등 인간이란 건지 모른다. 그들의 가족들도 따라서 3등 인간이기 때문에 병상 곁 청바닥에서 노다지 자야 하고.

오롱댁 심작은둘 노파의 딸에게도, 어머니가 중증 폐결핵에 장질부사까지 겹쳤으니, 같은 침대에 자서는 안 된다고 분명히 당부를 해두었던 것이다. 그것도 한두 번이 아니었다. 그런데도 불구하고 그녀는 기어코 어머니 곁에만 꼭 붙어서 잤다. ⓛ숫제 자기는 3등 인간이 아니라고 고집이라도 하듯이. 그런 것까지도 의사가 책임을 져야 하나!

계단을 내려오면서, 김 의사는 그러한 그녀를 나무라던 일을 생각했다.

"어머님 곁에 가지 말랬는데, 왜 자꾸만 그러지요?"

"……"

그녀는 고개를 숙인 채 답이 없었다.

"그렇게 말귀를 못 알아들어요?"

역시 마찬가지다. 마치 귀머거리나 이방인 같다.

"무식이란 것이 무섭다는 걸 알아야 해요!"

의사 김종우 씨는 거의 신경질적으로 뇌까렸다.

그제야 겨우 고개를 들고 이쪽을 처다보는 그녀의 차디찬 눈초리에는 심상치 않은 의미가 새겨져 있는 것 같았다.

'그런 것쯤은 알아요! 그러나 우짜란 말입니꺼!' 이런 뜻으로도 해석되었다. 어머니와 같이 죽어도 좋다는 거라고.

더구나 의사 김종우 씨를 놀라게 한 것은, 그녀가 어머니에게 ⓐ미음을 떠먹일 때 자기도 그 숟가락으로 먹어대는 태연한 광경이었다. 물론 그런 건 더욱 엄하게 주의를 시켜주었던 것이다. 그러나 그녀는 그런 명령까지도 아예 개의치 않았다. 그렇게 명령한, 바로 그 의사가 보는 데서 예사로 그것을 거역하고 있는 것이었다.

'바보 같은 계집애!'

뒈져라 싶었다.

그러나 이상하게도 그 순간 이후, 의사 김종우 씨는 엉뚱한 회의에 사로잡히기 시작했던 것이다 병을 겁내지 않는 애! 죽음까지도!

그저 얌전하고 착실한 의사의 아들로서 이른바 일류의 중학, 고등학교를 마치고 대학까지 일류란 데를 나온 레지던트 코스의 젊은 의사 김종우 씨는 단순한 생각으로서는 얼른 이해가 가지 않았다. 사람의 명과 생명을 대상으로 하는 의학…… 눈알까지 해 넣고 심장 이식까지 할 수 있게 된 놀라운 현대 의학이론으로도 그러한 인간 행위만은 진단할 길이 없었다 효도니 뭐니 하는 그런 너절한 것이 아니다! 훨씬 본질적인 것, 어쩜 과학 따위에 의해서, 혹은 현대인의 그 약삭빠른 비굴성이랄까, 거짓 이기주의…… ⓒ아무튼 눈에 보이지 않는 그런 것들에 의해서 말살되어 가고 있는, 그런 무엇이 아닐까?

요컨대 병과 세균과, 그런 것에서 오는 불행들만을 두려워해 오던 젊은 의사 김종우 씨는 어떤 막연한 정신적인 회의 내지 불안감에 사로잡히기 시작했던 것이다. 여태까지 지녀오던 자기, 또는 자기의 일에 대한 보람이라든가 긍지 따위가 여지없이 무너져 가는 듯했다. 말하자면 무식하다고만 여겼던 시골 계집애에게 별안간 한 대 얻어맞은 것 같았다.

……(중략)……

물론 병원에서는 입원 수속이 돼 있지 않은 그녀에게 밥이고 ⓑ죽이고 또 약이고를 내어줄 리 만무하였다. ⓓ그녀에게 던져진 것은 오직 어머니의 입원 치료비 계산서뿐이었다.

그녀는 울었다. 돈이 없어서가 아니다. 자기가 불쌍해서가 아니라 군에

가 죽은 오빠가 생각났다. 그리고 마지막엔 일만 죽도록 하다가 고생만 바가지로 하다가 하루도 편한 꼴을 보지 못하고 돌아간 어머니가 불쌍했다. 가엾었다. 분했다.

이젠 누구의 동정도 받기가 싫었다. 떳떳하게 치료를 받지 못할 바엔 김종우 의사나 간호원들의 친절도 거북스러웠다. 결국 3등 인간이란 자학밖에 남지 않았다.

"처녀는 계속 치료를 받아야 해요!"

김종우 의사는 무슨 요량으론지 수차 이런 말을 했지만, 강남옥 처녀는 결국 모든 걸 마다하고, 어머니를 따라 시체 안치소로 갔다.

시체 안치소란 데는 결국 사람이 아닌 시체만을 버려두는 곳이라 그런지, 사람이 거처할 곳은 못 되었다. 그저 먼지라기보다 흙발이 사뭇 밟아 놓은, 흙이 풀썩거리는 마룻바닥이었다. 다행히 누가 쓰고서 버려둔 듯한 가마니때기가 두어 장 아무렇게나 널려 있을 뿐이었다.

"좀 잘 나아 주이소이……"

강남옥 처녀는 쇠로 된 구루마에 실려 온 어머니의 시체를 인부들과 함께 내려놓으면서, 자칫하면 그 위에 쓰러질 뻔하였다. 벌써 그녀는 울음을 그치고 있었다. 다만 핏발이 벌겋게 선 눈망울만이 눈물에 둥둥 떠 있을 따름이었다.

시체를 조심스럽게 다루는 것은 시골 사람일수록 더했다. 인부들도 역시 시골 출신이라 그런지 그런 걸 이해해주었다.

"㉤오라버님이 군에 가 죽었다 카지요? 오라범만 살아 있더라도."

어디서 듣고 알았는지, 인부 한 사람은 숫제 이런 목메는 소리까지 하였다. 물론 그들은 중환자의 운반이라든가 병원 허드렛일들을 맡아 하면서도, 마스크란 것을 온통 쓰지 않았다. 아니 그보다 돈만 낫게 준다면 호열자니 흑사병 환자와도 같이 잘 위인도 있었다. 무지막지한 3등 인간보다, 열병이니 호열자니 하는 것들보다 더 무서운 가난이란 병에 걸려 있는 사람들이었다. 그러니까 그들에게는 세상이 바로 병원과 같은 것이기도 했다. 거추장스럽게 마스크 따윈 필요 없었다.

- 김정한, 「제3병동」

13. 위 글의 서술상의 특징으로 적절한 것은?

① 서술자가 인물의 내면 심리의 변화를 서술하고 있다.

② 과거와 현재를 교차하여 사건에 입체감을 부여하고 있다.

③ 인물에 대한 과장된 묘사를 통해 인물을 희화화하고 있다.

④ 겉 이야기 속에 속 이야기가 포함된 구조를 사용하고 있다.

⑤ 비현실적 요소를 삽입하여 환상적 분위기를 조성하고 있다.

14. 위 글을 통해 알 수 있는 것은?

① 김종우는 강남옥의 병에 대해 진심으로 걱정했다.

② 인부들은 유족의 경제적 능력에 따라 다른 태도를 보였다.

③ 강남옥은 자신의 불행한 처지를 생각하며 가족을 원망했다.

④ 강남옥은 어머니의 병이 전염성이 있다는 것을 알지 못했다.

⑤ 김종우는 강남옥을 통해 의사로서 보람과 긍지를 얻게 되었다.

15. ⓐ와 ⓑ에 대한 설명으로 적절한 것은? 〔3점〕

① ⓐ와 ⓑ는 새로운 사건 발생의 계기가 된다.

② ⓐ와 ⓑ는 과거의 사건을 떠올리게 하는 매개체가 된다.

③ ⓐ는 갈등을 심화하고, ⓑ는 갈등을 해소하는 매개체이다.

④ ⓐ는 타인의 반발을, ⓑ는 타인의 동조를 유발하는 소재이다.

⑤ ⓐ는 인물의 태도를, ⓑ는 인물이 처한 상황을 드러내는 소재이다.

16. 〈보기〉를 참고하여 ㉠~㉤을 이해한 내용으로 적절하지 <u>않은</u> 것은?

〈보기〉

　1969년 『신동아』에 발표된 「제3병동」은 근대화 과정에서 소외당하는 사람들의 삶을 그려낸 작품이다. 근대화가 진행되면서 사람보다는 물질을 우선시하고, 인간의 순수한 마음이나 도덕적 가치보다는 이익을 중시하는 분위기가 팽배해 있었다. 작가는 이 작품에서 죽음을 두려워하지 않고 어머니를 간병하던 강남옥의 모습을 통해 인간 본연의 모습에 대한 지향과 믿음을 보여 주었다.

① ㉠: 근대화 과정에서 소외된 가난한 사람들의 처지를 그리고 있다.

② ㉡: 강남옥에 대한 서술자의 비판적 시각을 드러내고 있다.

③ ㉢: 내적 고뇌를 드러내어 인간성 상실과 타락의 문제를 제기하고 있다.

④ ㉣: 물질만능주의 세태로 인한 주인공의 아픔을 드러내고 있다.

⑤ ㉤: 타인의 아픔을 위로하는 인간의 따뜻한 마음을 드러내고 있다.

[22~25] 다음 글을 읽고 물음에 답하시오.

 305호에서 불의의 방문객을 맞은 것은 10시 반쯤이었다. 의외로 많은 조객에 305호 식구들은 당황했고, 그들이 계단을 오르내리며 낯이 익은 사람들인 것을 알아보고는 ㉠가슴 뭉클한 고마움을 느꼈다.

 "어머님, 그만 고정하세요. 손님들이 이렇게 오셨잖아요."

 며느리가 시어머니를 부축해 일으켰다. 노인네는 애써서 울음을 추슬렀다.

 "밤중에 이렇게 어려운 걸음들을……."

 노인네는 손수건을 입으로 가져가며 말끝을 맺지 못했다.

 "누추하지만 마루로 좀 올라오시지요."

 광대뼈가 유난히 두드러져 보이는 피곤한 모습의 집주인인 아들이 자리를 권했다.

 현관에 빼듯하게 들어서 있던 네 남자가 마루로 올라갔고 뒤에 서 있던 세 여자가 현관으로 들어섰다.

 "복중에 상을 당하셔서 애로가 많으시겠습니다. 저는 통장 되는 사람입니다."

 ㉡한 남자가 앞으로 나서며 주인에게 조의를 표했다.

 방문객은 모두 일곱 사람이었다. 통장을 제외한 나머지 여섯은 아래층 205호, 위층 405호, 그리고 옆집인 306호의 부부들이었다.

 "제가 찾아온 건 다름이 아니라 가정의례준칙*에 의하면……."

통장은 또박또박 말을 시작했다. ⓒ사람으로 가득 찬 것과는 반대로 실내에는 무거운 침묵이 감돌았다.

"그러니까 큰소리로 우는 건 삼가 주셔야 되겠습니다."

매몰차다 싶은 통장의 말에 즉각적인 반응을 보인 건 아들이 아니라 계속 느껴 울고 있던 노인네였다.

"거 무슨 흉한 말씀이오!"

노인네는 가당찮다는 듯 버럭 소리를 질렀다.

아들은 노인네의 서슬과는 반대로 멍한 눈길을 건너편 벽에다 보내고 있었다.

"곡이 없으면 망자가 가는 험한 길을 닦을 수가 없는 게요."

노인네는 언제 울었느냐 싶게 눈을 똑바로 뜨고 완강한 태도를 보였다.

"어머닌 좀 가만 계세요."

아들은 만사가 귀찮다는 몸짓으로 노인네를 제지했다.

"이 말을 하려고 이렇게들 오셨나요?"

아들이 서운한 빛을 역연히 드러내며 물었다.

"예, 여기가 뚝뚝 떨어져 사는 단독 주택이 아니고 서로 위아래, 양옆으로 붙어살아야 하는 아파트 아닙니까. 그래서 하는 말인데……."

통장은 내친걸음이라 싶었던지 장례일 단축에 대한 말을 꺼내고 있었다.

"안 돼. 그 무슨 벼락 맞을 소리야! 그건 안 돼!"

통장의 말을 가로막으며 노인네가 소리쳤다.

"글쎄, 어머닌 좀 가만히 계시란 말예요."

아들이 역정을 냈다.

"여긴 아파틉니다. 넓지도 않은 13평짜리예요. 거기다가 여름이고, 모두 가난한 사람만 모여 사는 곳이라 그런지 쓰레기도 제대로 안 쳐가 파리가 얼마나 들끓습니까. 내 말을 야속하다고 생각진 마십시오. 벽 하나를 사이에 놓고 위아래, 양옆으로 사람들이 사는 아파튭니다."

아들은 고개를 들었다. 그리고 이내 다시 떨구어버렸다. 자신에게로 쏟아지고 있는 ㉣남녀 열네 개의 눈동자를 이겨낼 수가 없다는 듯한 몸짓이었다.

한동안 침묵이 계속되었다.

노인네는 마구 구겨 쥔 손수건으로 입을 막은 채 느껴 울고 있었다.

안 돼, 그건 안 돼. 사흘도 짧은데 그 무슨 흉악한 소리냐. 안 되고 말고, 그건 안 돼. 노인네는 새롭게 복받쳐 오르는 서러움을 억누르며 부르짖고 있었다.

"……알겠습니다. 피곤하실 텐데 돌아들 가시지요."

[중간 줄거리] 그날 밤 305호에서 '딱, 따악 딱' 하는 소리가 잠시 들리고, 그 섬뜩한 소리에 두려움을 느낀 이웃 사람들은 밤새 잠을 못 이룬다.

날이 훤히 밝아오고, 6시쯤이 되었을까. 몸집이 크게 느껴지는 찻소리가 붕 붕 울려오고, 계단에 부산스러운 발자국 소리가 퍼지고 있었다.

준수네, 영주네, 그리고 옆집 사람들이 몰려나왔다.

현관 가까이에 영구차가 관이 들어갈 뒷문을 아가리처럼 벌린 채 발동을 걸고 있었고, 관을 옮기느라고 힘을 모으고 있는 장의사 사람들의 힘쓰는 소리가 계단을 타 내리고 있었다.

㉤광목으로 감싼 관이 현관에 불쑥 나타나더니만 이내 차로 밀려 들어갔다. 그리고 하룻밤 사이에 몰라보게 변해버린 노인네가 아들의 부축을 받으며 차에 올랐다. 쇠잔한 어깨가 들먹이는 것으로 보아 우는 것이 분명한데 소리는 들리지 않았다. 노인네는 수건으로 입을 틀어막듯 하고 있었던 것이다.

장의차가 가솔린 냄새를 남긴 채 아파트를 떠나갔다.

"어젯밤 그 소리가 관에 못 치는 소리였었군."

누군가가 말했고, 모두는 허망한 안도의 숨을 내쉬며 흩어져갔다.

[A]
　　차가 아파트촌을 벗어나자 노인네는 입에서 수건을 떼고 통곡을 하기 시작했다.
　　"여보, 여보, 날 버리고 혼자만 가면 어떡해요. 이런 세상에 날 버리고 가면 난 누굴 믿고 살아요. 나를 데리고 가요, 여보. 나도 함께 가요, 여보오……."

- 조정래, 「외면하는 벽」

*가정의례준칙 : 1973년에, 가정의례에서 허례허식을 없애고 낭비를 줄이자는 취지로 국가가 법률에 의해 정한 규칙.

22. 위 글에 대한 설명으로 적절하지 않은 것은? 〔1점〕

① 사건의 서술자가 작품 밖에 위치하고 있다.

② 시간의 흐름에 따라 사건을 전개하고 있다.

③ 인물 간의 갈등 양상이 분명하게 나타나고 있다.

④ 인물들의 생각을 드러내는 방법으로 대화를 활용하고 있다.

⑤ 이야기의 비극성을 강화하기 위해 풍자적 어조를 사용하고 있다.

23. 〈보기〉와 관련지어 위 글을 감상한 내용으로 적절하지 않은 것은?

〈보기〉

　　근대화의 상징인 아파트는 1970년대부터 본격적으로 보급되었다. 그러나 아파트는 주민들끼리 교감을 나눌 기회를 줄이는 폐쇄적인 구조여서 주민들로 하여금 **자신**

들의 사생활만 생각하는 이기적인 태도를 갖게 만들었고, 정(情)을 바탕으로 한 **이웃 사촌이라는 전통적인 관계**마저 무색하게 만들었다. 특히 아파트는 혼례나 장례 등 **우리의 전통 의례와는 잘 맞지 않는 공간**이다. 이로 인해 아파트에 사는 사람들은 **새로운 삶의 방식**과 전통적 삶의 방식 사이에서 잦은 충돌을 경험하면서 **혼란과 고통**을 겪곤 하였다.

① 아파트 주민들이 305호를 찾아온 것은 '자신들의 사생활만 생각하는 이기적인 태도'를 드러내는 행동이다.

② 305호 사람들과 아파트 주민들 사이를 '이웃사촌이라는 전통적인 관계'로 볼 수는 없다.

③ 아파트 주민들이 305호 사람들에게 요구하는 내용은 아파트가 '우리의 전통 의례와는 잘 맞지 않는 공간'임을 드러낸다.

④ '새로운 삶의 방식'은 통장이 말하는 '가정의례준칙'과 관련 있다고 볼 수 있다.

⑤ 305호 사람들이 새벽에 아파트를 떠난 것은 '혼란과 고통'에 맞서려는 노력을 보여준 것이라고 할 수 있다.

24. ㉠~㉤에 대한 설명으로 적절하지 <u>않은</u> 것은?

① ㉠ : 손님들이 방문한 의도를 아직 깨닫지 못하고 있다.

② ㉡ : 초상집인 305호의 상황에 맞춰 격식을 차리고 있다.

③ ㉢ : 손님들이 초상집의 비통한 분위기에 숙연해져 있다.

④ ㉣ : 아들은 주민들에게서 무언의 압력을 느끼고 있다.

⑤ ㉤ : 아파트 주민들의 의도대로 일이 마무리되고 있다.

25. [A]에 드러난 노인의 심리 및 태도에 대한 이해로 적절하지 <u>않은</u> 것은?

① 사별(死別)한 남편을 애절하게 부르며 비통해 하고 있군.

② 각박한 세태(世態)에 대한 부정적인 인식을 드러내고 있군.

③ 인생의 덧없음을 언급하며 자신의 지난 삶을 부정하고 있군.

④ 세상에 믿고 의지할 사람이 없다는 막막함을 드러내고 있군.

⑤ 아파트촌을 벗어나면서 그동안 억눌렸던 감정이 북받치고 있군.

숙제 확인하기!

177쪽~181쪽 2011.9. 김정한, 「제3병동」

내용 정리: 인물 따라가며 생각하기!

　　서술자 : 3인칭이지만 김종우의 시선으로 기술하고 있습니다. 이런 시점을 제한적인 전지적 작가 시점이라고 합니다. 요즘 주목받고 있는 시점으로 문제와도 직결됩니다.

　　강남옥 – 전염병 환자로 분류된 어머니의 곁에서 자고, 먹으며 생활을 함

　　의사 김종우 – 열악한 3등실에서 이렇게 지내는 강남옥을 보며 현대인의 비굴성, 거짓 이기주의에 대한 회의를 느낌

　　강남옥 – 3등 인간으로 살아가는 자신과 가족에 대해 가엾고 분함을 느끼며 어머니의 시신과 함께 함

　　인부들 – 강남옥을 진심으로 위로해 주며, 전염병보다 더 무서운 가난이란 병이 더 무서운 세상이라고 생각함

13. 위 글의 서술상의 특징으로 적절한 것은?

서술상 특징이 나올 줄 알았어요. 쌤이 말했죠? 제한적 전지적 작가 시점이 있는 작품은 반드시 문제에 서술상 특징을 묻는 문제가 나옵니다. 이런 문제는 시점과 인물 제시 방법을 꼭 기억하라고 했습니다.

① 서술자가 인물의 내면 심리의 변화를 서술하고 있다. →전지적 작가 시점

② 과거와 현재를 교차하여 사건에 입체감을 부여하고 있다. →역행구성

③ 인물에 대한 과장된 묘사를 통해 인물을 희화화하고 있다. →풍자, 해학성

④ 겉 이야기 속에 속 이야기가 포함된 구조를 사용하고 있다. →액자식 구성

⑤ 비현실적 요소를 삽입하여 환상적 분위기를 조성하고 있다. →전기적

위 지문과 연결되는 내용은 제한적이지만 전지적 작가 시점인 ①번밖에 답이 될 수 없습니다. 제한적 전지적 작가 시점은 얼핏 보았을 때 3인칭 관찰자 시점이나 1인칭 주인공 시점으로 심지어는 1인칭 관찰자 시점으로도 착각할 수 있기 때문입니다. 서술자는 김종우의 시선으로 강남옥의 행동을 관찰하면서 변화되고 있는 김종우의 내면 심리를 보여 주고 있습니다.

14. 위 글을 통해 알 수 있는 것은?

내용일치 문제입니다. 하지만 답지들을 유심히 보면 태도를 묻는 문제이군요. 이러한 문제를 제대로 풀기 위해서는 인물과 인물의 관계, 인물의 심리에 대한 제대로 된 이해가 필요합니다. 위에서 우리가 인물에 대해 정리한 내용을 본다면 이 문제 역시 정답은 ① 이 됩니다.

① 김종우는 강남옥의 병에 대해 진심으로 걱정했다.

② 인부들은 유족의 경제적 능력에 따라 다른 태도를 보였다.

③ 강남옥은 자신의 불행한 처지를 생각하며 가족을 원망했다.

④ 강남옥은 어머니의 병이 전염성이 있다는 것을 알지 못했다.

⑤ 김종우는 강남옥을 통해 의사로서 보람과 긍지를 얻게 되었다.

15. ⓐ와 ⓑ에 대한 설명으로 적절한 것은? 〔3점〕

밑줄 친 ⓐ를 묻는 문제는 좀 더 넓은 시야를 가지고 문제를 풀어야 한다고 쌤이 늘 말했죠? '미음'과 '죽'의 의미 역시 좀 더 넓은 시야를 가지고 접근해야 합니다.

> **'그런 것쯤은 알아요! 그러나 우짜란 말입니꺼!'** 이런 뜻으로도 해석되었다. 어머니와 같이 죽어도 좋다는 거라고.
>
> 더구나 의사 김종우 씨를 놀라게 한 것은, **그녀가 어머니에게 ⓐ미음을 떠먹일 때 자기도 그 숟가락으로 먹어대는 태연한 광경이었다.** 물론 그런 건 더욱 엄하게 주의를 시켜주었던 것이다. 그러나 그녀는 그런 명령까지도 아예 개의치 않았다. 그렇게 명령한, 바로 그 의사가 보는 데서 예사로 그것을 거역하고 있는 것이었다.
>
> '미음'은 그녀가 태연하게 어머니에게 떠먹인 숟가락으로 먹는 모습을 보여 줍니다. 병 때문에 어머니의 숟가락을 사용하지 않는 모습을 보이지 않는 그녀의 마음이 보입니다.
>
> 물론 병원에서는 **입원 수속이 돼 있지 않은 그녀에게 밥이고 ⓑ죽이고 또 약이고를 내어줄 리 만무하였다.** 그녀에게 던져진 것은 오직 어머니의 입원 치료비 계산서뿐이었다.
>
> '죽'은 병원이 그녀에게 주지 않는 것, 즉 안정 없는 모습이라고 생각됩니다. 그녀에게 던져진 것은 필요한 '죽'이 아니라 '입원 치료비 계산서'뿐입니다.

① ⓐ와 ⓑ는 새로운 사건 발생의 계기가 된다.

② ⓐ와 ⓑ는 과거의 사건을 떠올리게 하는 매개체가 된다.

③ ⓐ는 갈등을 심화하고, ⓑ는 갈등을 해소하는 매개체이다.

④ ⓐ는 타인의 반발을, ⓑ는 타인의 동조를 유발하는 소재이다.

　김종우의 반발을 살 수는 있습니다. 그러나 '죽'이 타인의 동조를 유발하지는 않습니다.

⑤ ⓐ는 인물의 태도를, ⓑ는 인물이 처한 상황을 드러내는 소재이다

16. 〈보기〉를 참고하여 ㉠~㉤을 이해한 내용으로 적절하지 <u>않은</u> 것은?

〈보기〉

　1969년 『신동아』에 발표된 「제3병동」은 근대화 과정에서 소외당하는 사람들의 삶을 그려낸 작품이다. 근대화가 진행되면서 사람보다는 물질을 우선시하고, 인간의 순수한 마음이나 도덕적 가치보다는 이익을 중시하는 분위기가 팽배해 있었다. 작가는 이 작품에서 죽음을 두려워하지 않고 어머니를 간병하던 강남옥의 모습을 통해 인간 본연의 모습에 대한 지향과 믿음을 보여 주었다.

　전염병 환잔데, 왜 가족을 한 침대에 그냥 재웠느냐고? 하긴 그렇다. 그러나 ㉠3등실에는 간호하는 가족들이 누울 침대라고는 없다. 차디찬 청바닥 모두 신을 신은 채 다니는 먼지투성이의 청바닥뿐이다. 물론 3등실에 입원하는 사람들은 3등 인간이란 건지 모른다. 그들의 가족들도 따라서 3등 인간이기 때문에 병상 곁 청바닥에서 노다지 자야 하고.

　㉡숫제 자기는 3등 인간이 아니라고 고집이라도 하듯이. 그런 것까지도 의사가 책임을 져야 하나!

훨씬 본질적인 것, 어쩜 과학 따위에 의해서, 혹은 현대인의 그 약삭빠른 비굴성이랄까, 거짓 이기주의…… ⓒ아무튼 눈에 보이지 않는 그런 것들에 의해서 말살되어 가고 있는, 그런 무엇이 아닐까?

요컨대 병과 세균과, 그런 것에서 오는 불행들만을 두려워해 오던 젊은 의사 김종우 씨는 어떤 막연한 정신적인 회의 내지 불안감에 사로잡히기 시작했던 것이다. 여태까지 지녀오던 자기, 또는 자기의 일에 대한 보람이라든가 긍지 따위가 여지없이 무너져 가는 듯했다. 무식하다고만 여겼던 시골 계집애에게 별안간 한 대 얻어맞은 것 같았다.

─────────────────────────────

물론 병원에서는 입원 수속이 돼 있지 않은 그녀에게 밥이고 ⓑ죽이고 또 약이고를 내어줄 리 만무하였다. ⓔ그녀에게 던져진 것은 오직 어머니의 입원 치료비 계산서뿐이었다.

그녀는 울었다. 돈이 없어서가 아니다. 자기가 불쌍해서가 아니라 군에 가 죽은 오빠가 생각났다. 그리고 마지막엔 일만 죽도록 하다가 고생만 바가지로 하다가 하루도 편한 꼴을 보지 못하고 돌아간 어머니가 불쌍했다. 가엾었다. 분했다.

─────────────────────────────

"ⓜ오라버님이 군에 가 죽었다 카지요? 오라범만 살아 있더라도."
어디서 듣고 알았는지, 인부 한 사람은 숫제 이런 목메는 소리까지 하였다.

① ㉠: 근대화 과정에서 소외된 가난한 사람들의 처지를 그리고 있다.

▶ 3등실에 입원하는 사람들은 3등 인간

② ㉡: 강남옥에 대한 서술자의 비판적 시각을 드러내고 있다.

③ ⓒ: 내적 고뇌를 드러내어 인간성 상실과 타락의 문제를 제기하고 있다.

┗➡ 이 소설은 김종우의 시선으로 서술되고 있습니다. 김종우는 강남옥으로 인해 자신의 일에 대한 회의까지 느끼고 있습니다.
②번과 ③번 답지는 모두 김종우의 내면에 대해 묻는 문제입니다. 김종우는 '강남옥'을 싫어하지 않습니다.

④ ⓔ: 물질만능주의 세태로 인한 주인공의 아픔을 드러내고 있다.

┗➡ 강남옥은 고생만 하다 돌아가신 어머니로 인해 슬프고 분함을 느끼고 있습니다.

⑤ ⓜ: 타인의 아픔을 위로하는 인간의 따뜻한 마음을 드러내고 있다.

┗➡ 인부는 목까지 메어가며 강남옥에게 말을 걸고 있습니다.

숙제 확인하기!

183 쪽~186 쪽 2010. 3. 조정래, 「외면하는 벽」

내용 정리: 인물과의 관계를 생각하며 정리!

서술자 : 전지적 작가시점

305호 가족 vs 이웃주민

갈등의 원인 : 초상집인 가족의 곡소리와 장례일 단축 부탁(가정의례준칙)

갈등의 진행 :

1. 아파트의 특성을 이야기 하며 곡소리 자제와 장례일 단축을 요구하는 주민들

2. 못질하는 소리에 밤새 잠을 못 이룬 이웃들

3. 소리도 내지 않고 울며 관을 영구차에 싣고 가는 305호 가족

4. 아파트촌을 벗어나서야 통곡하는 노인의 절규

---

22. 위 글에 대한 설명으로 적절하지 않은 것은? [1점]

답지를 보아하니 서술상의 특징을 묻고 있습니다.

① 사건의 서술자가 작품 밖에 위치하고 있다. →3인칭 시점

② 시간의 흐름에 따라 사건을 전개하고 있다. →순행구성

③ 인물 간의 갈등 양상이 분명하게 나타나고 있다. →305호vs이웃들

④ 인물들의 생각을 드러내는 방법으로 대화를 활용하고 있다. →보여 주기

⑤ 이야기의 비극성을 강화하기 위해 풍자적 어조를 사용하고 있다. →비아냥거리기

　가정의례준칙에 대해 비판하고 있지만 '비아냥거리는' 말투는 보이지 않습니다.

23. 〈보기〉와 관련지어 위 글을 감상한 내용으로 적절하지 않은 것은?

> ─── 〈보기〉 ───
>
> 　근대화의 상징인 아파트는 1970년대부터 본격적으로 보급되었다. 그러나 아파트는 주민들끼리 교감을 나눌 기회를 줄이는 폐쇄적인 구조여서 주민들로 하여금 **자신들의 사생활만 생각하는 이기적인 태도**를 갖게 만들었고, 정(情)을 바탕으로 한 **이웃사촌이라는 전통적인 관계**마저 무색하게 만들었다. 특히 아파트는 혼례나 장례 등 **우리의 전통 의례와는 잘 맞지 않는 공간**이다. 이로 인해 아파트에 사는 사람들은 **새로운 삶의 방식**과 전통적 삶의 방식 사이에서 잦은 충돌을 경험하면서 **혼란과 고통**을 겪곤 하였다.

① 아파트 주민들이 305호를 찾아온 것은 '자신들의 사생활만 생각하는 이기적인 태도'를 드러내는 행동이다.

② 305호 사람들과 아파트 주민들 사이를 '이웃사촌이라는 전통적인 관계'로 볼 수는 없다.

　305호의 이웃들은 '이웃사촌'이라 부를 수 없는 이기적인 사람들입니다.

③ 아파트 주민들이 305호 사람들에게 요구하는 내용은 아파트가 '우리의 전통 의례와는 잘 맞지 않는 공간'임을 드러낸다.

④ '새로운 삶의 방식'은 통장이 말하는 '가정의례준칙'과 관련 있다고 볼 수 있다.

③, ④번 답지는 모두 '가정의례준칙'에 관한 답지입니다. 305호 사람들은 '가정의례준칙'에 맞지 않는 사람들입니다. 그래서 '가정의례준칙'을 요구하는 통장을 비롯한 이웃과 갈등하고 있는 것입니다.

⑤ 305호 사람들이 새벽에 아파트를 떠난 것은 '혼란과 고통'에 맞서려는 노력을 보여준 것이라고 할 수 있다.

노인은 아파트촌을 벗어나서야 통곡합니다. 이는 맞서려는 노력이라기보다 억압하는 현실에 패배한 모습으로 보는 것이 타당합니다.

24. ㉠~㉤에 대한 설명으로 적절하지 않은 것은?

의외로 많은 조객에 305호 식구들은 당황했고, 그들이 계단을 오르내리며 낯이 익은 사람들인 것을 알아보고는 ㉠가슴 뭉클한 고마움을 느꼈다.

"어머님, 그만 고정하세요. 손님들이 이렇게 오셨잖아요."

―――――――――――――――――――――――――――――

"복중에 상을 당하셔서 애로가 많으시겠습니다. 저는 통장 되는 사람입니다."

㉡한 남자가 앞으로 나서며 주인에게 조의를 표했다.

방문객은 모두 일곱 사람이었다. 통장을 제외한 나머지 여섯은 아래층 205호, 위층 405호, 그리고 옆집인 306호의 부부들이었다.

―――――――――――――――――――――――――――――

"제가 찾아온 건 다름이 아니라 가정의례준칙*에 의하면……."

통장은 또박또박 말을 시작했다. ㉢사람으로 가득 찬 것과는 반대로 실내에는 무거운 침묵이 감돌았다.

"그러니까 큰소리로 우는 건 삼가 주셔야 되겠습니다."

아들은 고개를 들었다. 그리고 이내 다시 떨구어버렸다. 자신에게로 쏟아지고 있는 ㉣남녀 열네 개의 눈동자를 이겨낼 수가 없다는 듯한 몸짓이었다.

㉤광목으로 감싼 관이 현관에 불쑥 나타나더니만 이내 차로 밀려 들어갔다. 그리고 하룻밤 사이에 몰라보게 변해버린 노인네가 아들의 부축을 받으며 차에 올랐다.

① ㉠ : 손님들이 방문한 의도를 아직 깨닫지 못하고 있다.

갈등이 있기 전입니다. 방문 자체가 고마웠던 것입니다.

② ㉡ : 초상집인 305호의 상황에 맞춰 격식을 차리고 있다.

그래도 초상집이라고 예의는 갖추고 있군요. 쳇!

③ ㉢ : 손님들이 초상집의 비통한 분위기에 숙연해져 있다.

비통한 것이 아니라 시끄러우니 좀 조용히 하라는 말에 분위기 싸~해진 거죠.

④ ㉣ : 아들은 주민들에게서 무언의 압력을 느끼고 있다.

고개도 못 들고 있습니다. 아버지의 죽음에 슬퍼하는 것도 죄가 되는군요.

⑤ ㉤ : 아파트 주민들의 의도대로 일이 마무리되고 있다.

장례일까지 단축한 노인의 마음 고생이 엿보입니다. 결국 주민들의 승! _.._^

25. 〔A〕에 드러난 노인의 심리 및 태도에 대한 이해로 적절하지 않은 것은?

> 차가 아파트촌을 벗어나자 노인네는 입에서 수건을 떼고 통곡을 하기 시작했다.
>
> "여보, 여보, 날 버리고 혼자만 가면 어떡해요. 이런 세상에 날 버리고 가면 난 누굴 믿고 살아요. 나를 데리고 가요, 여보. 나도 함께 가요, 여보오……."

노인네는 뭐가 그렇게 서러울까요? 바로 '이런 세상'을 할아버지 없이 살아가야 하기 때문입니다. 그래서 먼저 가신 할아버지께 함께 가자고 절규하는 것입니다. 이제 답이 잘 보이죠?

① 사별(死別)한 남편을 애절하게 부르며 비통해 하고 있군.

② 각박한 세태(世態)에 대한 부정적인 인식을 드러내고 있군.

③ 인생의 덧없음을 언급하며 자신의 지난 삶을 부정하고 있군.

　이웃 때문에 북받친 감정이지 인생의 덧없음이나 자신의 지난 삶을 부정하고 싶어서는 절대 아닙니다.

④ 세상에 믿고 의지할 사람이 없다는 막막함을 드러내고 있군.

⑤ 아파트촌을 벗어나면서 그동안 억눌렸던 감정이 북받치고 있군.

비범
하게
끝내는

4강

비문해!

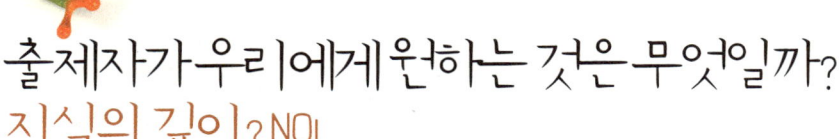

출제자가 우리에게 원하는 것은 무엇일까?
지식의 깊이? NO!

'비문학'이라는 용어부터가 참 재미있습니다. 세상의 모든 글은 '문학'과 '비문학'으로 양분되는 기분이 듭니다. 하지만 정작 사전을 찾아보면 '비문학'이란 단어는 없습니다. 수능이 만들어낸 재미있는 용어인 셈이죠. 그렇다면 우리는 수능에서 말하는 '비문학'이 무엇인지를 살펴보아야겠지요?

수능의 비문학은 총 6개 영역의 글을 말합니다. '인문, 사회, 과학, 기술, 언어, 예술'에 관한 것으로 설명하는 성격의 글과 주장하는 성격의 글들입니다. 학교에서 배웠던 설명문과 논설문으로 생각하면 좀 편하겠죠? 이와 같은 비문학이 출제되는 이유는 우리가 보아야 하는 시험이 '대학 수학 능력 평가'이기 때문입니다. 여러분은 고등학교를 마치고 대학에 진학하기 위해 이 시험을 보게 됩니다. 그렇기 때문에 여러분이 진학 후 보게 될 지문들을 읽고 제대로 이해할 수 있는지 평가하는 것은 매우 의미 있는 일이죠.

'언어영역' 지문을 보고 있을 때 쌤이 근무하는 학교의 생물선생님께서 보시더니 이렇게 말씀을 하시더라고요. "이게 국어에요?" 국어과 교사가 왜 생물을 보고 있느냐는 말씀이었죠. "그러게요." 하면서 웃었답니다. 쌤은 분명 문과를 나와서 국어교육을 전공했습니다. 그런데도 과학 지문을 읽고, 기술 지문을 읽고 문제를 척척 풀어냅니다. 어떻게 그럴 수 있을까요? 그 비밀은 바로 '언어영역'에서는 과학이나 기술뿐만 아니라 그 어떤 영역에 있어서도 지식수준을 평가하지 않는다는 사실에 있습니다.

언어영역은 어디까지나 '언어'라는 영역의 틀을 벗어나지 않습니다. 주어진 글에 대해서만 제대로 이해하면 문제를 풀 수 있어요. 앞에서 '소설 읽는 법'을 함께 공부할 때도 이야기했죠? 소설의 전문이 제시되지 않아도 우리는 주어진 부분의 내용만 가지고도 충분히 이해할 수 있었다는 사실을 기억해 주기 바랍니다.

"선생님, 그래도 기본 지식이 있으면 더 잘하지 않을까요? 전 그래서 과학이나 철학 같은 종류의 책을 많이 보려고요."

이렇게 말하는 친구도 있습니다. 맞습니다, 맞아요!! 그러면 정말 좋습니다. 다양한 종류의 책을 많이 읽는 것은 언어영역을 공부할 때 도움이 됩니다. 분명한 사실이죠. 하지만 현실적으로 불가능할 때가 더 많습니다. 이유는, 다~아 알죠? 학교 공부에 방과 후 수업까지 듣고 나면~!! 지금부터 이런 답답한 현실을 극복할 수 있는 방법을 알려 줄게요. 바로 '주어진 지문'을 '제대로 읽는 법'입니다!

지문을 접하기 전에 우리가 비문학 지문을 읽고 무엇을 이해하길 바라는지 출제자의 마음부터 먼저 만나 보도록 하겠습니다. 아래 발문들을 한 번 읽어 보세요.

1. 위 글의 서술 방식으로 가장 적절한 것은?
2. 위 글의 표제와 부제로 가장 적절한 것은?
3. 위 글을 통해 알 수 있는 것은?
4. 〈보기〉를 참고할 때, [A]의 예로 적절하지 않은 것은?
5. 밑줄 친 단어 중, ㉠의 문맥적 의미와 가장 가까운 것은?

위에 제시된 발문의 형태가 출제자들이 선호하는 질문 방식입니다. 질문의 모양이 다소 달라질 수는 있지만 질문의 내용이 바뀌는 일은 없습니다. 그렇다면 이 질문들은 무엇을 물어보는 것일까요? 우리의 언어로 풀어 보겠습니다.

첫째, '서술 방식'을 이해하려면 개념 학습이 필요합니다. '정의, 예시, 분류, 분석, 설명, 유추, 묘사, 비교, 대조, 인용'과 같은 기본적인 서술의 방법에 대해서는 조금 뒤에 배우도록 하겠습니다. 그리고 제시된 지문이 '설명하는 글'인지 '주장하는 글'인지를 확인하는 답지도 제시됩니다. 문제의 내용이 '서술상의 특징'이기는 하지만 '답지'를 보면 단순히 '내용 전개 방법'만을 묻는 것이 아니라 그를 통해 어떤 효과가 있는지도 묻고 있어요.

"현상이 일어나는 원인을 제시하여 이해를 돕는다!"
"유추의 방법을 활용하여 대상이 지닌 특성을 드러낸다!"

개념을 이해했는지 물어보는 것도 물론 중요하지만 내용 전개 방법을 통해 '글쓴이는 왜 이 방식을 사용했을까' 하고 '의도를 묻는 것'이라 할 수 있습니다. 이렇게 언어영역의 진정한 스킬은 상대의 의도를 파악하고 핵심을 파고드는 것이라 할 수 있습니다. 답지를 읽을 때도 한 번에 훅! 읽지 마세요. 특히, 이어진 문장이 많을 경우에는 그것들을 쪼개어 하나하나의 타당성을 검토하면서 읽는 꼼꼼함이 필요합니다. '유추의 방법을 활용하여 / 대상이 지닌 특성을 드러낸다.'와 같이 문장을 둘로 쪼개어 유추를 사용했는지 타당성을 먼저 확인하고, 그를 통해 대상이 지닌 특성이 드러났는지 다시 확인해야 한다는 뜻입니다.

둘째, '표제와 부제'란 글의 핵심 화제와 주제를 묻는 문제입니다. 즉 "내용의 핵심이 무엇인지 잘 알았어?"라고 물어보는 출제자의 언어입니다.

셋째, '위 글을 통해 알 수 있는 것'은 '내용일치' 문제입니다. 소설에서도 이와 같은 문제를 만났던 기억이 나죠? 바로 '지문과 짝 맞추기' 문제! 약간만 주의를 기울여도 틀리지 않을 수 있습니다.

넷째, "예로 주어진 지문 [A]를 제대로 이해한 거 맞지? 정말 잘 이해했으면 다른 상황으로 바꾸어 볼 수 있어?"라고 물어보는 '적용하기' 문제입니다. 학생들이 가장 어려워하는 문제 중 하나죠. 확실히 이해하지 않은 상태에서는 풀 수 없는 문제라고 할 수 있습니다. '적용하기'가 많이 출제되었던 해의 체감 난이도가 높은 것을 보면, 신중하게 풀어야 하는 문제임이 틀림없습니다.

둘째부터 넷째까지의 유형 모두 내용의 이해를 요구하는 문제들입니다. 그만큼 비문학은 내용 이해에 초점이 있다고 할 수 있습니다. 그러나 다시 말하지만 이때의 내용 이해는 지식의 깊이를 묻는 게 아니라 주어진 지문에 대한 이해도를 묻는 것이라는 점을 기억해야 합니다.

다섯째 문제는 비문학 지문의 단골손님인 '어휘' 문제입니다. 사실 이 문제는 지문의 내용과는 아무런 관계도 없습니다. 단순히 여러분의 어휘 실력을 물어보는 독립된 문제라고 할 수 있습니다. 모르는 단어가 있어서 의미를 알 수 없어 틀렸다면 그때그때 외우도록 하세요.

이상으로 비문학에 출몰하는 문제의 유형을 분석해 보았습니다. 답은 역시 '지문을 제대로 읽는 것'에서 시작한다는 사실을 알 수 있었습니다. 문제의 유형은 6개의 영역이 모두 같습니다. 그러나 유형을 6개로 나누어 놓았다는 것은 각 영역마다의 특징이 있기 때문입니다. 비록 발문의 내용이 같다 하더라도 지문을 이해하는 방법 즉, 영역마다 소통의 방식이 다르기 때문에 각각의 문제는 다른 방식으로 접근하게 될 것입니다. 그러니 '인문'은 각각 개성에 맞는 방법으로 읽어 주어야 하고, '예술'은 또 거기에 걸맞은 방식으로 이해해야 하겠지요. 지문과 제대로 만나는 법, 지금부터 힘이 나는 희민쌤과 같이 볼까요?

인문 지문 읽기
문단과 문단에서 관계의 끈을 낚아채라!

　'인문'이라고 하면 어떤 내용이 포함될까요? '철학, 논리학, 심리학, 윤리, 인류학, 종교학, 상소문과 같은 고전 국역' 등이 우리가 만날 수 있는 인문 지문입니다. '철학'이나 '논리'라는 단어를 들으면 '3단 논법'과 같은 사유의 과정이 먼저 떠오르죠? 하지만 반드시 철학이나 논리학이 아니더라도 인문은 문장과 문장, 문단과 문단이 밀접한 관련을 가지고 있습니다.

체계적인 문단 읽기 – 동그라미, 밑줄, 세모를 이용하자

　우리는 지문을 읽으면서 내용을 기억 창고에 저장하기 위해 보통 '밑줄'을 긋습니다. 하지만 쌤한테는 비문학 지문을 읽을 때 사용하는 몇 가지 특별한 장치가 있어요. 바로 '동그라미 혹은 네모', '밑줄', 그리고 '세모'입니다. "에이, 시시해요. 우리가 뭐 초등학생인가요?" 하고 실망하는 친구들이 보이네요. 잠깐! 쌤이 사용하는 장치에는 특별하고도 고유한 기능이 있답니다.

각각의 역할은 이렇습니다. '동그라미나 네모'는 중심이 되는 핵심 화제입니다. 그에 대한 설명은 밑줄로 이어집니다. 밑줄이 동그라미와 좀 먼 경우는 반드시 화살표로 이어서 같은 내용임을 표시합니다. 같은 문단에 담긴 내용은 서로 같은 끈을 가지고 있기 때문에 하나의 문단으로 묶여 있는 것입니다. 따라서 연결 고리가 없는 밑줄은 곤란합니다. 때로는 같은 문단 안에서도 다른 내용이 담기는 경우가 있습니다. 그런 경우는 앞의 내용과 반대가 되는 내용이 많습니다. 잘못된 통설이나 기존의 가치관 등을 반박하기 위해 근본적인 주장에 앞서 상반된 내용을 서술하는 경우가 그렇습니다. 내용이 바뀌는 경우에는 '그러나, 그런데, 하지만'과 같은 접속부사나 '~나, ~ㄴ데, ~지만'과 같은 어미가 사용됩니다. 이 같은 내용 바뀜의 신호등은 '세모'로 표시해서 연결고리가 끊어짐을 표시합니다. 도대체 어떻게 하라는 건지 모르겠다고요? ^^;; 그렇다면 함께 지문을 읽어가며 연습해 볼까요?

일반적으로 여러분은 내용을 편하게 읽으면서 자신이 중요하다고 생각하는 부분에 밑줄을 칩니다. 하지만 그렇게 읽으면 다 읽고 난 뒤에도 내가 무엇을 읽었는지 잘 기억하지 못합니다. 실제로 많은 친구들이 "시간이 부족해요!"라고 하소연을 합니다. 그것은 지문을 읽는 데 걸리는 시간도 만만치 않은데, 문제를 읽고 나도 내용이 기억나지 않아서 처음부터 다시 또 지문을 읽고 문제를 풀기 때문이지요. 그렇지만 또 다음 문제에 가면 지문의 내용이 다시 모호해집니다. 이렇게 총 세 문항이 한 지문에 있다면 최대 네 번이나 같은 지문을 반복해서 읽는 수고를 하게 되죠. 그러니 당연히 시간이 부족할 수밖에!! 여러분이 어떻게 지문을 읽고 있는지 한 번 볼까요?

아! 그리고 한 가지 정말 중요한 것이 있습니다. 글을 읽기 전에 문단을 끊어 주는 표시를 해 보세요. 지문의 내용을 건드리지 않게 선생님이 하는 것처럼 끊어 놓으면 다시 지문으로 돌아와야 할 때 쉽게 원하는 곳으로 갈 수 있습니다.

> 성경의 창세기 1장 26절을 보면 '하나님이 가라사대 우리의 형상을 따라 우리의 모양대로 우리가 사람을 만드시고~'라는 구절을 볼 수 있습니다. 이렇듯 종교적인 관점에서 인간은 신의 형상과 유사한 것으로 기독교인들은 믿고 있습니다. 그러나 다윈의 '진화론'의 관점에서 본다면 인간은 영장류의 진화를 통해 현재의 모습으로 변화되었으며 태초의 인간의 모습은 유인원과 유사했다고 볼 수 있습니다.

위 글은 인간의 근원에 대한 탐구의 글입니다. 중요해 보이는 부분에 밑줄을 그었네요. 그러나 이 밑줄만으로는 내용을 한눈에 파악할 수 없습니다. 자칫 두 밑줄을 →로 연결이라도 한다면 '신이 유인원과 유사하다.'는 불경을 저지를 수도 있을 것입니다. 우리의 **밑줄은 그 자체가 문단의 요약이어야 합니다.** 그러므로 여러분과 쌤은 **다시 문단으로 돌아왔을 때 내용이 정리될 수 있도록 밑줄을 그어 주는 연습**을 해야 합니다.

> 성경의 창세기 1장 26절을 보면 '하나님이 가라사대 우리의 형상을 따라 우리의 모양대로 우리가 사람을 만드시고~'라는 구절을 볼 수 있습니다. 이렇듯 종교적인 관점에서 인간은 신의 형상과 유사하다고 기독교인들은 믿습니다.

그러나 다윈의 '진화론'의 관점에서 본다면 인간은 영장류의 진화를 통해 현재의 모습으로 변화되었으며 태초의 인간의 모습은 유인원과 유사했다고 볼 수 있습니다.

위와 같이 **내용이 달라질 때** △표를 해 주고 각각의 관계를 유기적으로 표시해 줄 때 이해를 제대로 할 수 있습니다. 처음에는 귀찮고 잘 되지 않을 거예요. 처음부터 잘 된다면 언어영역, 누가 100점을 못 맞겠습니까? 힘들어도, 조금만 힘내서 꾸준히 연습해 보세요! 곡식은 농부의 발자국 소리에 자라고, 여러분의 성적은 책상에 앉아 흘리는 여러분의 땀방울을 먹고 자랍니다.^^

편견이란 고정 관념을 토대로 어떤 사회 구성원에 대해 갖고 있는 부정적인 태도를 말한다. 이러한 편견은 선천적으로 타고나는 것이 아니라 주로 학습의 결과로 발생하는데, 그 원인은 네 가지로 지적할 수 있다. 먼저 정치·경제적 ①갈등 또는 경쟁을 들 수 있다. 이것은 편견이 직업, 적당한 주택, 좋은 학교, 그리고 기타 바람직한 생산물에 대한 경쟁으로부터 유발되고, 이러한 경쟁이 지속됨에 따라 이에 관계된 집단의 구성원들은 상대방을 점점 더 부정적인 시각으로 보게 된다는 것이다. 결국 그들은 상대방을 적대시하게 되고, 자신의 집단을 도덕적으로 더 우수하다고 생각하게 된다. 이는 자신들과 상대방과의 경계선을 더 확고하게 하는 결과를 가져오게 된다.

우리가 처음 만나던 날 쌤은 '주어'와 '서술어'의 중요성에 대해 열심히 설명했습니다. 중요한 순간, 내용을 잘 이해하려면 우리는 먼저 '주어'와 '서술어'를 찾아야 합니다. 특히 첫 문장의 주어는 중요합니다. 글 전체의 중심 화제가 되지 않을 수는 있지만 전체를 끌어가기 위한 첫 단추이기 때문입니다. 밑줄은 최대한 적을 수록 좋습니다. 편견이 무엇인지 모르는 학생이라면 첫 문장의 서술어에도 밑줄을 그어야 했을 것입니다. 그러나 일반적으로 '편견'이 부정적인 생각이라는 것을 알고 있다고 생각했기 때문에 쌤은 '고정 관념을 토대로 어떤 사회 구성원에 대해 갖고 있는 부정적인 태도를 말한다.'에 밑줄을 긋지 않았습니다. 마찬가지로 편견이 '학습의 결과'라는 것을 이미 알고 있다면 그 역시 밑줄의 대상이 되지는 않습니다. 쌤은 '편견'이 학습의 결과라는 사실이 생소했기 때문에 밑줄을 긋고 화살표로 이었습니다.

이제 진짜 화제가 등장합니다. 바로 두 번째 문장의 주어인 '그 원인'입니다. 중심이 되는 화제는 범위가 가장 좁습니다.

위의 그림과 같이 설명할 수 있겠죠. 따라서 이 문단의 핵심 화제는 '편견'이 아니라 **'편견의 원인'**입니다. 그리고 이 문장이 서술구인 **네 가지의 원인**이 앞으로 전개될 내용일 것입니다. 따라서 이 글의 핵심은 '편견의 네 가지 원인'이 됩니다. 첫 번째 원인은 갈등과 경쟁입니다. 그 결과는 상대방을 적대시하게 되고, 자신의 집단을 도덕적으로 더 우수하다고 생각하게 됩니다.

첫 번째 문단의 내용을 정리해 보았습니다. 이제 우리는 다음 문단에 대해서도 그 다음 문단에 대해서도 예측할 수 있게 되었습니다. 다음 문단에는 어떤 내용이 나올까요?

"띵똥! 맞았습니다. 편견의 두 번째 이유, 세 번째 이유, 네 번째 이유가 각각 이어지겠죠?"

이렇게 인문 지문은 문장과 문장, 문단과 문단의 관계가 밀접합니다. 출제자의 언어로 말하면 '유기적 관계'로 묶인다는 사실을 알 수 있지요. 우리가 동그라미와 밑줄, 세모 사용에 익숙해졌다면 다음으로 해야 할 일은 **'예측하며 읽기'**입니다. 정말 우리의 예측이 맞았는지 확인해 볼까요? 이어지는 문단입니다.

다음으로는 전위된 공격을 들 수 있다. 공격성은 신체적 고통이나 권태, 혹은 좌절과 같은 불쾌한 심리적 상황에서 생성된다. 그 중에서 ⓐ좌절한 사람은 좌절의 원인을 공격하려는 경향을 보이는데, 이때 좌절을 초래한 원인이 너무 강한 존재일 경우에는 쉽게 공격할 수 없다. 이럴 경우, 좌절한 사람은 원인 제공자를 대신할 애꿎은 대리인을 찾게 마련이다. 이 대리인은 좌절한 사람보다 힘이나 지위가 약한 존재일 경우가 많다. 이렇듯 약한 대리인에 대한 공격이 편견으로 발전하는 것이다.

사람들은 외부적 원인이 아니라, 성격적인 원인 때문에 편견을 가질 수 있다. ⓑ권위주의 성격을 가진 사람은 자신의 신념에 지나치게 경직되어 있고, 자기 자신이나 타인이 나약한 것을 참지 못한다. 또한 지나칠 정도로 권위를 중시하며, 타인에게 가혹하고 의심이 많다. 이러한 성격적인 특징이 편견을 유발할 수 있다.

마지막으로 사회 규범에 대한 동조를 들 수 있다. 많은 사람들이 다양한 편견을 부모의 무릎에서 학습하게 된다. 또한 사람들은 문화의 규범과 사회의 구체적 편견에 동조하기도 한다. 이러한 동조 현상에서 편견이 발생하기도 한다.

편견의 구체적인 원인이 무엇이든 간에 그것은 대체로 인간 생활에 부정적인 영향을 미치는 동기가 된다. 그러므로 편견을 감소시키고 그것의 영향을 없애는 것은 아주 중요한 과제이다. 편견을 줄이기 위해서는 ★먼저 가정, 학교 그리고 사회에서 편견을 타파하도록 학습시켜야 한다. 아동들은 편견과 이에 관련된 반응들을 부모, 교사, 그리고 친구들로부터 습득한다. 그러므로 ① 부모나 교사들이 아동들을 편견 속에서 훈육하지 않아야 하며, 타인에 대해 좀 더 긍정적인 견해를 갖도록 교육해야 한다.

다음으로는 ②다른 집단과의 접촉 빈도를 높여서 편견을 감소시키는 방법을 들 수 있다. 다른 집단 사람과의 접촉을 증가시키는 것은 친밀감 및 인식의 유사성을 높이고, 편견과 일치하지 않는 정보를 경험하게 하여 편견을 타파하는 효과적인 수단이 될 수 있다.

편견을 줄일 수 있는 또 다른 방법으로 ③'재범주화'가 있다. 이는 '우리'와 '그들'의 경계선을 재조정하여 편견을 감소시키는 것이다. 예를 들면 우리 학교 팀과 다른 학교 팀이 경기를 할 때는 다른 학교 팀에 대해 경쟁심이 발생하게 된다. 그런데 그 팀이 우리도시를 대표하여 다른 도시 대표 팀과 경기를 할 때는 경쟁심이 사라지게 되고 친밀감이나 동질감을 형성하게 된다. 이처럼 '재범주화'를 통해 집단 간의 경계선을 재조정하는 것은 편견을 감소시키는 데 도움을 준다.

-이훈구, 「심리학자가 들여다본 인간시장」(법문사)

두 번째 문단부터 네 번째 문단까지 우리의 예측대로 '편견의 원인'이 나오는군요. 그리고 이어지는 문단에서는 화제가 바뀌고 있습니다. 바로 **'편견을 감소하는 방법'** 입니다. ★표를 해 놓은 '먼저'를 보니 감소하는 방법이 한 가지는 아닌 것 같습니다. 다시 다음 방법이 어디인지 집중하며 지문을 읽었습니다. 그리고 총 세 가지의 방법을 찾을 수 있었습니다. 잘 보면 문단 안에서도 동떨어진 동그라미나 밑줄은 없습니다. 1~4까지 문단과 5~6문단도 서로 유기적이란 사실에 이의를 제기할 친구들은 없을 것입니다. 큰 틀의 두 개의 내용인 '편견의 원인'과 '편견을 감소하는 방법'의 관계역시 유기적입니다. 이렇게 **'인문' 지문은 서로가 끈끈한 관계로 이어지고 있습니다.** 여러분이 만일 문장 하나에 집착해서 다른 것은 보지 않고 밑줄을 남발하거나 괜히 있어 보이는 단어들에 습관적으로 동그라미를 치고 있었다면, 이제부터는 글 속의 관계들을 잘 생각해서 나름의 역할을 가진 기호로 표시해 주기 바랍니다.

이제 연습을 해 보도록 할까요? 펜을 들고 직접 문단을 나누고 동그라미나 네모로 화제를 찾아 보고, 부가적인 설명은 밑줄을 그은 후 화살표로 이어 주세요. 내용이 달라지면 세모로 표시해 주고 새로운 화제는 다시 동그라미나 네모로 찾는 거예요. 자, 준비되었나요? 심호흡 한 번 하고 시작합시다. ^^ 힘내세요!!

신화는 본래 국가라는 체제를 갖추지 않은 사회에서 발생하여 발달해 왔다. 신화에서는 신과 인간 그리고 동물 사이에 뛰어넘을 수 없는 벽은 없었다. 신과 동물은 인간처럼 행동했고, 인간의 말을 사용했으며, 그들은 서로 결혼할 수도 있었다. 즉 신화에는 세계를 구성하는 존재들 사이에 '대칭'적인 관계가 구축되어 있었다. 따라서 이러한 신화를 지닌 사회에서는 인간이 동물에 비해 일방적인 우위에 있거나, 절대적 권력 같은 것이 인간에게 강압적으로 힘을 휘두르거나 하는 일은 일어나지 않았다.

　신화를 가지고 있는 대칭성 사회에서 인간은 '문화'를 가지고 살아가며 동물은 '자연' 상태 그대로 살아가는 것으로 생각되었다. '문화' 덕택에 인간은 욕망을 억누르고 절제된 행동을 하며, 사회의 합리적인 운행을 위한 규칙을 지키면서 살 수 있었다. 하지만 그렇다고 해서 '문화'가 '자연'의 우위에 있다고 생각하지 않았다. 인간은 동물이 '자연' 상태 그대로 살고 있어서, 그 덕분에 인간이 쉽게 접할 수도, 손에 넣을 수도 없는 '자연의 힘'의 비밀을 쥐고 있다고 생각했다. 즉 이 세계의 진정한 권력을 쥐고 있는 것은 오히려 동물이라 생각했던 것이다. 왜냐하면 인간은 생존을 위해서 동물과 더불어 살아야 했고, 자연에서 생존하는 그들의 삶을 배워야 했기 때문이다. 그래서 인간은 신화나 제의를 통해서 동물과의 유대 관계를 회복 유지하면서 '자연의 힘'의 비밀에 접근하고자 했다. 또한 이런 대칭성의 관계가 깨어지는 것을 경계하기 위해 신화를 이용하기도 했다.

　그런데 국가가 형성되면서 대칭성의 관계가 깨지고 만다. 국가라는 체제 속에서 살게 된 인간은 자신들이 가진 '문화'를 과시하면서 동시에 원래는 동물의 소유였던 '자연의 힘'의 비밀마저도 자신의 수중에 넣으려고 했다. '자연'과 대칭적인 관계에서 가치를 지니던 '문화'는 이제 균형을 상실한 '문명'으로 변하고 말았다. 그러면서 '문명'과 '야만'을 차별적으로 인식하게 되었다. 인간은 상대가 동물이든 인간이든, 그 상대에 대해 야만스럽다고 비난하기도 하고, 그에 비해 자신들이 문명적이라며 우쭐대기도 한다. '비대칭'과 '차별'이 인류의 '문명'을 가져왔다고 여기면서, 신화로부터 탈피하는 것이 진보라는 식으로 떠들어대다가 결국 동물에 대한 인간의 지배를 자연의 섭리인 것처럼 생각하게 되었다. 이런 비대칭성 사회는 '문명'과 '야만'이라는 이분법적 사고로 차별을 정당화하며, 권력이나 부의 불균형을 가져왔다.

현대 사회가 가져온 여러 문제들에 직면한 오늘날, 신화적 사고는 이런 비대칭적 사고에서 벗어나 새로운 사고로의 인식 전환을 위한 계기를 마련해 준다. 인간과 인간, 인간과 동물이 더 이상 힘의 우위를 따지면서 경쟁 관계에 있는 것이 아니라, 서로의 존재로 인하여 더욱 조화로운 삶과 사회를 만들 수 있는 대칭적인 관계가 되어야 함을 역설하는 것이다.

– 나카자와 신이치, 「곰에서 왕으로」 (동아시아)

위 지문은 2011학년도 9월에 실시된 전국연합평가에 등장했던 인문 지문입니다. 이제 여러분이 얼마나 잘했는지 같이 해 보도록 하겠습니다. 조금 틀렸다고 해도 너무 기죽지 마세요. 항상 말하듯 첫술에 배부르지 않는 법입니다. 70% 정도 일치한다면 오른 손을 머리에 대고 쓰윽 쓰다듬어 주며 칭찬해 주어도 괜찮습니다. 그게 뭐하는 짓이냐고요? 한 번 해 보세요. 스스로에게 인색하고, 자기를 늘 구박만 한다면 세상 누가 여러분의 편이 되어 주겠습니까? 세상 모두가 등 돌려도 자신은 자신의 편이 되어 주고, 격려해 주고, 작은 일에도 칭찬해 주어야 하지 않을까요? 한 번 해 보세요. 은근히 힘이 날 겁니다.^^ 자, 이제 잔소리 그만하고 지문을 읽어 보도록 할까요?

신화는 본래 국가라는 체제를 갖추지 않은 사회에서 발생하여 발달해 왔다. 신화에서는 신과 인간 그리고 동물 사이에 뛰어넘을 수 없는 벽은 없었다. 신과 동물은 인간처럼 행동했고, 인간의 말을 사용했으며, 그들은 서로 결혼할 수도 있었다. 즉 신화에는 세계를 구성하는 존재들 사이에 '대칭'적인 관계가 구축되어 있었다. 따라서 이러한 신화를 지닌 사회에서는 인간이 동물에 비해 일방적인 우위에 있거나, 절대적 권력 같은 것이 인간에게 강압적으로 힘을 휘두르거나 하는 일은 일어나지 않았다.

신화를 가지고 있는 대칭성 사회에서 인간은 '문화'를 가지고 살아가며 동물은 '자연' 상태 그대로 살아가는 것으로 생각되었다. '문화' 덕택에 인간은 욕망을 억누르고 절제된 행동을 하며, 사회의 합리적인 운행을 위한 규칙을 지키면서 살 수 있었다. 하지만 그렇다고 해서 '문화'가 '자연'의 우위에 있다고 생각하지 않았다. 인간은 동물이 '자연' 상태 그대로 살고 있어서, 그 덕분에 인간이 쉽게 접할 수도, 손에 넣을 수도 없는 '자연의 힘'의 비밀을 쥐고 있다고 생각했다. 즉 이 세계의 진정한 권력을 쥐고 있는 것은 오히려 동물이라 생각했던 것이다. 왜냐하면 인간은 생존을 위해서 동물과 더불어 살아야 했고, 자연에서 생존하는 그들의 삶을 배워야 했기 때문이다. 그래서 인간은 신화나 제의를 통해서 동물과의 유대 관계를 회복·유지하면서 '자연의 힘'의 비밀에 접근하고자 했다. 또한 이런 대칭성의 관계가 깨어지는 것을 경계하기 위해 신화를 이용하기도 했다.

그런데 국가가 형성되면서 대칭성의 관계가 깨지고 만다. 국가라는 체제 속에서 살게 된 인간은 자신들이 가진 '문화'를 과시하면서 동시에 원래는 동물의 소유였던 '자연의 힘'의 비밀마저도 자신의 수중에 넣으려고 했다. '자연'과 대칭적인 관계에서 가치를 지니던 '문화'는 이제 균형을 상실한 '문명'으로 변하고 말았다. 그러면서 '문명'과 '야만'을 차별적으로 인식하게 되었다. 인간은 상대가 동물이든 인간이든, 그 상대에 대해 야만스럽다고 비난하기도 하고, 그에 비해 자신들이 문명적이라며 우쭐대기도 한다. '비대칭'과 '차별'이 인류의 '문명'을 가져왔다고 여기면서, 신화로부터 탈피하는 것이 진보라는 식으로 떠들어대다가 결국 동물에 대한 인간의 지배를 자연의 섭리인 것처럼 생각하게 되었다. 이런 비대칭성 사회는 '문명'과 '야만'이라는 이분법적 사고로 차별을 정당화하며, 권력이나 부의 불균형을 가져왔다.

현대 사회가 가져온 여러 문제들에 직면한 오늘날, 신화적 사고는 이런 비대칭적 사고에서 벗어나 새로운 사고로의 인식 전환을 위한 계기를 마련해 준다. 인간과 인간, 인간과 동물이 더 이상 힘의 우위를 따지면서 경쟁 관계에 있는 것이 아니라, 서로의 존재로 인하여 더욱 조화로운 삶과 사회를 만들 수 있는 대칭적인 관계가 되어야 함을 역설하는 것이다.

쌤이 보여준 것과 똑같지 않아도 그와 유사한 내용에 밑줄을 그었다면 잘하고 있는 거예요. 다만 쌤보다 더 많이 밑줄을 그었다면 집중해서 핵심을 찾는 연습을 더 해야 합니다. 쌤도 지금 여러분의 눈높이에 맞추어 최대한 자세히 밑줄을 긋고 있거든요!

이제 여러분은 지문 읽기의 최대 고비를 넘기고 있습니다. 너무 오랜 시간을 지문을 읽는 데 소비한다고 조급해 하지 말기를 바랍니다. 처음에는 지문 하나를 보는 데 30분이 소요된다고 해도 전혀 문제될 게 없습니다. 쌤은 학교에서 보통 비문학 강의를 10시간으로 구성합니다. 첫 시간에는 한 개의 지문을 가지고 한 시간 동안 수업을 하죠. 그래서 학생들이 첫 시간에는 반드시 이렇게 묻는답니다.

"선생님, 시험 볼 때도 이렇게 하나하나 따져 가며 보나요? 그럼 시간이 너무 많이 걸리지 않을까요?"

"쌤이 준비한 지문이 총 마흔 개야. 그걸 우리는 앞으로 남은 9시간 동안 다 봐야 하는데 못 보겠다. 그치? 하지만 우리는 그 지문들을 다 볼 거야. 왜냐하면 볼 수 있으니까. 처음부터 달리면 무엇을 볼 수 있겠어? 그저 무임승차해서 내가 공부를 하고 있는 거구나 그런 착각과 위안을 얻을 뿐이야. 기본기를 잘 다지면 기어가다 어느 순간 뛰어가고 다음 순간엔 날아가게 되는 거야. 처음은 좀 더디겠지만 금방 날 수 있어."

그리고 정말 쌤은 남은 시간 동안 그 모든 지문을 함께 했습니다. "이렇게 천천히 해서 어떻게 하지?"라고 의심하지 마세요. 처음에는 지문을 천천히, 자세히, 꼼꼼하게 읽으면서 어디에 밑줄을 그어야 잘 그었다고 칭찬을 받을까 고민하세요. 익숙해지면 속도가 빛의 속도에 버금갈 만큼 빨라질 것입니다. 조급증을 버리고 자신을 믿으세요. 힘!!

이렇게 지문을 읽었다고 지문 읽기가 끝난 것은 아닙니다. 정말 중요한 '인문' 읽기가 남았거든요. '인문'은 그 성격상 묵직한 주제를 담고 있는 경우가 많습니다. 여러분이 정작 빠뜨리지 않고 해야 할 것은 '글쓴이의 의도'를 파악하는 것입니다. '주제'와는 조금 다를 수 있습니다.

1. 신화에서는 신과 인간과 동물이 대칭적 관계에 있어서 인간이 일방적 우위에 있거나, 절대적 권력 같은 것이 인간에게 강압적으로 힘을 휘두르거나 하지 않았다.
2. 대칭성 사회에서 인간은 '문화'적으로 동물은 '자연' 속에서 살며 진정한 권력은 동물이 쥐고 있다고 생각했다. 그래서 대칭성이 깨어지는 것을 경계하기 위해

신화를 이용했다.

3. 그런데 국가의 형성으로 신화로부터 탈피하여 동물에 대한 인간의 지배를 자연의 섭리로 생각하며 차별을 정당화하며, 권력이나 부의 불균형을 가져왔다.

4. 신화적 사고는 인간과 동물이 힘의 우위를 따지며 경쟁하는 관계가 아니라 서로 조화로운 사회를 만들기 위해 대칭적 관계가 되어야 함을 역설한다.

우리가 함께 읽으며 그었던 밑줄과 네모를 보며 정리한 내용입니다. 글쓴이는 왜 이 글을 썼을까요?

현대 사회의 문제점이 국가의 형성으로 신화적 사고가 무너짐으로써 차별과 불균형이 발생했다고 생각, 대칭적 관계가 유지되던 신화적 사고를 통해 이를 해결해야 한다고 주장하고 싶었기 때문입니다.

즉, 글을 쓴 목적은 마지막 문단에 있다고 할 수 있습니다. 그리고 첫 문단의 시작에서 글 전체의 의도를 찾아볼 수 있습니다. 어디냐고요? **'신화는 본래 국가라는 체제를 갖추지 않은 사회에서 발생하여 발달'**했다는 말에서 '신화→국가'의 냄새가 풍겼다는 사실을 알게 해 주었습니다. CSI가 사건을 해결하듯 이렇게 조목조목 따지지 못했다고 해도 의도를 제대로 파악했다면 정말 잘한 겁니다. 다만 처음엔 이렇게 잘근잘근 꼭꼭 씹어서 읽는 연습 과정을 반드시 거쳐야 한다는 걸 명심하세요. 그리고 시간에 구애받지 말고 천천히 읽더라도 '제대로 읽는 연습'을 하기 바랍니다.

이제 지문을 읽고 문제에 접근하는 법을 함께 해 볼까요? 문제는 우리가 지문을 얼마만큼 제대로 읽어냈는지를 물어본다는 사실입니다. 꼭 기억하세요. 자, 숨 크게 쉬고, 시작합니다. 다음에 우리가 읽을 지문은 2009년 9월에 실시한 전국연합평가에 출제되었던 인문 지문입니다. 지문을 읽고 문제도 풀어 봅니다.

2009. 9. 전국연합평가

다음 글을 읽고 물음에 답하시오.

조선 시대 백성들이 억울함과 원통함을 호소할 수 있는 통로로 신문고와 상언·격쟁이 있었다. 신문고는 태종이 중국의 제도를 본떠 만든 것으로, 억울한 일을 당한 백성들이 북을 쳐서 왕에게 직접 호소할 수 있도록 한 것이다. 그러나 아무 때나 신문고를 칠 수 있는 것은 아니었다. 서울에 사는 사람들은 먼저 담당 관원에게 호소해야 했다. 그래서 해결이 되지 않으면 사헌부를 찾아가고, 그래도 해결이 되지 않을 때에야 비로소 신문고를 칠 기회가 주어졌다. 지방에 사는 사람들도 고을 수령, 관찰사, 사헌부의 순으로 호소한 후에도 만족하지 못하게 되면 신문고를 칠 기회가 주어졌다.

신문고를 치고자 하는 사람은 그것이 설치된 의금부의 당직청을 찾았다. 그러면 신문고를 지키는 영사(令史)가 의금부 관리에게 이 사실을 보고했다. 보고를 받은 관리는 사유를 확인하여 역모에 관한 일이면 바로 신문고를 치게 하였다. 그러나 정치의 득실이나 억울한 일에 대해서는 절차를 밟았다는 확인서를 조사한 다음에야 북 치는 것을 허락했다. 신문고를 치면 의금부의 관원이 왕에게 보고하였으며, 보고된 사안에 대해 왕이 지시를 내리면 해당 관청에서는 5일 안에 처리해야 했다. 신문고를 친 사람의 억울함이 사실이면 이를 해결해 주었고, 거짓이면 엄한 벌을 내렸으며, 그 일과 관련된 담당 관원에게는 철저하게 책임을 ㉠물었다.

그러나 수령이나 관찰사 또는 서울의 해당 관원들은 자신들과 관련된 문제가 신문고를 통해 왕에게 알려지는 것을 꺼려서 백성들에게 압력을 행사하거나 회유를 통해 신문고를 치지 못하게 할 때가 많았다. 또한 중죄인을 다스리는 의금부에 대한 백성들의 두려움도 신문고에 접근하는 것을 어렵게 했다. 이러한 이유로 신문고는 결국 중종 이후 그 기능이 상실되어 유명무실해졌다.

[A]
그러자 상언과 격쟁을 통해 억울함을 호소하는 백성들이 늘어나게 되었다. 상언은 왕의 행차가 있을 때 그 앞에 나아가 글을 올려 억울함을 호소하는 것이고, 격쟁은 왕이 있는 곳 근처에서 시끄럽게 징을 울려 왕의 이목을 끈 다음, 말로 자신의 억울함을 호소하는 것으로 중국이나 일본에서는 찾아볼 수 없는 조선의 독특한 제도였다. 상언은 신문고에 비해 절차가 간편하여 일반 백성들이 이용하기 쉬운 것이었지만, 글을 알아야 한다는 점에서 주로 양반층이 이용하였다. 반면 격쟁은 글을 몰라도 되기 때문에 평민들이 많이 이용하였으나, 격쟁을 하는 사람은 먼저 형조의 취조를 받아야하는 부담을 감수해야 했다. 19세기에 들어서 세도 정치로 인해 정치 기강이 문란해지고 백성들에 대한 지배층의 억압과 수탈이 심해지면서 상언과 격쟁에 대한 제약도 강화되었다.

그렇게 되자 어려움을 풀 길이 막힌 백성들은 지방관이나 악덕 지주들의 죄상을 폭로하기 위해 집단으로 상급 기관에 항의하거나, 물리적인 힘을 동원하여 대응하기도 했다.

-한국역사연구회,『조선 시대 사람들은 어떻게 살았을까』(청년사)

18. '신문고'에 대한 설명으로 적절하지 않은 것은?

① 사헌부의 책임 하에 두었다.

② 사안에 따라 이용 절차가 달랐다.

③ 중국의 제도를 모방하여 만들었다.

④ 실제적으로 이용하기가 까다로웠다.

⑤ 지방에 사는 사람도 이용할 수 있었다.

19. [A]를 바탕으로 아래의 자료를 해석한 것으로 가장 적절한 것은?

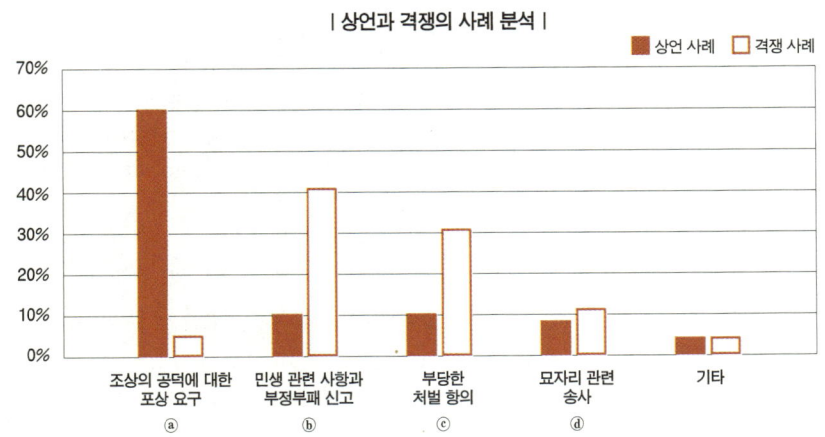

| 상언과 격쟁의 사례 분석 |

① ⓐ : 격쟁이 적은 것은 왕권이 더 강화되었기 때문이다.

② ⓐ : 상언의 비율이 높은 것은 주로 양반들과 관련된 내용이었기 때문이다.

③ ⓑ : 격쟁이 많은 것은 왕에 대한 불만이 많았기 때문이다.

④ ⓒ : 상언이 격쟁보다 적은 것은 상언의 절차가 까다로웠기 때문이다.

⑤ ⓓ : 상언과 격쟁의 비율이 비슷한 것은 제약이 강화되었기 때문이다.

20. ㉠과 바꾸어 쓰기에 가장 적절한 것은?

① 조사(調査)하였다   ② 추궁(追窮)하였다

③ 전가(轉嫁)하였다   ④ 부과(賦課)하였다

⑤ 문의(問議)하였다

이제 쌤과 같이 밑줄을 그으며 문제를 풀어 보겠습니다. 다들 잘 했을 테니 긴장하지 말고! 자, 시작해 볼까요?

조선 시대 백성들이 억울함과 원통함을 호소할 수 있는 통로로 신문고와 상언·격쟁이 있었다. ①신문고는 태종이 중국의 제도를 본떠 만든 것으로, 억울한 일을 당한 백성들이 북을 쳐서 왕에게 직접 호소할 수 있도록 한 것이다. 그러나 아무 때나 신문고를 칠 수 있는 것은 아니었다. 서울에 사는 사람들은 먼저 담당 관원에게 호소해야 했다. 그래서 해결이 되지 않으면 사헌부를 찾아가고, 그래도 해결이 되지 않을 때에야 비로소 신문고를 칠 기회가 주어졌다. 지방에 사는 사람들도 고을 수령, 관찰사, 사헌부의 순으로 호소한 후에도 만족하지 못하게 되면 신문고를 칠 기회가 주어졌다.

신문고를 치고자 하는 사람은 그것이 설치된 의금부의 당직청을 찾았다. 그러면 신문고를 지키는 영사(令史)가 의금부 관리에게 이 사실을 보고했다. 보고를 받은 관리는 사유를 확인하여 역모에 관한 일이면 바로 신문고를 치게 하였다. 그러나 정치의 득실이나 억울한 일에 대해서는 절차를 밟았다는 확인서를 조사한 다음에야 북 치는 것을 허락했다. 신문고를 치면 의금부의 관원이 왕에게 보고하였으며, 보고된 사안에 대해 왕이 지시를 내리면 해당 관청에서는 5일 안에 처리해야 했다. 신문고를 친 사람의 억울함이 사실이면 이를 해결해 주었고, 거짓이면 엄한 벌을 내렸으며, 그 일과 관련된 담당 관원에게는 철저하게 책임을 ㉠물었다.

　　그러나 수령이나 관찰사 또는 서울의 해당 관원들은 자신들과 관련된 문제가 신문고를 통해 왕에게 알려지는 것을 꺼려서 백성들에게 압력을 행사하거나 회유를 통해 신문고를 치지 못하게 할 때가 많았다. 또한 중죄인을 다스리는 의금부에 대한 백성들의 두려움도 신문고에 접근하는 것을 어렵게 했다. 이러한 이유로 신문고는 결국 중종 이후 그 기능이 상실되어 유명무실해졌다.

[A] 　　그러자 상언과 격쟁을 통해 억울함을 호소하는 백성들이 늘어나게 되었다. ②상언은 왕의 행차가 있을 때 그 앞에 나아가 글을 올려 억울함을 호소하는 것이고, ③격쟁은 왕이 있는 곳 근처에서 시끄럽게 징을 울려 왕의 이목을 끈 다음, 말로 자신의 억울함을 호소하는 것으로 중국이나 일본에서는 찾아볼 수 없는 조선의 독특한 제도였다. 상언은 신문고에 비해 절차가 간편하여 일반 백성들이 이용하기 쉬운 것이었지만, 글을 알아야 한다는 점에서 주로 양반층이 이용하였다. 반면 격쟁은 글을 몰라도 되기 때문에 평민들이 많이 이용하였으나, 격쟁을 하는 사람은 먼저 형조의 취조를 받아야 하는 부담을 감수해야 했다. 19세기에 들어서 세도정치로 인해 정치 기강

┌ 이 문란해지고 백성들에 대한 지배층의 억압과 수탈이 심해지면서 상언과
[A]
└ 격쟁에 대한 제약도 강화되었다.

　　그렇게 되자 어려움을 풀 길이 막힌 백성들은 지방관이나 악덕 지주들의 죄상을 폭로하기 위해 집단으로 상급 기관에 항의하거나, 물리적인 힘을 동원하여 대응하기도 했다.

　　쌤의 밑줄을 보면서 뭔가 예전과 달라진 점을 혹시 느꼈나요? 무척 예민해야 알 수 있을 텐데……. 그래도 쌤과 함께 한 친구들이라면 밑줄과 화살표가 어마어마하게 줄었다는 사실을 눈치 챘을 것입니다. 지문을 읽으면서 너무 많은 밑줄을 만나게 되면 무엇이 핵심이었는지 도무지 알아볼 수 없게 됩니다. **지문 속의 밑줄 등은 문단 속 '이정표'**라고 생각하면 어떨까요? 우리가 천재도 아닌데(어, 여러분 가운데 천재가 있을 수도 있겠네!^*^), 모든 지문의 세세한 내용을 다 기억하면서 문제를 풀 수는 없겠죠? 만일 그래야 한다면 언어영역은 '기억력 테스트'가 될지도 모릅니다. 우리는 언제나 지문으로 다시 돌아와 문제를 풀어야 합니다. 그러니 효율적이고 효과적으로 지문에 돌아오려면 정확한 '이정표'가 필요하겠죠?

　　첫째 문단은 신문고는 무엇이며 언제 누가 울리나. 둘째 문단 역시 신문고에 대한 이야기로 울리기 위한 절차에 대해 기술했습니다. 셋째 문단에서는 그러나 신문고가 이러저러한 이유로 그 기능이 상실된 내용을 알려 줍니다. 여기에서 '이러저러'한 이유까지 기억하지는 않아도 괜찮다는 뜻입니다. 다시 말할게요. 우리에게 암기력 테스트를 하기 위해 '언어영역' 시험지를 보라고 하는 출제자는 없습니다. 넷째 문단은 '상언과 격쟁'에 대해 신문고와 마찬가지로 정의와 절차, 기능이 상실된 내용을 보여

줍니다. 그리고 맨 마지막 문단은 그로 인해 백성들이 취하게 된 '호소'의 방법을 설명하면서 글을 마무리합니다.

여기서 팁! 같은 유형의 종류를 기술할 때는 첫 번째 기술되는 내용과 유사한 구조로 다른 내용도 전개되는 경우가 많습니다. 그래야 내용의 통일성이 지켜지기 때문입니다. 처음에 신문고의 정의와 절차, 기능 상실이 기술되었다면 이어지는 상언과 격쟁 역시 같은 구조로 기술되리라는 사실을 우리는 예측할 수 있어야 합니다.

그렇다면 이러한 이정표를 가지고 문제를 풀어 볼까요?

18. '신문고'에 대한 설명으로 적절하지 않은 것은?
① 사헌부의 책임 하에 두었다.
② 사안에 따라 이용 절차가 달랐다.
③ 중국의 제도를 모방하여 만들었다.
④ 실제적으로 이용하기가 까다로웠다.
⑤ 지방에 사는 사람도 이용할 수 있었다.

이 문제는 '신문고'에 대해 묻고 있습니다. 몇 번째 문단으로 돌아갈까요? ①~③문단을 중점적으로 보아야 합니다. 첫 문단에 '사헌부'가 언급되기는 합니다. 그러나 '신문고'가 사헌부 소속이라는 말은 없습니다. 둘째 문단에 가면 '의금부' 소속인 것을 확인할 수 있습니다. 정답은 ①번이 됩니다. 이렇게 세세한 부분을 확인하려면 여러분의 기억력만 믿어서는 안 되겠죠? "사헌부? 아, 봤어. 사헌부를 찾아가랬어." 그렇게 하면서 틀릴 수도 있으니까요. 쌤이 말했죠? "언어영역은 섣부르게 다른 사람의 말을 확신하는 습관을 버려야 하는 거야!"라고. ②번 답지는 둘째 문단에서 '역모'와 '정치의 득실이나 억울한 일'의 절차가 다르다는 사실을 확인시켜 줍니다. 답지의 '절차'라는 단어는 우리가 이정표를 확인하고 찾아가야 하는 문단이 어디인지 정확하게 알려 줍니다. ③번 답지는 어디에서 찾아보아야 할까요? '만들었다'는 단어로 보아 첫 번째 문단에 있을 것 같습니다. 그리고 우리는 첫 번째 문단에서 '중국의 제도를 본떠 만든 것'이라는 정보를 찾을 수 있었습니다. ④번 답지는 어디에 있을까요? '이용하기가 까다로웠다'는 말로 보아 절차에 대해 언급한 둘째 문단을 볼 수 있을 것입니다. ⑤번은 이미 첫 번째 문단에서 중요하다고 밑줄을 그어 놓은 내용입니다. 어떻습니까? 우리가 답지를 보면서 어디에 그 내용이 있었는지 바로바로 찾을 수 있다는 것은 글쓴이의 이야기를 제대로 들어 주고 있었다는 뜻이 됩니다. 어때요? 올바른 '의사소통', 잘 이루어지고 있습니까?

19. [A]를 바탕으로 아래의 자료를 해석한 것으로 가장 적절한 것은?

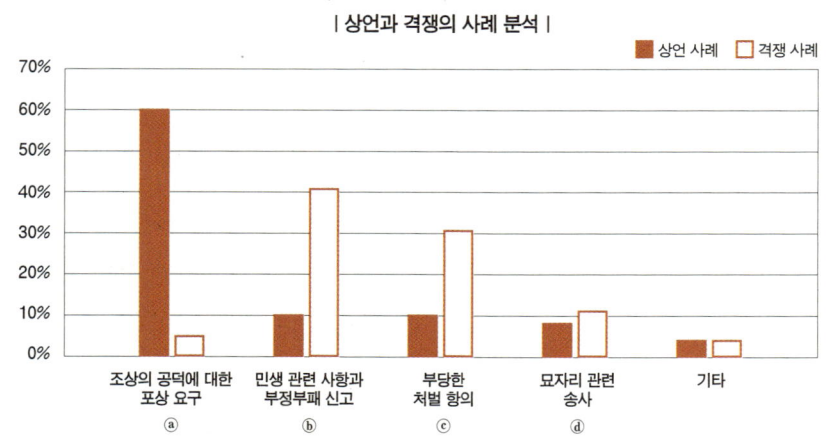

| 상언과 격쟁의 사례 분석 |

① ⓐ : 격쟁이 적은 것은 왕권이 더 강화되었기 때문이다.

② ⓐ : 상언의 비율이 높은 것은 주로 양반들과 관련된 내용이었기 때문이다.

③ ⓑ : 격쟁이 많은 것은 왕에 대한 불만이 많았기 때문이다.

④ ⓒ : 상언이 격쟁보다 적은 것은 상언의 절차가 까다로웠기 때문이다.

⑤ ⓓ : 상언과 격쟁의 비율이 비슷한 것은 제약이 강화되었기 때문이다.

우와! 무언가 거창한 문제를 만난 것 같은 기분이 듭니다. 우리가 처음에 문제의 유형을 검토할 때 보았던 '적용하기' 문제를 만나게 되었군요! 하지만 이러한 적용하기 문제는 특정 문단과 연관된 경우가 많습니다. 이 문제는 더군다나 [A]라는 묶음으로 내용을 집중해서 보라는 이정표가 발문에도 나와 있습니다.

[A]
　　그러자 상언과 격쟁을 통해 억울함을 호소하는 백성들이 늘어나게 되었다. ② 상언은 왕의 행차가 있을 때 그 앞에 나아가 글을 올려 억울함을 호소하는 것이고, ③ 격쟁은 왕이 있는 곳 근처에서 시끄럽게 징을 울려 왕의 이목을 끈 다음, 말로 자신의 억울함을 호소하는 것으로 중국이나 일본에서는 찾아볼 수 없는 조선의 독특한 제도였다. 상언은 신문고에 비해 절차가 간편하여 일반 백성들이 이용하기 쉬운 것이었지만, 글을 알아야 한다는 점에서 주로 양반층이 이용하였다. 반면 격쟁은 글을 몰라도 되기 때문에 평민들이 많이 이용하였으나, 격쟁을 하는 사람은 먼저 형조의 취조를 받아야 하는 부담을 감수해야 했다. 19세기에 들어서 세도정치로 인해 정치 기강이 문란해지고 백성들에 대한 지배층의 억압과 수탈이 심해지면서 상언과 격쟁에 대한 제약도 강화되었다.

이 문제는 상언과 격쟁을 비교하길 바라면서 낸 것입니다. 묶음으로 제시된 지문은 반드시 문제에서 출제하겠다는 굳은 의지입니다. 더구나 **비교나 대조**와 같은 방식으로 기술되는 지문이라면 출제자는 반드시 문제에서 그 내용을 묻고 싶어 합니다. 적용하기 문제의 경우 답지에 나와 있는 구체적인 현실 자체에 현혹되지 말고 답지의 내용이 지문의 어디에 연관되어 있는지 빨리 찾아서 답지와 비교해 본다면 적용하기라고 해서 특별히 어렵지는 않을 것입니다. 정답은 ②번입니다.

20. ㉠과 바꾸어 쓰기에 가장 적절한 것은?

　　① 조사(調査)하였다　　　② 추궁(追窮)하였다

　　③ 전가(轉嫁)하였다　　　④ 부과(賦課)하였다

　　⑤ 문의(問議)하였다

　　왜 뜬금없이 비문학 지문에 한자어를 묻는 문제를 냈을까? 출제자는 생각합니다. '옛날 제도에 관한 내용이 지문에 있으니 한자어를 묻는 문제가 어울리겠다.'고 말입니다. 우리 출제자님이 조금 귀여워지죠? 쌤만 그런가? 아무튼 이러한 문제는 순수하게 어휘력을 묻는 문제입니다. 쌤이 친절하게 단어의 뜻을 말해 주지는 않을 거예요. 혹시 모르는 단어가 있다면 직접 찾아서 외우도록 하세요. 직접 찾아봐야 기억에 오래 남거든요.

　　여러분이 풀어 본 문제는 18번 '내용일치', 19번 '적용하기', 20번 '어휘' 문제였습니다. 언어영역의 '비문학' 문제들은 여러분에게 지식을 물어보는 것이 아니라는 사실을 확실히 알게 되었기를 바랍니다.

　　이제 마지막으로 인문 지문을 하나만 더 보겠습니다. 이 지문을 통해 인문 지문을 제대로 읽는 방법의 마지막 방법을 알게 될 것입니다. 다음 지문은 2010년 6월 전국연합평가에서 제시되었던 것입니다.

[20~23] 다음 글을 읽고 물음에 답하시오.

일반적으로 가치는 반드시 주관적인 평가가 들어가는 반면에, 사실은 주관적인 평가가 들어가지 않는다. 그러나 많은 철학자들은 사실과 가치가 분명히 구분되지 않는다고 주장한다. 이들도 사실과 가치 어느 쪽에 강조점을 두느냐에 따라 서로 다른 입장으로 나누어진다.

첫째로, 사실에 강조점을 두는 입장에서는 가치를 사실로써 설명하려고 한다. 이런 시도를 하는 철학자들의 의도는 가치 판단에 속하는 윤리적인 명제들에 대해 객관적이고 과학적인 탐구를 정당화해 보려는 것이다. 즉, 윤리의 본질, 혹은 윤리에 대한 학(學)의 성립 가능성을 확보하기 위해 가치를 사실에 환원하고자 한다. 그래서 이 입장의 철학자들은 '선하다'라는 윤리적인 가치 개념을 '쾌락을 증진시킨다'라는 사실로 설명하려고 한다든가, '옳다'라는 도덕적 개념을 개인이나 집단이 '자기 보존을 위해 노력한다'라는 등 자연적인 사실에 의해 정의하고자 한다.

이렇게 사실로부터 가치나 당위를 이끌어내고자 하는 입장을 보통 '자연주의'라고 부른다. 자연주의는 주로 근대에 들어 인간적인 경험에 근거해서 가치를 설명해 보려고 시도했다. 그러나 이 입장에 대한 반론도 만만치 않다. 어떤 철학자들은 규범이나 도덕의 가치들은 결코 사실로 환원되지 않는다고 강력히 주장한다. 직관론자로 불리는 이들은, '선하다'라는 성질은 직관에 ㉠의해서만 파악되는 것이지, '행복하다'든지 '바라고 있다'라는 경험적 사실에 의해 정의될 수 없다고 주장하면서 가치를 사실에 환원하는 것을 '자연주의적 오류'라 비판한다.

　둘째로, 가치를 중요시하는 입장에서는 반대로 사실이 항상 엄격한 객관성을 가지고 있다는 주장에 의문을 제기한다. 아울러 많은 경우 우리가 사실이라고 생각하는 것은 주관적 요소의 개입이 전혀 없는 벌거벗은 사실이 아니라 이미 어떤 가치의 옷을 입고 있는 사실이라고 주장한다. 즉, 많은 경우 사실은 가치의 개입을 전제한다는 것이다.

　이런 입장을 가진 사람들의 주장에 의하면, 사실 판단과 가치 판단은 논리적으로는 구분이 되지만 실제의 지적인 활동에서는 서로 결합될 수밖에 없다는 것이다. ㉡이런 주장은 상당히 설득력을 가진다. 인간은 과학을 통해서 사실의 구조를 인식하며 윤리를 통해서 가치를 판단하기 때문에 사실 판단과 가치 판단은 적어도 논리적으로는 확연히 구분될 수 있는 별개의 영역이다. 그러나 실제로 한 인간이 어떤 생각이나 판단을 할 때에는 이 두 영역이 서로 맞붙어 있는 경우가 허다하다.

-김창호 엮음, 「내가 아는 것이 진리인가」(웅진지식하우스)

20. 위 글의 핵심 논제로 가장 적절한 것은?

① 사실과 가치는 정의할 수 있는가?
② 사실과 가치의 공통점은 무엇인가?

③ 사실과 가치는 분명하게 구분되는가?

④ 사실과 가치는 과학적으로 검증되는가?

⑤ 사실과 가치는 논리적으로 설명이 가능한가?

21. 위 글을 바탕으로 〈보기〉를 이해한 내용으로 적절하지 <u>않은</u> 것은? 〔3점〕

〈보기〉

복잡한 지하철에 할머니 한 분이 타시자 민호는 일어나서 자리를 양보했다.

ㄱ. 민호는 ⓐ자리를 양보했다. ················· 사실 판단

ㄴ. 민호는 ⓑ착하다. ····································· 가치 판단

---

① ㄱ과 ㄴ은 일반적 견해로 판단한 것이다.

② 자연주의 견해로 보면 ⓑ는 ⓐ로 환원될 수 있다.

③ 직관론자의 견해로 보면 ⓑ는 ⓐ로 환원될 수 없다.

④ 사실을 강조하는 철학자들은 ⓑ로써 ⓐ를 설명하려 한다.

⑤ 가치를 중시하는 철학자들은 ⓐ에 ⓑ의 개입을 전제한다.

23. ⓛ의 이유로 적절한 것은?

① 사실과 가치는 도덕과 규범의 문제이기 때문에

② 사실과 가치는 결합되어 판단되는 경우가 많기 때문에

③ 사실과 가치의 판단은 주관적 요소가 개입되기 때문에

④ 사실과 가치는 논리적으로 서로 다른 영역이기 때문에

⑤ 사실과 가치는 직관에 의해서 판단이 가능하기 때문에

여러분! 최소한의 이정표를 만들기 위해 밑줄을 긋고, 또 문제에서 요구하는 곳이 어디인지 빠르게 찾으면서 문제를 풀어 보셨나요? 아직도 밑줄이 너무 많다고 생각된다면 조급하게 서두르지 말고 조금 더 연습하세요. 실력은 여러분의 땀을 먹고 자란다고 했죠? 그 진리는 언제나 우리를 배반하지 않습니다.

이제 '지문을 읽는 마지막 방법'에 대해서 알려 주겠습니다. 마지막 비법은 바로 첫 번째 문단에 주목하는 것입니다. 많은 선생님들께서 첫 문단과 마지막 문단은 중요하다고 말씀하셨을 거예요. 왜 그러셨을까요? 거기에 주제가 있기 때문이라고 하셨다면 분명 맞는 말씀입니다. 하지만 그것뿐이었다면 희민쌤이 마지막 비법으로 남겨두지 않았을 겁니다.

첫 문단은 전체 이야기의 흐름을 예측하게 해 줍니다. 우리가 가장 먼저 살펴보았던 나카자와 신이치의 「곰에서 왕으로」의 첫 문단에도 '국가 형성 이전'이라는 단서를 붙여 글쓴이의 의도를 숨겨두었습니다. 이훈구의 「심리학자가 들여다본 인간 시장」의 첫 문단은 앞으로 이어질 세 개의 문단을 예측하게 하였습니다. 또한 첫 문단은 핵심 화제를 제시하는 문단이 많습니다. 첫 문단에서 제시된 화제에 대한 자세한 설명(상술)이 다음 문단부터 펼쳐지게 되는 것입니다. 이훈구의 글이 바로 그러한 글에 해당됩니다.

마지막, 첫 번째 문단은 글을 쓴 사람의 집필 의도를 찾아 볼 수 있는 곳입니다. 나카자와 신이치의 글을 보면 첫 문단에서 신화적 사고의 시대가 긍정적으로 기술되고 있다는 사실을 우리는 알 수 있습니다. 이를 통해 이 글이 제시하고자 하는 의도가 무엇인지 미리 파악한 채 지문을 읽어 나갈 수 있다는 것이죠. 따라서 첫 문단을 잘 읽으면 우리는 훨씬 유리한 입장에서 글을 쓴 의도와 내용을 파악하게 됩니다. 물론 마지막 문단에 글을 쓴 의도와 주제가 압축되는 경우도 많습니다. 하지만 마지막 문단까지 읽는 동안 우리는 대개 흔들리는 배의 키를 잡아 줄 무언가를 필요로 하죠. 그 방향키가 바로 첫 문단입니다.

> ① 일반적으로 가치에는 반드시 주관적인 평가가 들어가는 반면, 사실에는 주관적인 평가가 들어가지 않는다. 그러나 많은 철학자들은 사실과 가치가 분명히 구분되지 않는다고 주장한다. 이들도 사실과 가치 어느 쪽에 강조점을 두느냐에 따라 서로 다른 입장으로 나누어진다.

첫 문단입니다. 첫 문단에 글의 핵심 화제가 있다고 쌤이 말했습니다. 그렇다면 이 첫 문단으로 우리는 20번 문제의 정답을 찾을 수 있어야 합니다. 정답! 있나요? 네, 있습니다. 우리의 밑줄에서 보면 '사실과 가치가 분명히 구분되지 않는다고 주장한다.'는 부분과 같은 내용의 답지가 보입니다. 정답은 바로 ③번입니다.

우리는 이 첫 문단을 통해 이어질 다음 문단을 예측할 수도 있습니다. '사실'과 '가치' 어느 쪽에 강조점을 두느냐에 따라 "사실과 가치가 분명히 구분되지 않는다."고 주장하는 철학자들은 분명 한 쪽은 이 둘을 '사실'로, 다른 쪽은 '가치'로 설명하려고 하겠지요. 글의 서술 방식은 어떨까요? 이들의 주장이 각각 소개되기 때문에 '대조의 방식'이 되겠죠. 정말 그런지 확인 들어갑니다.

> ② 첫째로, 사실에 강조점을 두는 입장에서는 가치를 사실로써 설명하려고 한다. 이런 시도를 하는 철학자들의 의도는 가치 판단에 속하는 윤리적인 명제

들에 대해 객관적이고 과학적인 탐구를 정당화해 보려는 것이다. 즉, 윤리의 본질, 혹은 윤리에 대한 학(學)의 성립 가능성을 확보하기 위해 가치를 사실에 환원하고자 한다. 그래서 이 입장의 철학자들은 '선하다'라는 윤리적인 가치 개념을 '쾌락을 증진시킨다'라는 사실로 설명하려고 한다든가, '옳다'라는 도덕적 개념을 개인이나 집단이 '자기 보존을 위해 노력한다'라는 등 자연적인 사실에 의해 정의하고자 한다.

③ 이렇게 사실로부터 가치나 당위를 이끌어내고자 하는 입장을 보통 '자연주의'라고 부른다. 자연주의는 주로 근대에 들어 인간적인 경험에 근거해서 가치를 설명해 보려고 시도했다. 그러나 이 입장에 대한 반론도 만만치 않다. 어떤 철학자들은 규범이나 도덕의 가치들은 결코 사실로 환원되지 않는다고 강력히 주장한다. 직관론자로 불리는 이들은, '선하다'라는 성질은 직관에 ㉠의해서만 파악되는 것이지, '행복하다'든지 '바라고 있다'라는 경험적 사실에 의해 정의될 수 없다고 주장하면서 가치를 사실에 환원하는 것을 '자연주의적 오류'라 비판한다.

④ 둘째로, 가치를 중요시하는 입장에서는 반대로 사실이 항상 엄격한 객관성을 가지고 있다는 주장에 의문을 제기한다. 아울러 많은 경우 우리가 사실이라고 생각하는 것은 주관적 요소의 개입이 전혀 없는 벌거벗은 사실이 아니라 이미 어떤 가치의 옷을 입고 있는 사실이라고 주장한다. 즉, 많은 경우 사실은 가치의 개입을 전제한다는 것이다.

⑤ 이런 입장을 가진 사람들의 주장에 의하면, 사실 판단과 가치 판단은 논리

적으로는 구분이 되지만 실제의 지적인 활동에서는 서로 결합될 수밖에 없다는 것이다. ⓒ이런 주장은 상당히 설득력을 가진다. 인간은 과학을 통해서 사실의 구조를 인식하며 윤리를 통해서 가치를 판단하기 때문에 사실 판단과 가치 판단은 적어도 논리적으로는 확연히 구분될 수 있는 별개의 영역이다. 그러나 실제로 한 인간이 어떤 생각이나 판단을 할 때에는 이 두 영역이 서로 맞붙어 있는 경우가 허다하다.

- 김창호 엮음, 「내가 아는 것이 진리인가」(웅진지식하우스)

②문단은 사실에 강조점을 둔 철학자들의 입장을 기술하고 있습니다. ③문단 역시 마찬가지이지만, 중간에 '그러나'부터는 그 견해에 반하는 '직관론자'의 비판이 소개됩니다. 바로 가치에 강조점을 둔 철학자들입니다. ④에 나오는 가치에 강조점을 둔 철학자의 의견은 ⑤에까지 이어지며 끝을 맺는가 싶다가 다시 '그러나'를 통해 사실과 가치는 서로 맞붙어 있는 경우가 허다하다며 ①문단의 이야기로 돌아가 끝을 맺습니다. 어떻습니까? 쌤 말처럼 ①에서 시작된 이야기가 ②~⑤를 거치면서 구체적인 상술로 전개되었죠? 그리고 다시 ①의 의도를 찾아가며 정리가 되고 있습니다. 첫 문단을 얼마나 잘 읽어내는가는 이렇게 중요합니다. "첫 단추를 잘 못 끼우면 마지막 단추는 끼울 구멍이 없다."는 괴테의 말은 처음 시작의 중요함을 알리는 말이지만, 누군가의 생각을 읽어낼 때에도 반드시 필요한 말입니다. **첫 단추, 첫 문단의 보석을 놓치지 않기 바랍니다.**

그럼 다음 문제를 볼까요?

21번은 잠시 미뤄두고 23번을 먼저 보겠습니다. "앗! 선생님, 이 문제는 우리가 소설에서 보았던 밑줄 친 ㉠과 비슷한 문제인가요?" 역시! 네, 맞습니다. 이렇게 극히 일부분을 가지고 의미를 찾아보라고 하는 문제에서는 좀 더 넓은 시야를 확보할 필요가 있어요. 앞뒤 문맥을 살펴보니 **"인간은 과학을 통해서 사실의 구조를 인식하며 윤리를 통해서 가치를 판단하기 때문에 / 사실 판단과 가치 판단은 적어도 논리적으로는 확연히 구분될 수 있는 별개의 영역이다."** 가 눈에 띕니다. 이 문장은 '때문에'로 연결되어 있습니다. 그래서 뒤에 주요한 내용이 오는 거겠죠. 이 문장의 서술구는 '별개의 영역이다'입니다. 무엇이 '별개의 영역'인가요? 주어인 '사실 판단과 가치 판단'입니다. 그럼, 어떻게 별개의 영역이 되나요? **'논리적으로는'** 입니다. 이제 핵심이 되는 확장 영역을 모두 살펴보았다면 답은 스스로 알아서 우리 앞으로 한 발 다가올 것입니다. ④번! 정답입니다.

21번 문제는 [3점]이래요. 어려운 문제인가 봅니다. 어떤 친구들은 가끔 이 [3점]이라는 글자의 '포스'에 눌려서 머리가 하얗게 표백되기도 한답니다. '적용하기'라고 해서 어렵다는 생각은 잠시 접어두세요. 출제자가 우리에게 '적용하기' 문항을 출제하는 이유는 '내용을 자~알 이해했는지' 정말로 궁금해 하기 때문이니까요. '자~알' 읽었다면 이제 위풍당당하게 문제를 풀어 봅시다.

〈보기〉

복잡한 지하철에 할머니 한 분이 타시자 민호는 일어나서 자리를 양보했다.

ㄱ. 민호는 ⓐ자리를 양보했다. ·· 사실 판단
ㄴ. 민호는 ⓑ착하다. ··· 가치 판단

일반적으로 가치에는 반드시 주관적인 평가가 들어가는 반면에, 사실에는 주관적인 평가가 들어가지 않습니다.

자연주의 : 사실에 강조점을 두는 입장에서는 **가치를 사실로써 설명**하려고 한다.

직관론자 : 가치에 강조점을 두는 입장에서는 많은 경우 **사실은 가치의 개입을 전제**한다.

〈보기〉는 '민호가 자리를 양보한 걸 보고 민호가 착하다고 생각'한 것을 사실 판단과 가치 판단으로 나눈 것입니다. 출제자가 우리에게 궁금한 것이 과연 '민호의 행동에 대해 우리가 어떻게 판단하나'일까요? 아뇨, 그렇지 않습니다. 출제자가 우리에게 궁금한 것은 '사실 판단'과 '가치 판단'에 대해 우리가 잘 알고 있는가, 하는 점입니다. **비교나 대조**와 같은 방식으로 기술되는 지문은 출제자가 문제에서 그 내용을 묻고 싶어 하는 거라고 쌤이 앞서도 말한 적 있죠? 지문 전체가 대조로 구성되었다면 이것은 당연히 문제로 이어지는 것이랍니다.

① ㄱ과 ㄴ은 일반적 견해로 판단한 것이다.
② 자연주의의 견해로 보면 ⓑ는 ⓐ로 환원될 수 있다.
③ 직관론자의 견해로 보면 ⓑ는 ⓐ로 환원될 수 없다.
④ 사실을 강조하는 철학자들은 ⓑ로써 ⓐ를 설명하려 한다.
⑤ 가치를 중시하는 철학자들은 ⓐ에 ⓑ의 개입을 전제한다.

ㄱ, ⓐ, 자연주의, 사실 강조='사실'로 통일해서 파악하겠습니다. 이렇게 다양한 표시로 우리를 어지럽히려는 출제자의 의도를 미리 파악해서 혼란에 빠지는 걸 미연에 방지하는 전법입니다. ㄴ, ⓑ, 직관론자, 가치 강조='가치'로 통일할 수 있습니다. 이제 답지를 다시 볼까요?

① 사실과 가치는 일반적 견해로 판단한 것이다.

② 사실의 견해로 보면 가치는 사실로 환원될 수 있다.

③ 가치의 견해로 보면 가치는 사실로 환원될 수 없다.

④ 사실을 강조하는 철학자들은 가치로써 사실을 설명하려 한다.

⑤ 가치를 중시하는 철학자들은 사실에 가치의 개입을 전제한다.

혹시 '환원, 개입, 전제'와 같은 단어의 의미를 알지 못해서 답지를 이해하지 못한 친구들이 있나요? 그렇다면 빨리 사전을 찾아서 의미를 기억해두기 바랍니다. ①번 답지는 첫 문단에서 확인할 수 있었던 내용이죠? 옳은 답지입니다. 그리고 ②, ③번 답지는 같은 내용이지요? 하지만 ④번은 사실을 강조하는 철학자들이 사실을 가치로 말한다는 것이니 모순이 됩니다. ⑤번에서는 가치를 중시하니까 사실에도 가치를 개입시킨다는 말이니 맞는 말이죠. 이 문제는 답지를 복잡하게 꼬아서 우리의 머릿속을 뒤죽박죽으로 만들어 놓고는 "무슨 말인지 알겠어?"라고 회심의 미소를 짓는 출제자의 얼굴을 보여 줍니다. 하지만 찬찬히 보면 ②~⑤번 답지의 성격이 같다는 것을 금방 알 수 있습니다. 같은 말을 다른 것처럼 보여 주려니 이렇게 어렵게 꼬일 수밖에요!!

'적용하기' 문제라고 해서 어려울 건 없어요! 절대 그렇게 생각하지 마세요. 미리 기죽을 필요가 없다니까요! 현실에 적용한다고는 하지만 결국은 내용 일치 문제의 다른 모습일 뿐입니다. 지문의 내용을 제대로 분석했다면 '적용하기'라고 해서 우리를 겁먹게 할 수는 없죠! 여러분, 힘내세요. 힘!

비문학 지문 잘 읽는 법!

1. 첫 문단을 통해 중심 화제를 찾고 앞으로 전개될 내용을 예측한다.

2. 문단마다 중심 화제에 동그라미나 네모로 중심을 잡고, 상술되는 부분에는 밑줄을, 내용이 바뀔 때에는 세모로 표시하며 읽는다.

3. 동그라미, 밑줄, 세모는 글의 유기적 관계를 파악하기 위한 이정표에 불과하다. 따라서 지나치게 남발하지 않도록!

4. 글을 모두 읽은 다음에는 지은이의 글을 쓴 의도를 반드시 파악한다.

사회 지문 읽기
'현실 적용'에 주의하자!

사회 영역에 속하는 지문은 전반적인 사회현상을 담은 글을 말합니다. '정치, 경제, 일반사회, 사회문제, 사회문화' 분야를 다룬 글이 여기 속하지요. 인문 영역의 글들이 관념적이라면 사회 지문은 좀 더 현실적인 내용입니다. 그러다 보니 자연스레 사회적 이슈가 될 만한 내용을 지문으로 다루게 됩니다. 시사에 조금 더 관심을 가지고 우리가 사는 세상이 어떤 고민을 안고 있는지 생각한다면 더욱 좋겠죠?

전 세계에 '경제 침체'로 인한 긴장감이 감돌고 있습니다. 따라서 '경제'는 사회 지문에서 가장 빈번하게 나오는 글 중 하나입니다. 사회적 이슈를 다룬다는 것은 글의 성격이 '비판적이고 시사적이며 논리적인 서술방식'을 주로 차용한다는 뜻입니다. 그래서 다른 지문보다 '서술상의 특징'을 묻는 문제가 많이 출제되고, '실제의 예에 적용'하는 문제는 빠지지 않고 나오는 편이죠. 특히 '경제' 지문의 경우 그래프나 도표를 제시하고 자료를 분석해야 하는 문제를 통해 내용을 얼마나 이해했는지 물어보기도 합니다. 이 점에 유념하면서 지문을 읽기 바랍니다. 지문을 읽는 방법 자체는 '인문 영역'과 유사합니다. 인문과 사회의 지문은 유사한 부분이 많습니다. 두 영역 모두 삶의 가치를 이야기하는 경우가 많으니까요. 다만 관념(인문)과 현실(사회)의 차이로 나누어질 뿐이지요.

이제 여러분은 지문을 보면서 인문 영역에서 읽었던 방법을 적용하면 됩니다. 다음 지문은 2010년 9월에 출제되었던 것입니다.

[28~30] 다음 글을 읽고 물음에 답하시오.

(가) 여러분은 "이미 엎질러진 물이야. 후회하지 마."라는 말을 들은 적이 있을 것이다. 이 말에는 합리적인 의사결정에 대한 깊은 진실이 담겨 있다.

(나) 경제학자들은 편익을 얻기 위해 치러야 하는 비용을 기회비용이라고 한다. 편익은 비용의 대가로 얻는 만족, 이익을 뜻한다. 기회비용을 어떻게 사용하는가는 우리가 선택할 수 있다. 그러나 편익을 얻기 위해 기회비용을 지불하고 나면 기회비용은 '매몰비용'이 된다. 매몰비용은 돌려받을 수 없는 비용이다. 한번 지불하고 나면 돌려받을 수 없기 때문에 여러 가지 상황을 놓고 어떤 결정을 할 때 이미 매몰된 비용들은 감안해서는 안 된다.

(다) 매몰비용이 의사결정과 무관해야 한다는 사실로부터 기업들의 의사결정 절차를 이해할 수 있다. 1990년대 초, 대부분의 미국 내 대형 항공사들은 큰

손실을 입었다. 어떤 해에는 아메리칸 에어라인, 델타 항공이 각각 4억 달러 이상의 손실을 본 적도 있다. ㉠그럼에도 불구하고 항공사들은 계속 표를 팔고 승객들을 실어 날랐다. 이러한 결정은 다소 의아하게 느껴질 것이다. 왜 항공사 경영진은 사업을 포기하지 않았을까?

(라) 항공사들의 이러한 행동을 이해하기 위해서는 항공사들 비용의 일부가 매몰된다는 사실을 알아야 한다. 항공사가 비행기를 샀고 그것을 다시 팔 수 없다면 그 비행기에 대한 비용은 이미 매몰된 것이다. 운항의 기회비용은 연료비, 조종사와 승무원의 임금 정도가 될 것이다. 운항을 선택함으로써 써야 하는 비용보다 기업이 운항을 통해 벌어들이는 총수입이 크다면 항공사들은 계속 영업을 해야 한다. 그리고 실제로 그렇게 했다.

(마) 매몰비용이 의사결정과 무관함은 개인에게 있어서도 마찬가지다. 여러분이 영화를 보는 것에서 10,000원의 만족감, 즉 편익을 얻는다고 하자. 영화표를 7,000원에 샀는데 실수로 극장에 들어가기 전에 표를 잃어버렸다면 여러분은 어떤 선택을 하겠는가? 다시 사야 할까 말아야 할까? 정답은 다시 표를 사는 것이다. 영화를 보는 것의 편익(10,000원)은 여전히 기회비용(표를 다시 사는 비용 7,000원)을 초과하고 있기 때문이다. 이 때 이미 잃어버린 표의 비용은 돌려받을 수 없기 때문에 더 이상 생각하지 않아야 한다. 이미 엎질러진 물이니 후회해봐야 소용없는 것이다.

-N.GREGORY MANKIW 저, 김경환 외 번역, 『맨큐의 경제학』(교보문고)

29. (다)~(라)를 바탕으로 판단할 때, ㉠의 이유로 가장 적절한 것은?

① 총수입이 매몰비용보다 크기 때문에

② 총수입이 기회비용보다 크기 때문에

③ 매몰비용이 기회비용보다 크기 때문에

④ 매몰비용이 손실보다 크기 때문에

⑤ 기회비용이 손실보다 크기 때문에

30. (마)를 이해한 뒤, 〈보기〉에 나오는 김씨의 상황을 판단한 것으로 적절하지 <u>않은</u> 것은?

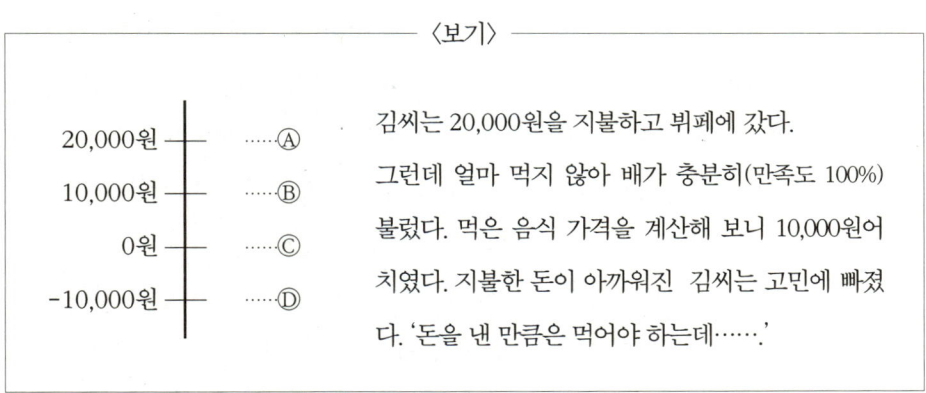

〈보기〉

20,000원 ─── ……Ⓐ	김씨는 20,000원을 지불하고 뷔페에 갔다.
10,000원 ─── ……Ⓑ	그런데 얼마 먹지 않아 배가 충분히(만족도 100%)
0원 ─── ……Ⓒ	불렀다. 먹은 음식 가격을 계산해 보니 10,000원어
-10,000원 ─── ……Ⓓ	치였다. 지불한 돈이 아까워진 김씨는 고민에 빠졌
	다. '돈을 낸 만큼은 먹어야 하는데…….'

① 지불한 매몰비용은 Ⓐ이다.

② 얻으려는 편익은 Ⓐ 이상이다.

③ 실제 얻고 있는 편익은 Ⓑ이다.

④ 더 먹어서 얻을 수 있는 편익은 Ⓒ 이상이다.

⑤ 더 먹어서 배탈이 난다면 편익이 Ⓓ가 될 수도 있다.

잘 보셨습니까? 어려웠나요? 인문과 달리 상당히 현실적이죠? 쌤 마음이 급해 보이죠? 여러분이 잘했는지 궁금해서 그래요!!^^ 잘했을 거라고 생각해요. 혹시 틀린 부분이 있어도 경제 지문이 좀 편하지는 않아요. 그렇다고 "경제는 원래 어려운 거야." 하고 너무 일찍 위안하지는 마세요. 이제 네모와 밑줄과 화살표를 이용해서 시작해 보겠습니다!!

(가) 여러분은 "이미 엎질러진 물이야. 후회하지 마."라는 말을 들은 적이 있을 것이다. 이 말에는 합리적인 의사결정에 대한 깊은 진실이 담겨 있다.

(나) 경제학자들은 편익을 얻기 위해 치러야 하는 비용을 기회비용이라고 한다. 편익은 비용의 대가로 얻는 만족, 이익을 뜻한다. 기회비용을 어떻게 사용하는가는 우리가 선택할 수 있다. 그러나 편익을 얻기 위해 기회비용을 지불하고 나면 기회비용은 매몰비용이 된다. 매몰비용은 돌려받을 수 없는 비용이다. 한번 지불하고 나면 돌려받을 수 없기 때문에 여러 가지 상황을 놓고 어떤 결정을 할 때 이미 매몰된 비용들은 감안해서는 안 된다.

(다) 매몰비용이 의사결정과 무관해야 한다는 사실로부터 기업들의 의사결정 절차를 이해할 수 있다. 1990년대 초, 대부분의 미국 내 대형 항공사들은 큰 손실을 입었다. 어떤 해에는 아메리칸 에어라인, 델타 항공이 각각 4억 달러 이상의 손실을 본 적도 있다. ㉠그럼에도 불구하고 항공사들은 계속 표를 팔고 승객들을 실어 날랐다. 이러한 결정은 다소 의아하게 느껴질 것이다. 왜 항공사 경영진은 사업을 포기하지 않았을까?

(라) 항공사들의 이러한 행동을 이해하기 위해서는 항공사들 비용의 일부가 매몰된다는 사실을 알아야 한다. 항공사가 비행기를 샀고 그것을 다시 팔 수 없다면 그 비행기에 대한 비용은 이미 매몰된 것이다. 운항의 기회비용은 연료비, 조종사와 승무원의 임금 정도가 될 것이다. 운항을 선택함으로써 써야 하는 비용보다 기업이 운항을 통해 벌어들이는 총수입이 크다면 항공사들은 계속 영업을 해야 한다. 그리고 실제로 그렇게 했다.

(마) 매몰비용이 의사결정과 무관함은 개인에게 있어서도 마찬가지다. 여러분이 영화를 보는 것에서 10,000원의 만족감, 즉 편익을 얻는다고 하자. 영화표를 7,000원에 샀는데 실수로 극장에 들어가기 전에 표를 잃어버렸다면 여러분은 어떤 선택을 하겠는가? 다시 사야 할까 말아야 할까? 정답은 다시 표를 사는 것이다. 영화를 보는 것의 편익(10,000원)은 여전히 기회비용(표를 다시 사는 비용 7,000원)을 초과하고 있기 때문이다. 이 때 이미 잃어버린 표의 비용은 돌려받을 수 없기 때문에 더 이상 생각하지 않아야 한다. 이미 엎질러진 물이니 후회해봐야 소용없는 것이다.

매몰비용은 투자한 돈이고, 기회비용은 운영비군요. 그러니 운영비인 기회비용보다 많이 벌어들인다면 하던 일을 계속 해야 한다는 뜻이겠죠? 투자한 돈에 연연해 봤자 소용없다는 것이죠. 참, 별 내용도 아닌데 이렇게 어려워 보이다니! 하지만 첫 문단의 시작에서 '엎질러진 물'이 마지막 문단에서도 다시 나오고 있다는 데 주목해 봅시다. 바로 이 글의 의도가 무엇인지를 보여주는 부분이니까요. 헝클어진 실타래의 꼬투리! 드디어 찾았다! 이제 나머지 지문도 술술 풀려 나갈 거예요.

29. (다)~(라)를 바탕으로 판단할 때, ㉠의 이유로 가장 적절한 것은?

㉠에서 질문했으니 답변은 그 다음에 있을 겁니다. (라)에 있다는 말이겠죠.

써야 하는 비용보다 기업이 운항을 통해 벌어들이는 총수입이 크다면 항공사들은 계속 영업을 해야 한다.

이 부분만으로도 답을 찾을 수 있습니다. 하지만 그 전에 우리가 이 글의 의도를 파악하고 읽었다면 이미 답이 '② 총수입이 기회비용보다 크기 때문'이라는 것을 찾았을 거예요.

30. (마)를 이해한 뒤, 〈보기〉에 나오는 김씨의 상황을 판단한 것으로 적절하지 않은 것은?

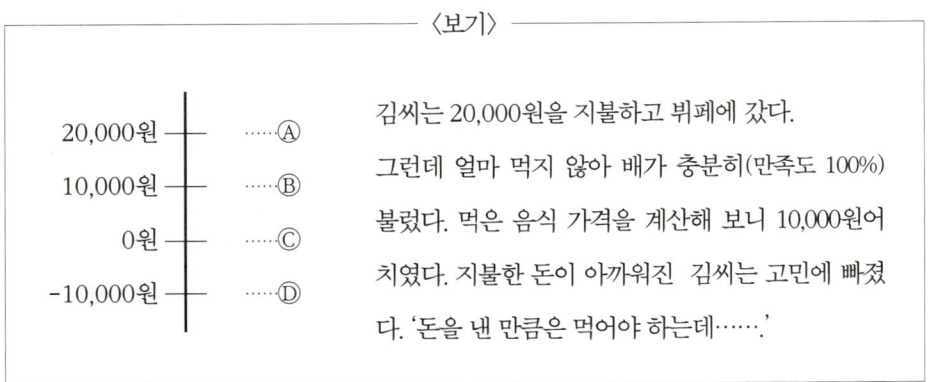

〈보기〉

20,000원 ┼ ⋯⋯Ⓐ
10,000원 ┼ ⋯⋯Ⓑ
0원 ┼ ⋯⋯Ⓒ
-10,000원 ┼ ⋯⋯Ⓓ

김씨는 20,000원을 지불하고 뷔페에 갔다. 그런데 얼마 먹지 않아 배가 충분히(만족도 100%) 불렀다. 먹은 음식 가격을 계산해 보니 10,000원어치였다. 지불한 돈이 아까워진 김씨는 고민에 빠졌다. '돈을 낸 만큼은 먹어야 하는데⋯⋯.'

'경제' 지문에 꼭 나온다는 '적용하기' 문제군요. 현실에 적용하는 것이니 '지문의 내용을 응용해야하는구나. 어렵겠다.'는 생각이 들지도 몰라요. 오, 하지만 그런 지레짐작은 금물! 우리가 알아야 하는 것은 '매몰비용'과 '기회비용'입니다. 그리고 '매몰비용'은 의사결정에 영향을 미치지 않아야 한다는 것이고요.

① 지불한 매몰비용은 Ⓐ이다.
② 얻으려는 편익은 Ⓐ 이상이다.
③ 실제 얻고 있는 편익은 Ⓑ이다.
④ 더 먹어서 얻을 수 있는 편익은 Ⓒ 이상이다.
⑤ 더 먹어서 배탈이 난다면 편익이 Ⓓ가 될 수 있다.

내가 지불한 돈이 매몰비용이니까 Ⓐ는 당연히 매몰비용입니다. 우리가 매몰비용을 지불하는 것은 당연히 그 이상을 얻으려는 생각에서겠죠. 그러니 편익은 Ⓐ 이상이 되어야 하는 것 역시 당연합니다. 하지만 내가 먹은 양은 안타깝게도 ⑧입니다. 실제 얻은 편익이 ⑧인 것이 안타깝습니다. 하지만 그렇다고 더 먹으면 이익일까요? 혹시 더 먹어서 탈이라도 나서 병원이라도 간다면 돈이 더 듭니다. 편익은 -가 될 수도 있습니다. 이제 답이 보이죠? 혹시 답을 ④가 아닌 ⑤로 한 친구가 있다면 자신의 의사 결정이 합리적이지 않다는 사실을 깨달아야 합니다. 아깝다고 많이 먹으면 살을 빼느라 돈이 더 들지도 모르고, 체해서 고생을 할지도 모릅니다. 그것은 이익이 아니라 손해입니다. 과유불급(過猶不及, 지나치면 모자람만 같지 못하다)이라는 옛말이 있는 것처럼 합리적인 결정을 내릴 줄 아는 친구들이 되기를 바랍니다.

경제와 관련된 지문을 보셨습니다. 인문 지문을 읽을 때보다 조금 자연스러워졌나요? 그렇지 않다면 쌤과 함께 하는 이 책을 방법에 관한 책으로 읽으면서 요즘 여러분이 열광하는 EBS 교재나 쌤이 사랑하는 〈기출문제집〉을 옆에 두고 부지런히 연습해 보세요. 금방 익숙해질 거예요. 어쩌면 진짜로 재미를 붙이게 될지도 모르고요. ^^ 좋아요!! 그러면 우리 가장 많이 나오는 '경제' 지문! 하나만 더 볼까요?

2008. 11. 전국연합평가

〔32~34〕 다음 글을 읽고 물음에 답하시오.

세계의 여러 나라는 경제 성장이 국민 소득을 높여주고 물질적인 풍요를 가져다주는 것으로 보고, 이와 관련된 여러 지표를 바탕으로 국가를 경영하고 있다. 만일, 경제 성장으로 인해 우리의 소득이 증가하고 또 물질적인 풍요가 이루어진다면 우리는 행복한 생활을 누리게 되는 것일까?

이러한 의문을 처음 제기한 사람은 미국의 이스털린 교수이다. 그는 여러 국가를 대상으로 다년간의 조사를 실시하여 사람들이 느끼는 행복감을 지수화(指數化)하였다. 그 결과 한 국가 내에서는 소득이 높은 사람이 낮은 사람에 비해 행복하다고 응답하는 편이었으나, 국가별 비교에서는 이와 다른 결과가 나타났다. 즉, 소득 수준이 높은 국가의 국민들이 느끼는 행복 지수와 소득 수준이 낮은 국가의 국민들이 느끼는 행복 지수가 거의 비슷하게 나온 것이다. 아울러 한 국가 내에서 가난했던 시기와 부유해진 이후의 행복감을 비교해도 행복감을 느끼는 사람의 비율이 별로 달라지지 않았다는 사실을 확인했다.

이처럼 최저의 생활수준만 벗어나 일정한 수준에 다다르면 경제 성장은 개인의 행복에 이바지하지 못하게 되는데, 이러한 현상을 가리켜 ㉠'이스털린의 역설'이라 부른다.

만일 행복이 경제력과 비례한다면 소득 수준이 높을수록 더 행복해져야 하고 또 국민 소득이 높을수록 사회 전체가 행복해져야 할 것이다. 그러나 이스털린의 조사에서 확인할 수 있듯이, 행복과 경제력은 비례하지 않는다. 즉, 사회 전체의 차원의 소득 수준이 높아진다고 해서 행복하게 느끼는 사람의 비율이 함께 증가하지 않는 것이다.

이스털린 이후에도 많은 학자들은 행복과 소득의 관련성에 관심을 갖고 왜 이러한 괴리 현상이 나타나는지 연구했다. 이들은 우선 사람들이 행복을 자신의 절대적인 수준이 아닌 다른 사람과 비교한 상대적인 수준에서 느끼는 것으로 보았다. 그리고 시간이 지나면서 늘어난 자신의 소득에 적응하게 되면 행복감이 이전보다 둔화된다고 보았다. 또 '인간 욕구 단계설'을 근거로 소득이 높아지면 의식주와 같은 기본 욕구보다 성취감과 같은 자아실현 욕구가 강해지므로 행복의 질이 달라진다고 해석했다. 이러한 연구 결과를 바탕으로 이들은 부유한 국가일수록 경제 성장보다는 분배 정책과 함께 자아실현의 기회를 늘려주는 정책을 펴야 한다고 주장하고 있다.

1인당 국민소득이 1만 달러에서 2만 달러로 올라간다고 해도 사람들이 그만큼 더 행복해진다고 말하기는 어렵다. 즉, 경제 성장이 사람들의 소득 수준을 전반적으로 향상시켜 경제적인 부유함을 더 누릴 수 있게 할 수는 있어도 행복감마저 그만큼 더 높여줄 수는 없는 것이다. 한 마디로 [ⓐ   ]

- 이정전, 「우리는 행복한가」(한길사)

32. 위 글의 내용과 일치하지 않는 것은?

① 이스털린은 사람이 느끼는 행복감을 지수로 만들었다.

② 이스털린 이후에도 행복과 소득의 상관성에 대한 연구가 이루어졌다.

③ 이스털린의 국가별 비교 조사에서는 가난한 국가의 국민일수록 행복감이 높음을 보여 주고 있다.

④ 이스털린과 같은 관점의 연구자는 부유한 국가일수록 분배 정책을 기본으로 삼아야 한다고 주장한다.

⑤ 이스털린은 한 국가 안에서 소득 수준이 서로 다른 두 시기의 행복감이 별다른 차이가 없다고 보았다.

33. ㉠을 그래프로 가장 잘 나타낸 것은?

①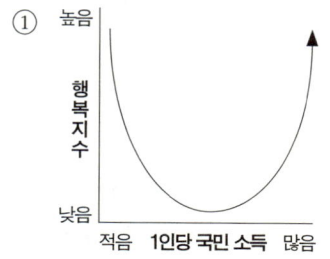

②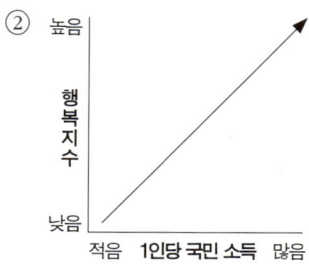

③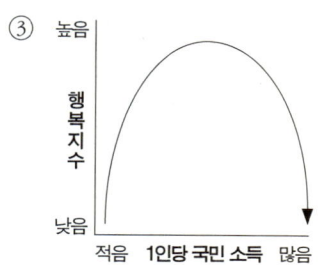

④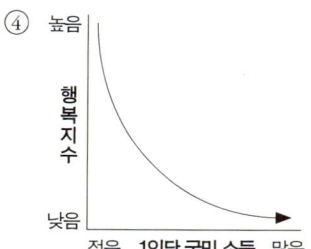

⑤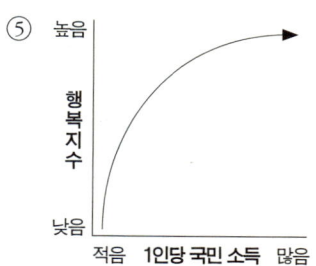

34. 글의 흐름을 고려할 때, ⓐ에 들어갈 말로 가장 적절한 것은? 〔1점〕

① 행복은 소득과 꼭 정비례하는 것은 아니다.

② 개인은 자아를 실현할 때 행복을 얻게 되는 것이다.

③ 국가가 국민의 행복감을 좌우할 수 있는 것은 아니다.

④ 개개인의 마음가짐이 행복을 결정한다고 말할 수 있다.

⑤ 행복은 성장보다 분배를 더 중시할 때 이루어질 수 있다.

세계의 여러 나라는 경제 성장이 국민 소득을 높여주고 물질적인 풍요를 가져다주는 것으로 보고, 이와 관련된 여러 지표를 바탕으로 국가를 경영하고 있다. 만일, 경제 성장으로 인해 우리의 소득이 증가하고 또 물질적인 풍요가 이루어진다면 우리는 행복한 생활을 누리게 되는 것일까?

지문 다 읽지도 않고 쌤 말이 시작되어서……반갑죠? ㅋㅋ 첫 문단의 매력이 물씬 풍기는 문단이어서 참지 못하고 나왔어요. 우리가 지문을 읽다 보면 '일반적으로 사람들은……', '흔히……'와 같이 보편적인 생각으로 시작하는 문단을 볼 때가 종종 있어요. 이건 말이죠, 앞으로 펼쳐질 이야기에 '글쓴이'가 그들과 다른 생각을 내놓을지 모른다는 일종의 암시랍니다. 더구나 '설의적인 물음표로 문단이 끝났다면 그 뒤에 펼쳐질 내용은 당연히 그와 반대되는 내용일 테지요. 이제 다음 문단의 내용은 안 봐도 알겠죠? 네, 그렇습니다. 물질적인 풍요가 우리의 행복과 비례하지 않는다는 이야기를 하게 될 것 같네요. 확인하러 빨리 내려가 보겠습니다.

이러한 의문을 처음 제기한 사람은 미국의 이스털린 교수이다. 그는 여러 국가를 대상으로 다년간의 조사를 실시하여 사람들이 느끼는 행복감을 지수화(指數化)하였다. 그 결과 한 국가 내에서는 소득이 높은 사람이 낮은 사람에 비해 행복하다고 응답하는 편이었으나, 국가별 비교에서는 이와 다른 결과가 나타났다. 즉, 소득 수준이 높은 국가의 국민들이 느끼는 행복 지수와 소득 수준이 낮은 국가의 국민들이 느끼는 행복 지수가 거의 비슷하게 나온 것이다. 아울러 한 국가 내에서 가난했던 시기와 부유해진 이후의 행복감을 비교해도 행복감을 느끼는 사람의 비율이 별로 달라지지 않았다는 사실을 확인했다.

이처럼 최저의 생활수준만 벗어나 일정한 수준에 다다르면 경제 성장은 개인의 행복에 이바지하지 못하게 되는데, 이러한 현상을 가리켜 ㉠'이스털린의 역설'이라 부른다.

　만일 행복이 경제력과 비례한다면 소득 수준이 높을수록 더 행복해져야 하고 또 국민 소득이 높을수록 사회 전체가 행복해져야 할 것이다. 그러나 이스털린의 조사에서 확인할 수 있듯이, 행복과 경제력은 비례하지 않는다. 즉, 사회 전체의 차원의 소득 수준이 높아진다고 해서 행복하게 느끼는 사람의 비율이 함께 증가하지 않는 것이다.

역시 그랬습니다. 행복은 부와 비례하지 않았습니다. 그러한 주장을 '이스털린의 역설'로 설명하고 있습니다.

　이스털린 이후에도 많은 학자들은 행복과 소득의 관련성에 관심을 갖고 |왜| 이러한 괴리 현상이 나타나는지 연구했다. 이들은 우선 사람들이 행복을 자신의 절대적인 수준이 아닌 다른 사람과 비교한 ①상대적인 수준에서 느끼는 것으로 보았다. 그리고 시간이 지나면서 ②늘어난 자신의 소득에 적응%하게 되면 행복감이 이전보다 둔화된다고 보았다. 또 '인간 욕구 단계설'을 근거로 ③소득이 높아지면 의식주와 같은 기본 욕구보다 성취감과 같은 자아실현 욕구가 강해지므로 행복의 질이 달라진다고 해석했다. 이러한 연구 결과를 바탕으로 이들은 부유한 국가일수록 경제 성장보다는 분배 정책과 함께 자아실현의 기회를 늘려주는 정책을 펴야 한다고 주장하고 있다.

　1인당 국민소득이 1만 달러에서 2만 달러로 올라간다고 해도 사람들이 그만큼 더 행복해진다고 말하기는 어렵다. 즉, 경제 성장이 사람들의 소득 수준을 전반적으로 향상시켜 경제적인 부유함을 더 누릴 수 있게 할 수는 있어도 행복감마저 그만큼 더 높여줄 수는 없는 것이다. 한 마디로 ⓐ

어느 정도 부유한 나라일수록 분배 정책과 자아실현의 기회를 늘려주는 정책을 펴야 행복한 사람이 많아집니다.

역시 첫 문단은 마지막 문단과 맞물리며 글 쓴 사람이 무엇을 말하고자 하는지 보여 준다는 것을 알게 해 주는군요.

32. 위 글의 내용과 일치하지 않는 것은?

① 이스털린은 사람이 느끼는 행복감을 지수로 만들었다.

② 이스털린 이후에도 행복과 소득의 상관성에 대한 연구가 이루어졌다.

③ 이스털린의 국가별 비교 조사에서는 가난한 국가의 국민일수록 행복감이 높음을 보여 주고 있다.

④ 이스털린과 같은 관점의 연구자는 부유한 국가일수록 분배 정책을 기본으로 삼아야 한다고 주장한다.

⑤ 이스털린은 한 국가 안에서 소득 수준이 서로 다른 두 시기의 행복감이 별다른 차이가 없다고 보았다.

이 문제의 발문은 글 전체를 이해해야 할 거라는 암시를 줍니다. 하지만 답지를 잘 보면 글의 어디를 보아야 하는지 힌트가 함께 제시되고 있다는 걸 알 수 있어요. ①, ③, ⑤번 답지는 '이스털린'의 조사에 대한 글입니다. 따라서 보아야 할 문단은 두 번째이거나 세 번째 문단입니다. ②번과 ④번은 '이스털린 이후'의 관점입니다. 보아야 할 문단은 네 번째가 됩니다. 이제 보아야 할 지문의 범위가 좁아졌기 때문에 다시 지문으로 돌아간다고 해도 오래 걸리지 않아 답을 찾아낼 수 있을 것입니다.

소득 수준이 높은 국가의 국민들이 느끼는 행복 지수와 소득 수준이 낮은 국가의 국민들이 느끼는 행복 지수가 거의 비슷하게 나온 것이다. – 둘째 문단

정답은 ③번입니다.

33. ⊙을 그래프로 가장 잘 나타낸 것은?

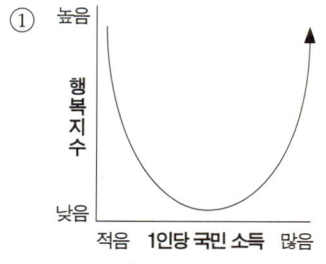

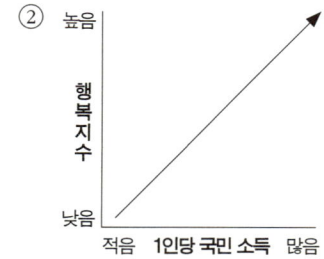

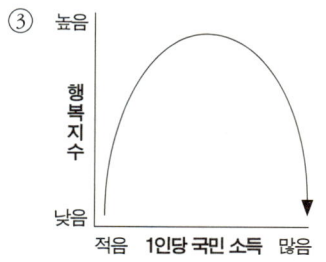

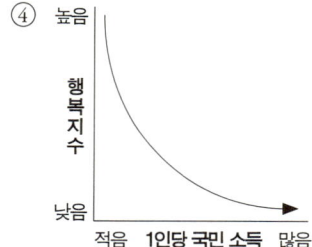

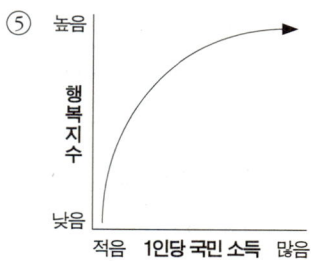

　문제를 풀고 난 후 채점을 하게 됩니다. 그때 비문학의 경우, 한 지문에 묶인 채점의 운명은 대개 '소나기'이거나 둥근 '보름달'의 향연이거나……같은 배를 타는 일이 많지요. 하나가 틀리면 모조리 틀리고, 하나가 맞으면 모조리 맞는 현상이 바로 그런 거지요. 이유는 비문학 지문의 경우 특히 지문의 핵심을 파악하면 맞고, 그렇지 못하면 틀리는 문제들이 대부분이기 때문입니다. 이 문제의 경우에도 32번과 맞물리는 문제라고 볼 수 있습니다. 32번을 틀렸다면 '가난과 행복은 반비례한다'는 생각을 가지고 있을 확률이 높습니다. 즉 부유할수록 행복지수가 떨어진다는 생각일 것입니다. 그렇다면 이 문제의 정답으로 ④번을 선택했을 확률이 높겠죠. 만약 ④번이 아닌 다른 번호를 선택했다면 그 친구는 지문의 내용을 잘못 이해한 게 아니라 아예 무슨 내용인지 이해하지 못한 친구라고 볼 수 있습니다. 선택한 답지에 일관성도 없으니까요! 하지만 위의 문제를 제대로 풀었다면 부와 행복지수의 관계가 반드시 비례하지도 반비례하지도 않는다는 것을 알 수 있지요. 소득과 관계없는 행복지수를 부분적으로라도 보여주고 있는 그래프는 ⑤번뿐입니다. 또한 지문의 내용을 읽어보아도 **"시간이 지나면서 늘어난 자신의 소득에 적응하게 되면 행복감이 이전보다 둔화된다고 보았다.-넷째 문단"**에서 알 수 있듯이 정답은 확실히 ⑤번입니다.

34. 글의 흐름을 고려할 때, ⓐ에 들어갈 말로 가장 적절한 것은? 〔1점〕

① 행복은 소득과 꼭 정비례하는 것은 아니다.
② 개인은 자아를 실현할 때 행복을 얻게 되는 것이다.
③ 국가가 국민의 행복감을 좌우할 수 있는 것은 아니다.
④ 개개인의 마음가짐이 행복을 결정한다고 말할 수 있다.
⑤ 행복은 성장보다 분배를 더 중시할 때 이루어질 수 있다.

34번 문제도 결국은 내용의 이해 문제입니다. 뿐만 아니라 ①답지는 33번 문제에 있는 그래프 유형의 답지를 문장으로 표현한 것이죠. 그리고 정답이기도 합니다. 잘 보세요. 32~34번까지의 문제들을 보면 모두 '경제적인 측면과 행복지수의 상관관계'

에 대한 질문을 이렇게 또 저렇게 모양을 바꾸어 가며 물어보고 있습니다. 우리도 누군가에게 내가 한 말을 잘 이해했는지 확인하고 싶을 때 이렇게 여러 가지 방법으로 물어보지 않나요? 경제 지문은 유독 이런 형태의 질문이 많아요. 경제 지문의 특징이기도 합니다. 그러니 한 문제를 틀리면 연쇄적으로 틀릴 수밖에요. 물론 개중에는 내용에 관한 문제보다 서술상의 특징이나 어휘 문제를 묻는 것도 있지만 '경제'에서 가장 중요한 것은 '인문'과 마찬가지로 글쓴이가 말하고자 하는 '의도'를 정확하게 파악하는 것입니다.

'사회' 관련 지문의 대부분은 '경제'에 치우쳐 있지만 그렇지 않은 지문도 이따금 출제됩니다. 한 번 연습해 보세요. 기본적으로 '사회 영역'은 사회문제나 현상에 관한 모든 것을 의미합니다. 따라서 경제가 아닌 문화나 사회적 문제에 관한 내용도 살펴보아야 합니다. 이번에는 포인트만 짚어 가며 읽어 보도록 하세요. 지문은 '이정표'라는 것, 기억하고 있죠? 이정표로 지문을 표시하며 읽는 연습을 충분히 한 뒤 '나무'가 아닌 '숲'을 볼 줄 아는 여러분이 되었기를 바랍니다. 아 참, 글쓴이가 글을 쓴 의도를 파악하는 것 잊지 말아야 한다는 점, 다시 한 번 강조할게요. 힘내세요, 여러분! 언제나 여러분을 응원하는 '힘이 나는 희민쌤'이 여기 있습니다.

"폭풍 성장하세요! 파이팅!"

2006. 6. 전국연합평가

〔33~36〕 다음 글을 읽고 물음에 답하시오.

현대는 콘텐츠의 시대다. 콘텐츠가 시대적 화두가 되고 있지만 사실 우리는 콘텐츠라는 용어에 대해 합의된 정의조차 내리지 못하고 있다. 콘텐츠란 무엇인가? 콘텐츠(contents)의 사전적 의미는 '내용이나 목차' 이다. 우리 일상에서도 콘텐츠란 말은 너무나 자주 사용된다. 내용에 해당되는 것이 콘텐츠겠지만 문화콘텐츠, 인문콘텐츠, 디지털콘텐츠라는 용어에서의 콘텐츠가 과연 단순한 내용물을 이야기하는 것일까? 콘텐츠는 단순한 내용물이 아니다. 결론부터 말하자면 콘텐츠는 테크놀로지를 전제로 하거나 테크놀로지와 결합된 내용물이라고 할 수 있다.

원론적으로 콘텐츠는 미디어를 필요로 한다. 미디어는 기술의 발현물이다. 텔레비전이라는 미디어는 기술의 산물이지만 여기에는 프로그램 영상물이라는 콘텐츠를 담고 있으며, 책이라는 기술미디어에는 지식콘텐츠를 담고 있다. 결국 미디어와 콘텐츠는 분리될 수 없는 결합물이다.

시대가 시대이니만큼 콘텐츠의 중요함은 새삼 강조할 필요가 없어 보인다. 그러나 콘텐츠만 강조하는 것은 의미가 없다. 콘텐츠는 본질적으로 내용일 텐데, 그 내용은 결국 미디어라는 형식이나 도구를 빌어 표현될 수밖에 없기 때문이다. 그러므로 아무리 우수한 콘텐츠를 가지고 있더라도 미디어의 발전이 없다면 콘텐츠는 표현의 한계를 가질 수밖에 없다.

문화도 마찬가지이다. 문화의 내용이나 콘텐츠는 중요하다. 하지만 일반적으로 사람들은 문화를 향유할 때, 콘텐츠를 선택하기에 앞서 미디어를 먼저 결정한다. 전쟁물, 공포물을 감상할까 아니면 멜로나 판타지를 감상할까를 먼저 결정하는 것이 아니라 영화를 볼까 연극을 볼까 아니면 TV를 볼까 하는 선택이 먼저라는 것이다. 그런 다음, 영화를 볼 거면 어떤 개봉 영화를 볼까를 결정한다. 어떤 내용이냐도 중요하지만 어떤 형식이냐가 먼저이다.

가령, 〈태극기 휘날리며〉나 〈실미도〉라는 대중적인 흥행물은 영화라는 미디어를 통해 메시지를 전달하고 있다. 〈태극기 휘날리며〉나 〈실미도〉는 책으로 읽을 수도 있고, 연극으로 감상할 수도 있다. 하지만 흥행에 성공한 것은 영화라는 미디어였다. 여기서 중요한 것은 메시지나 콘텐츠를 어떤 미디어를 통해 접하는가이다. 아무래도 영화로 생생한 감동을 느끼는 〈태극기 휘날리며〉와 차분히 책장을 넘기며 감상하는 〈태극기 휘날리며〉는 수용자의 입장에서 보면 큰 차이가 있다. 감각을 활용하는 것은 콘텐츠보다는 미디어와 관련이 있다. 따라서 미디어의 차이는 단순한 도구의 차이가 아니라 메시지의 수용과도 연결된다.

요컨대 미디어는 단순한 기술이나 도구가 아니다. 미디어는 콘텐츠를 표현하고 실현하는 최종적인 창구이다. 시대적으로 콘텐츠의 중요성이 강조되고 있지만 이에 못지않게 미디어의 중요성이 부각되어야 할 것이다. 콘텐츠가 아무리 좋아도 이를 문화 예술적으로 완성시켜 줄 미디어 기술이 없으면 콘텐츠는 대중적인 반향을 불러일으킬 수 없고 부가 가치를 창출할 수도 없기 때문이다.

- 최연구, 「콘텐츠 강대국 만들기」

33. 위 글의 제목으로 적절한 것은? 〔1점〕

① 테크놀로지의 미래   ② 콘텐츠의 경제적 가치

③ 콘텐츠와 미디어의 관계   ④ 테크놀로지의 수용 태도

⑤ 콘텐츠와 미디어 기술의 변천 과정

35. 〈보기〉와 관련하여 위 글을 이해한 내용으로 적절하지 <u>않은</u> 것은?

〈보기〉

　　인터넷 게임 'ㅇㅇㅇ'는 여고생에게 인기 있는 순정 만화 'ㅇㅇㅇ'를 원작으로 하고 있다. 이 만화는 역사상의 인물을 주인공으로 허구적 상상력을 발휘하여 사랑, 이별, 전쟁 등의 이야기를 펼치고 있다.

　　게임 'ㅇㅇㅇ'는 이 만화의 탄탄한 줄거리를 바탕으로, 손쉬운 실행법과 편리한 도움말을 게임 내에 구현하여 남녀노소 누구나 쉽게 게임을 즐길 수 있도록 구성하고 있다. 또한 당시의 생활상과 건축물, 인물들의 모습과 행동 등이 만화와 달리 화려한 이미지와 사운드로 구성되어 있어 만화를 접하지 않았던 사람들에게 까지 많은 호응을 얻고 있다. 이러한 국내의 인기를 바탕으로 게임 'ㅇㅇㅇ'는 해외까지 수출되어 높은 부가가치를 창출하고 있다.

① 미디어의 차이가 콘텐츠 수용의 차이로 나타난다.

② 새로운 미디어를 통해 콘텐츠 표현 방식이 훨씬 다양해진다.

③ 문화콘텐츠의 경제적 가치는 적절한 미디어의 선택과 관련이 있다.

④ 예술적 소재를 활용한 콘텐츠 개발이 문화산업의 성패를 좌우한다.

⑤ 같은 원작이라도 어떤 미디어를 선택하느냐에 따라 대중들의 호응도가 달라질 수 있다.

36. 위 글을 읽고 제기할 수 있는 비판적 의문으로 가장 적절한 것은? 〔3점〕

① 지나치게 문화의 형식적 측면을 강조하는 것은 아닐까?

② 콘텐츠가 대중문화에 절대적인 영향력을 행사한다고 할 수 있을까?

③ 콘텐츠와 미디어의 상관성에 내재한 인간적 가치를 간과한 것은 아닐까?

④ 메시지 수용의 측면에서 책을 읽는 것과 영화를 보는 것을 동일시할 수 있을까?

⑤ 콘텐츠의 문화 예술적 가치와 경제적 가치의 상관관계를 절대시하는 것은 아닐까?

이제 쌤이 한 것과 맞춰 볼까요? 이정표를 표시하듯 '숲'을 보는 읽기입니다.

현대는 콘텐츠의 시대다. 콘텐츠가 시대적 화두가 되고 있지만 사실 우리는 콘텐츠라는 용어에 대해 합의된 정의조차 내리지 못하고 있다. 콘텐츠란 무엇인가? 콘텐츠(contents)의 사전적 의미는 '내용이나 목차'이다. 우리 일상에서도 콘텐츠란 말은 너무나 자주 사용된다. 내용에 해당되는 것이 콘텐츠겠지만 문화콘텐츠, 인문콘텐츠, 디지털콘텐츠라는 용어에서의 콘텐츠가 과연 단순한 내용물을 이야기하는 것일까? 콘텐츠는 단순한 내용물이 아니다. 결론부터 말하자면 콘텐츠는 테크놀로지를 전제로 하거나 테크놀로지와 결합된 내용물이라고 할 수 있다.

원론적으로 콘텐츠는 미디어를 필요로 한다. 미디어는 기술의 발현물이다. 텔레비전이라는 미디어는 기술의 산물이지만 여기에는 프로그램 영상물이라는 콘텐츠를 담고 있으며, 책이라는 기술미디어에는 지식콘텐츠를 담고 있다. 결국 미디어와 콘텐츠는 분리될 수 없는 결합물이다.

시대가 시대이니만큼 콘텐츠의 중요함은 새삼 강조할 필요가 없어 보인다. 그러나 콘텐츠만 강조하는 것은 의미가 없다. 콘텐츠는 본질적으로 내용일 텐데, 그 내용은 결국 미디어라는 형식이나 도구를 빌어 표현될 수밖에 없기 때문이다. 그러므로 아무리 우수한 콘텐츠를 가지고 있더라도 **미디어의 발전이 없다면 콘텐츠는 표현의 한계**를 가질 수밖에 없다.

문화도 마찬가지이다. 문화의 내용이나 콘텐츠는 중요하다. 하지만 일반적으로 사람들은 문화를 향유할 때, 콘텐츠를 선택하기에 앞서 미디어를 먼저 결정한다. 전쟁물, 공포물을 감상할까 아니면 멜로나 판타지를 감상할까를 먼저 결정하는 것이 아니라 영화를 볼까 연극을 볼까 아니면 TV를 볼까 하는 선택이 먼저라는 것이다. 그런 다음, 영화를 볼 거면 어떤 개봉 영화를 볼까를 결정한다. 어떤 내용이냐도 중요하지만 어떤 형식이냐가 먼저이다.

가령, 〈태극기 휘날리며〉나 〈실미도〉라는 대중적인 흥행물은 영화라는 미디어를 통해 메시지를 전달하고 있다. 〈태극기 휘날리며〉나 〈실미도〉는 책으로 읽을 수도 있고, 연극으로 감상할 수도 있다. 하지만 흥행에 성공한 것은 영화라는 미디어였다. 여기서 중요한 것은 메시지나 콘텐츠를 어떤 미디어를 통해 접하는가이다. 아무래도 영화로 생생한 감동을 느끼는 〈태극기 휘날리며〉와 차분히 책장을 넘기며 감상하는 〈태극기 휘날리며〉는 수용자의 입장에서 보면 큰 차이가 있다. 감각을 활용하는 것은 콘텐츠보다는 미디어와 관련이 있다. 따라서 미디어의 차이는 단순한 도구의 차이가 아니라 메시지의 수용과도 연결된다.

요컨대 미디어는 단순한 기술이나 도구가 아니다. 미디어는 콘텐츠를 표현하고 실현하는 최종적인 창구이다. 시대적으로 콘텐츠의 중요성이 강조되고 있지만 이에 못지않게 미디어의 중요성이 부각되어야 할 것이다. 콘텐츠가 아무리 좋아도 이를 문화 예술적으로 완성시켜 줄 미디어 기술이 없으면 콘텐츠는 대중적인 반향을 불러일으킬 수 없고 부가 가치를 창출할 수도 없기 때문이다.

- 최연구, 「콘텐츠 강대국 만들기」

33. 위 글의 제목으로 적절한 것은? 〔1점〕

① 테크놀로지의 미래　　　　② 콘텐츠의 경제적 가치

③ 콘텐츠와 미디어의 관계　　④ 테크놀로지의 수용 태도

⑤ 콘텐츠와 미디어 기술의 변천 과정

　이와 같은 문제가 원하는 것은 '핵심 화제'와 '글쓴이의 주제 혹은 의도' 파악에 있다는 사실을 알고 있겠죠? 첫 문단에서 '콘텐츠'가 나오긴 했지만 함께 나온 녀석이 '테크놀로지'였습니다. 다음 문단에서는 '테크놀로지' 중에서 '미디어'가 선택되었죠? 쌤이 앞에서 말했던 것을 기억하는지 모르겠네요.

"중심이 되는 화제는 그 범위가 가장 좁다."

　이 지문을 보면 '테크놀로지⊃미디어'라는 상관관계가 있음을 알 수 있습니다. 따라서 '콘텐츠와 테크놀로지'보다 좁은 개념에 있는 '콘텐츠와 미디어'가 핵심이 되는 화제라 할 수 있겠죠? ③번과 ⑤번에 '콘텐츠와 미디어'에 관한 답지가 있습니다. 이제 이 글의 핵심이 되는 주제와 의도가 무엇이었는지 확인해 볼까요? 셋째 문단부터 마지막 문단까지 계속된 내용은 '콘텐츠'보다 '미디어'가 우선시된다는 내용입니다. 답은 과정이 아니라 관계입니다. ③번 외에 답이 될 수 있는 답지는 없습니다. 이 글을 쓴 사람의 의도는 '미디어'의 중요성을 역설하는 것이었다고 생각합니다. 이렇게 글을 읽고 난 후에는 반드시 글쓴이의 의도를 파악하는 습관을 들이세요. 문제를 하나라도 더 맞추자고 하는 소리가 아닙니다. 누군가의 말을 들을 때에도 그 사람이 말하고자 하는 의도를 파악하려고 노력하는 습관은 상대에게 예의를 갖추는 자세이기도 하답니다.

35. 〈보기〉와 관련하여 위 글을 이해한 내용으로 적절하지 않은 것은?

〈보기〉

　　인터넷 게임 '○○○'는 여고생에게 인기 있는 순정 만화 '○○○'를 원작으로 하고 있다. 이 만화는 역사상의 인물을 주인공으로 허구적 상상력을 발휘하여 사랑, 이별, 전쟁 등의 이야기를 펼치고 있다.

　　게임 '○○○'는 이 만화의 탄탄한 줄거리를 바탕으로, 손쉬운 실행법과 편리한 도움말을 게임 내에 구현하여 남녀노소 누구나 쉽게 게임을 즐길 수 있도록 구성하고 있다. 또한 당시의 생활상과 건축물, 인물들의 모습과 행동 등이 만화와 달리 화려한 이미지와 사운드로 구성되어 있어 만화를 접하지 않았던 사람들에게 까지 많은 호응을 얻고 있다. 이러한 국내의 인기를 바탕으로 게임 '○○○'는 해외까지 수출되어 높은 부가가치를 창출하고 있다.

　　'적용하기' 문제입니다. 이와 같은 문제는 지문의 개념에 대응하는 것이 무엇인지를 찾아 주는 것이 관건입니다. 그것만 잘 된다면 '내용 일치' 문제와 별반 다를 게 없습니다. 일단 보기의 첫 문단에서 주인공은 '인터넷 게임'입니다. 원작은 '만화'입니다. 이 둘은 바로 '미디어-표현방식'입니다.

　　둘째 문단에서 우리가 주목할 것은 이 '인터넷 게임'이 만화를 접하지 않았던 사람들에게까지 많은 호응을 얻어 높은 부가가치를 창출하고 있다는 점입니다. 한 마디로 '만화'보다 더 잘 나간다는 말이군요. '미디어'의 선택이 중요하다는 것을 보여 줍니다. 어떻습니까? 지문의 내용과 대응되었다면 지금부터는 '내용 일치' 문제가 됩니다.

　　① 미디어의 차이가 콘텐츠 수용의 차이로 나타난다.

② 새로운 미디어를 통해 콘텐츠 표현 방식이 훨씬 다양해진다.

③ 문화콘텐츠의 경제적 가치는 적절한 미디어의 선택과 관련이 있다.

④ 예술적 소재를 활용한 콘텐츠 개발이 문화산업의 성패를 좌우한다.

⑤ 같은 원작이라도 어떤 미디어를 선택하느냐에 따라 대중들의 호응도가 달라질 수 있다.

답지를 보십시오. ①~⑤번 답지 중 우리가 가장 중요하게 생각하는 '미디어'에 관한 이야기가 빠진 답지가 보이네요. 다 같이 외쳐 볼까요? 몇 번? 예, 매우 잘했습니다. ④번을 뺀 모든 답지의 핵심은 '미디어'입니다. "적용하기 문제는 어렵다."는 선입견만 버린다면 이 문제 역시 33번 문제와 마찬가지로 핵심이 무엇인지를 물어보고 있다는 것을 알 수 있죠?

36. 위 글을 읽고 제기할 수 있는 비판적 의문으로 가장 적절한 것은? [3점]

① 지나치게 문화의 형식적 측면을 강조하는 것은 아닐까?

② 콘텐츠가 대중문화에 절대적인 영향력을 행사한다고 할 수 있을까?

③ 콘텐츠와 미디어의 상관성에 내재한 인간적 가치를 간과한 것은 아닐까?

④ 메시지 수용의 측면에서 책을 읽는 것과 영화를 보는 것을 동일시할 수 있을까?

⑤ 콘텐츠의 문화 예술적 가치와 경제적 가치의 상관관계를 절대시하는 것은 아닐까?

'비판하기'라고 해서 무턱대고 지문의 내용을 반박하면 끝나는 게 아니랍니다. 누군가의 말을 비판하려면 상대방의 말 가운데 핵심을 찾아 반박해야 합니다. 그렇지 않고 자잘한 내용만 비판한다면 '말꼬리 잡기' 식의 유치한 비판이 될 수밖에 없습니다. 따라서 이 문제 역시 글의 핵심을 묻는 것이라고 할 수 있지요. 이 글의 핵심은 무엇이었습니까? 역시 '미디어'가 중요하다는 것이었습니다. 답지는 '미디어'가 노출되면 우리 친구들이 '혹할 것이라는 얄팍한 판단'에 ③번 답지를 제시하고 있지만 '미디어'와 '콘텐츠'의 상관관계가 이 글의 핵심화제이며 **'미디어'가 '콘텐츠'보다 우선시된다**는 것을 말하고 싶었다는 글쓴이의 의도까지 파악이 끝난 우리이기에 함정에 빠지지 말아야 합니다.

"선생님! 그런데 다른 답지에는 '미디어'가 없는데요?"라고 묻는다면 쌤은 조금 슬퍼질지도 몰라요. '콘텐츠'는 내용이고 '미디어'는 형식이라고 셋째 문단과 넷째 문단에서 이미 말해 주었으니까요. 그러니 이 글은 '형식'이 '내용'보다 우선시 된다는 것입니다. 답이 보이십니까? 네, ①번이 정답입니다. '형식적 측면을 강조'한 것을 비판하는 거죠. '비판하기' 문제는 먼저 핵심을 찾고, 그 핵심에 'not'을 붙이는 방법으로 하게 됩니다. 이 점을 잘 기억해 두기 바랍니다. ④의 경우는 "어떤 미디어를 사용해도 결과는 같을까?"라는 의문 제시로 오히려 글쓴이가 주장하는 내용을 지지하는 결과를 가져옵니다. 설마 ④번을 체크한 친구는 없겠지요? 다시 말하지만 '비판하기'는 "doesn't 핵심주장"입니다.

사회 영역 지문은 결국 어떤 문제가 출제가 된다고 해도 **'핵심'**이 무엇인지에 대한 중심만 꽉 잡고 있으면 해결됩니다. '경제 지문'이 아닌 다른 지문에서도 역시 핵심 잡기가 관건이란 뜻이죠! 지문의 의도와 핵심을 파악하지 못해서 연쇄적으로 문제를 틀리는 일이 많다면 일상의 생활에서도 마찬가지일 수 있습니다. 수업시간에 선생님께서 말씀하시는 의도를 제대로 파악하지 못하고, 제시된 학습목표를 정확하게 이해하지 못하면 아무리 열심히 공부해도 성적이 오르지 않는답니다. 유감스러운 일이지만, 정말 그래요!!

최선을 다해, 글쓴이가 '무엇에 대해 어떤 의도를 가지고 글을 썼는지'를 파악하세요. 이것이 바로 언어영역이 여러분에게 요구하는 핵심입니다! 언어영역의 의도이지요. 언제나 그렇듯! 아자아자, 힘내세요!!

생각보다 쉬운 과학 지문 읽기
용어의 개념까지 외우려고?
아니, 이정표 만들기에 집중해!

　'과학'은 우리가 흔히 말하는 '물리, 화학, 생물, 지구과학' 외에도 '수학'을 포함하는 영역입니다. '인문 영역'은 인간의 가치관에 관한 지문을 다루고, '사회 영역'이 인간의 삶에서 드러나는 현실적인 문제를 주제로 삼았다면, '과학 영역'은 순수한 학문으로서의 과학을 주로 다룹니다. 반면 '기술 영역'은 과학을 현실에 적용한 실용적인 부분으로 차별화되지요. 그러나 '과학'이라고 해도 언어영역에서 출제되는 지문은 '시대적 요구와 관심'이 집중되는 분야가 출제되는 경우가 많지요. 그래서 유명한 '과학 잡지'나 신문의 섹션에 자주 소개되는 '과학적 소재'들이 언어영역의 지문으로 활용될 소지가 많습니다. 주목받을 가능성이 높다는 뜻입니다.

과학 지문은 '인문계' 학생들에게는 다소 부담스러운 내용이 많아요. '자연계' 지망생이라고 해도 자신이 선택하지 않은 영역에 대한 지문이 출제되면 역시 부담스럽겠지요? 순수 학문인 탓에 우리가 일상에서 접하기 힘든 용어의 개념들이 나오고, 처음 들어 보는 이론이 소개되곤 하니까요. 하지만 그럴수록 우리가 꼭 기억해야 할 말이 있어요. 쌤이 앞에서 했던 말, 바로 "언어영역은 우리의 '지식'을 묻는 시험이 아니다!"입니다. 그래서 사회나 과학, 수학선생님이 아닌 '국어선생님'이 강의할 수 있는 것이죠.

과학 지문 역시 내용을 읽어가는 방법을 제대로 아는 것이 그 무엇보다 중요합니다. 쌤이 말했던 '글의 이정표'를 잘 찾아주는 것! 그것이 핵심이죠. 짧은 시간 동안 내용을 전부 이해하려고 하는 학생은 어쩌면 자신을 천재로 착각하기 때문일지도 모르겠어요. 물론 아무리 뛰어난 천재라고 해도 그 짧은 시간 동안 내용을 완전히 파악한다는 건 무리겠지만! 정말 중요한 것은 글쓴이가 무엇을 말하고자 하는지 빨리 파악하는 것이랍니다. 이제 지문을 볼까요? 이 지문은 2009년 11월에 실시되었던 학력평가에 제시된 지문입니다.

2009. 11. 전국연합평가

〔18~19〕 다음 글을 읽고 물음에 답하시오.

유치원생들 앞에 빨간색 세모와 초록색 원이 그려진 큰 깃발을 세웠다. 선생님이 빨간색 원 그림을 내 보이면서, 이것과 같은 깃발 아래 모이라고 말했다. 어린이들은 과연 어디로 갈까. 놀랍게도 어린이들은 별

다른 고민 없이 빨간색 세모로 몰려든다. 이 실험은 어린이들이 형태보다 색을 우선적으로 인지한다는 사실을 알려 준다.

그렇다면 어린이들이 가장 선호하는 색은 무엇일까? 실험 결과에 따르면 어린이들이 가장 좋아하는 색은 빨강이며, 그 다음으로는 노랑, 핑크, 보라, 주황 순이었다. 주로 차가운 느낌이 들지 않는 따뜻한 색과 중성색계가 상위에 꼽혔다. 따라서 어린이들이 거부감을 많이 느끼는 소아과 병원이나, 어린이들을 주 고객으로 하는 상업 공간에는 빨강, 노랑, 핑크, 주황처럼 어린이가 좋아하면서도 밝은 느낌을 주는 색을 칠하는 것이 좋다.

색채 응용 분야의 이론가였던 파버 비렌은 색이 인간의 심리에 미치는 영향이 단순히 심리적인 차원을 넘어 인체에 생물학적으로 직접 작용한다고 말했다. 색에 민감한 반응을 하는 사람들의 예를 보자. 평상시에는 혈압이 정상인데, 막상 병원에 가서 혈압을 재 보면 고혈압인 경우가 있다. 이런 사람들을 '백의(白衣) 고혈압 환자'라고 하는데, 통계에 따르면 병원에서 고혈압으로 분류되는 환자의 약 30%가 이런 증상을 보인다고 한다. 정상 혈압인 사람이 병원에만 가면 혈압이 오르는 이유는 의사나 간호사가 자신의 혈압을 재는 행위를 보고 너무 긴장하거나 당황하기 때문이다. 주목할 만한 것은 이 같은 증상의 주된 이유가 의사나 간호사, 혹은 병에 대한 막연한 두려움 때문이 아니라 병원 어디서나 흔히 볼 수 있는 흰색 가운 때문이라는 사실이다.

또한 시신경에서 흡수된 색이 자율신경계에도 영향을 준다는 사실이 밝혀졌다. 자율신경계는 소화, 호흡, 땀 분비, 심장 박동처럼 의식적으로 제어할 수 없는 몸의 움직임을 관장한다. 미국의 한 대학에서 다음과 같은 실험을 했다. 교도소 안에 통제하기 어려운 수감자들을 위해 '핑크색 감방'을 설치하고, 수감자가 규율을 어기거나 공격적인 행동을 보일 때 적어도 30분 동안 이 감방에 있게 했다. 10여 분이 지나자 수감자의 적대감, 공격적 행동 그리고 일반적인 폭력 성향이 약화됐다. 이 실험을 한 연구팀은 핑크색이 자율신경계에 영향을 미쳐 심장 박동의 급격한 상승을 억제했고, 사람의 에너지를 서서히 약화시키는 작용을 했다고 설명했다.

2002년 국내 한 방송사의 다큐멘터리 프로그램에서 실시한 실험 결과도 주목할 만하다. 여러 색에 노출된 실험 대상자들의 뇌를 컴퓨터단층촬영(CT)했더니, 파란색 계열에 노출된 사람은 기억력을 활성화하는 두정엽의 움직임이 활발해졌다. 또한 2009년 1월 영국에서는 성인 1,000명을 대상으로 실험을 했는데, 파란색을 본 사람은 심장 박동수와 땀 분비량이 줄어 몸이 편안해지는 진정 작용이 일어났다고 한다.

이처럼 색이 사람에게 미치는 영향은 다양한 실험과 연구 결과를 통해 입증되고 있으며, 기업의 상품 판매 전략이나 범죄 예방, 질병 치료 등에 중요한 요소로 활용되고 있다.

– 이종희, 「색은 약이다」

18. 위 글을 통해 알 수 있는 사실이 아닌 것은?

① 색은 사람의 지적 기능에 영향을 미친다.

② 색을 통하여 심리적 안정을 얻을 수 있다.

③ 색을 통해 사람의 행동 변화를 유도할 수 있다.

④ 색은 어린이보다 어른에게 더 큰 영향을 미친다.

⑤ 어린이들은 형태보다 색에 더 민감하게 반응한다.

19. 〈보기〉는 주택의 평면도이다. 위 글을 참고하여 집 꾸미기 계획을 세울 때, 적절하지 <u>않은</u> 것은?

① ㉠ : 고등학생인 큰아들의 방에는 학습에 도움이 될 수 있도록 파란색 계열의 책상과 책꽂이를 놓는다.

② ㉡ : 혈압 상승에 주의해야 될 할아버지의 방은 되도록이면 백색 계열의 벽지나 가구를 피하여 구성한다.

③ ㉢ : 유치원생인 막내의 방에는 어린이들이 선호하는 노랑이나 핑크색의 침대와 옷장을 놓는다.

④ ㉣ : 가족의 휴식 공간인 거실에는 파란색 계열의 양탄자를 깔아서 편안한 분위기를 연출한다.

⑤ ㉤ : 일찍 출근해야 하는 맞벌이 부부의 침실은 편안한 상태에서 숙면을 취해야 하므로 붉은색의 조명을 설치한다.

과학 지문 중 난이도가 낮은 글이라고 할 수 있습니다. "헉! 난 어려웠는데." 하고 당황하는 친구가 있다면 쌤과 공부하면서 함께 하는 시간 외에 '혼자 공부하는 시간'을 따로 만들지 않았다는 뜻! 과학 지문이 어렵다고 느끼는 것은 처음 보는 이론이나 개념에 대한 내용이 많기 때문입니다. 이 지문에는 그런 내용이 없기 때문에 다소 쉬운 지문이라 할 수 있겠지요? 이번에도 포인트를 위주로 읽어 보도록 하겠습니다.

유치원생들 앞에 빨간색 세모와 초록색 원이 그려진 큰 깃발을 세웠다. 선생님이 빨간색 원 그림을 내 보이면서, 이것과 같은 깃발 아래 모이라고 말했다. 어린이들은 과연 어디로 갈까. 놀랍게도 어린이들은 별다른 고민 없이 빨간색 세모로 몰려든다. 이 실험은 어린이들이 형태보다 색을 우선적으로 인지한다는 사실을 알려 준다.

그렇다면 어린이들이 가장 선호하는 색은 무엇일까? 실험 결과에 따르면 어린이들이 가장 좋아하는 색은 빨강이며, 그 다음으로는 노랑, 핑크, 보라, 주황 순이었다. 주로 차가운 느낌이 들지 않는 따뜻한 색과 중성색계가 상위에 꼽혔다. 따라서 어린이들이 거부감을 많이 느끼는 소아과 병원이나, 어린이들을 주 고객으로 하는 상업 공간에는 빨강, 노랑, 핑크, 주황처럼 어린이가 좋아하면서도 밝은 느낌을 주는 색을 칠하는 것이 좋다.

색채 응용 분야의 이론가였던 파버 비렌은 색이 인간의 심리에 미치는 영향이 단순히 심리적인 차원을 넘어 인체에 생물학적으로 직접 작용한다고 말했다. 색에 민감한 반응을 하는 사람들의 예를 보자. 평상시에는 혈압이 정상인데, 막상 병원에 가서 혈압을 재 보면 고혈압인 경우가 있다. 이런 사람들을 '백의(白衣) 고혈압 환자'라고 하는데, 통계에 따르면 병원에서 고혈압으로 분류되는 환자의 약 30%가 이런 증상을 보인다고 한다. 정상 혈압인 사람이 병원에만 가면 혈압이 오르는 이유는 의사나 간호사가 자신의 혈압을 재는 행위를 보고 너무 긴장하거나 당황하기 때문이다. 주목할 만한 것은 이 같은 증상의 주된 이유가 의사나 간호사, 혹은 병에 대한 막연한 두려움 때문이 아니라 병원 어디서나 흔히 볼 수 있는 흰색 가운 때문이라는 사실이다.

또한 시신경에서 흡수된 색이 자율신경계에도 영향을 준다는 사실이 밝혀졌다. 자율신경계는 소화, 호흡, 땀 분비, 심장 박동처럼 의식적으로 제어할 수 없는 몸의 움직임을 관장한다. 미국의 한 대학에서 다음과 같은 실험을 했다. 교도소 안에 통제하기 어려운 수감자들을 위해 '핑크색 감방'을 설치하고, 수감자가 규율을 어기거나 공격적인 행동을 보일 때 적어도 30분 동안 이 감방에 있게 했다. 10여 분이 지나자 수감자의 적대감, 공격적 행동 그리고 일반적인 폭력 성향이 약화됐다. 이 실험을 한 연구팀은 핑크색이 자율신경계에 영향을 미쳐 심장 박동의 급격한 상승을 억제했고, 사람의 에너지를 서서히 약화시키는 작용을 했다고 설명했다.

2002년 국내 한 방송사의 다큐멘터리 프로그램에서 실시한 실험 결과도 주목할 만하다. 여러 색에 노출된 실험 대상자들의 뇌를 컴퓨터단층촬영(CT)했더니, 파란색 계열에 노출된 사람은 기억력을 활성화하는 두정엽의 움직임이 활발해졌다. 또한 2009년 1월 영국에서는 성인 1,000명을 대상으로 실험을 했는데, 파란색을 본 사람은 심장 박동수와 땀 분비량이 줄어 몸이 편안해지는 진정 작용이 일어났다고 한다.

이처럼 색이 사람에게 미치는 영향은 다양한 실험과 연구 결과를 통해 입증되고 있으며, 기업의 상품 판매 전략이나 범죄 예방, 질병 치료 등에 중요한 요소로 활용되고 있다.

- 이종희, 「색은 약이다」

18. 위 글을 통해 알 수 있는 사실이 아닌 것은?

① 색은 사람의 지적 기능에 영향을 미친다. ← **파란색**

② 색을 통하여 심리적 안정을 얻을 수 있다. ← **핑크색**

③ 색을 통해 사람의 행동 변화를 유도할 수 있다. ← **핑크색**

④ 색은 어린이보다 어른에게 더 큰 영향을 미친다. ← **없어요**

⑤ 어린이들은 형태보다 색에 더 민감하게 반응한다. ← **첫째 문단**

금방 찾을 수 있겠죠? 생각보다 쉬운 지문이라고 쌤이 했던 말이 실감이 나는 문제입니다. 다음 문제도 별로 어렵지 않습니다.

19. 〈보기〉는 주택의 평면도이다. 위 글을 참고하여 집 꾸미기 계획을 세울 때, 적절하지 않은 것은?

〈보기〉

큰아들 방 ㉠
할아버지 방 ㉡
막내 방 ㉢
거실 ㉢
부부 침실 ㉣

① ㉠ : 고등학생인 큰아들의 방에는 학습에 도움이 될 수 있도록 파란색 계열의 책상과 책꽂이를 놓는다.

② ㉡ : 혈압 상승에 주의해야 될 할아버지의 방은 되도록이면 백색 계열의 벽지나 가구를 피하여 구성한다.

③ ㉢ : 유치원생인 막내의 방에는 어린이들이 선호하는 노랑이나 핑크색의 침대와 옷장을 놓는다.

④ ㉣ : 가족의 휴식 공간인 거실에는 파란색 계열의 양탄자를 깔아서 편안한 분위기를 연출한다.

⑤ ㉤ : 일찍 출근해야 하는 맞벌이 부부의 침실은 편안한 상태에서 숙면을 취해야 하므로 붉은색의 조명을 설치한다.

언제나 그러하듯 '적용하기' 문제는 보기에 있는 실제 상황을 지문의 어휘로 바꾸어야 합니다. 보아하니 용도에 맞는 색이 무엇인지 파악하는 문제군요.

과학 관련 문제에는 '그림'이 등장하는 경우가 많습니다. 물론 과학이 아니어도 '그림'이 등장하는 문제가 종종 출제됩니다. **그럴 때 우리는 그림을 감상하는 실수를 저지르게 되지요. 그림을 감상하는 것은 '미술 시간'에 하는 일입니다. 우리는 감상이 아니라 '소통'을 위해 그림을 보아야 합니다.** 출제자는 거실에 무슨 색이 어울릴지 묻는 게 아닙니다. 처음에 쌤이 말했듯이 그 모든 것은 출제자가 하는 일입니다. 우리는 그저 출제자의 의견을 수긍할지 아니면 반대할지만 말하면 됩니다. 이때 주의할 점은 출제자가 우리의 순수한 의견을 물어보는 게 아니라는 점이지요. 출제자는 지문의 글쓴이에게 의견을 물어보는 것입니다. 그러면 우리는 지문의 글쓴이가 되어 답을 해주어야 되는 거고요. 결국 이 또한 '내용 일치' 문제의 다른 모습이라는 것! 여러분, 이제 알겠죠?

①고등학생인 큰아들의 방에는 **학습**에 도움이 될 수 있도록 **파란색** 계열의 책상과 책꽂이를 놓는다.

위 답지에서는 '학습'과 '파란색'이 중요합니다. 기억력 활성화와 진정의 효과가 있는 색이 파란색입니다. 글쓴이는 적절하다고 판단할 것입니다.

②번의 경우는 '혈압과 백색'의 결합으로, ③번은 '어린이와 노랑, 핑크', ④번은 '편안한 분위기와 파랑', ⑤번은 '편안한 상태와 붉은색'이 관련되어 있습니다. 이제 답이 보입니까? 그렇습니다. 답은 ⑤번입니다. 지문에서 '붉은색'은 어린이들이 좋아하는 색이라고 되어 있습니다. 편안한 상태와 관련된 색은 '파란색'입니다.

우리가 이 문제를 풀기 위해 그림을 감상할 필요가 있었나요? 전혀 없었죠? 우리에게 필요한 것은 목적을 분명히 하고, 그에 어울리는 색을 찾는 것입니다. 언제나 그러하듯 '적용하기' 문제는 적용하는 대상을 지문의 어떠한 개념으로 바꾸어야 하는지를 찾는 것입니다. 적용해 놓은 그대로 문제를 풀려고 한다면 문제는 점점 더 어려워집니다.

이제 난이도를 조금 높여서 지문을 감상하도록 하겠습니다. 제시된 지문은 2008년 6월에 실시된 전국연합평가에서 가져왔습니다. 포인트 찾기! 그것 하나만 생각하면서 지문을 읽어 주세요.

[30~33] 다음 글을 읽고 물음에 답하시오.

물체가 진동하면 소리가 만들어진다. 이 중 주파수가 16Hz에서 20,000Hz 사이인 소리를 사람이 들을 수 있다. 소리를 듣는다는 것은 소리가 귀를 통해 뇌로 전달되어 분석되는 과정이다. 이 과정을 간략하게 설명하면, 소리는 외이와 중이를 거쳐 내이로 전달되고 내이에서 주파수별로 감지된다. 이후 각각의 정보는 청신경을 통해 뇌간으로 간 다음 뇌의 양측 측두엽으로 전달되어 최종 분석되는 것이다.

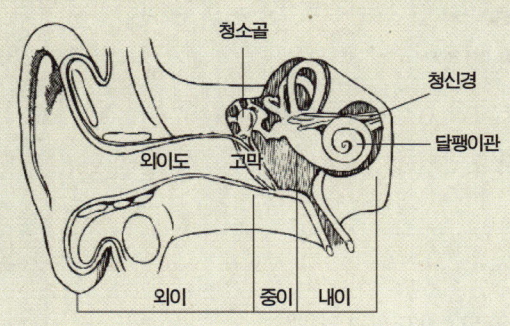

귀는 위의 그림처럼 귓바퀴와 외이도를 포함한 외이, 고막과 청소골로 형성된 중이, 주파수별로 소리를 감지하는 내이로 나뉜다. 물렁뼈로 이루어진 귓바퀴는 소리를 모아서 외이도로 전달한다. ㉠외이도는 고막과 함께 한쪽이 막힌 공명기 역할을 하여 일정 영역대의 소리 크기를 증폭해 준다.

중이에는 고막과 세 개의 단단한 뼈인 청소골이 있다. 고막은 외이도를 거쳐 도달한 진동 에너지를 모으고 증폭시켜 청소골로 전달한다. 증폭된 진동 에너지가 청소골을 울리고 청소골은 지렛대 같은 원리로 진동을 더욱 증폭시켜 내이 안의 림프라는 액체에 전달한다. 청소골의 작용 없이 진동 에너지가 림프가 차 있는 내이에 직접 전달된다면 공기와 액체의 밀도가 다르기 때문에 진동 에너지의 대부분이 반사되고 일부만이 내이로 전달될 것이다. 이렇게 고막과 청소골은 서로 다른 물질 사이에서 중계자 역할을 하여 에너지의 손실을 줄인다.

내이는 단단한 뼈로 둘러싸여 있는데 달팽이 껍질과 유사한 모양이기 때문에 달팽이관이라는 별명도 있다. 달팽이관의 안에는 기저막이 있는 데 이 위에 코르티기관이 존재한다. 코르티기관에는 털세포가 들어 있으며 이 세포들이 외부에서 들어오는 소리 에너지를 받아 주파수별대로 소리 정보를 나누어 감지하고, 이를 청신경에 전달한다. 이때 고주파 소리는 기저부에서 감지되고 저주파 소리는 첨부에서 감지된다. 기저부는 달팽이 껍질 모양의 넓은 쪽에, 첨부는 끝부분인 좁은 쪽에 해당한다.

- 홍성화, 「귀는 왜 두 개일까?」

30. 위 글의 내용과 일치하지 않는 것은?

① 외이와 중이는 소리를 모으고 증폭시키는 기관이다.

② 중이를 통해 전달된 소리는 내이에서 주파수별로 감지된다.

③ 중이는 서로 다른 물질 사이에서 에너지의 손실을 줄여 소리를 중계한다.

④ 내이는 중이에서 전달되는 소리를 받아들이기 쉽게 물렁뼈로 둘러싸여 있다.

⑤ 내이에는 소리를 나누어 감지하고 전달하는 세포가 있다.

31. 위 글로 보아 〈보기〉의 '소음성 난청'이 일어나는 원인으로 알맞은 것은?

―――――〈보기〉―――――

미국의 청각 개선 연구소(BHI)는 16~34세의 MP3 플레이어 이용자 1,000명을 대상으로 조사한 결과, 3명 중 1명꼴로 이어폰을 벗어도 계속 귀에서 소리가 울리는 '소음성 난청' 증상을 보였다고 밝혔다. '소음성 난청'은 일상에서 쉽게 접할 수 없는 고

주파 음역에서부터 시작된다고 알려져 있다.

① 고막의 손상　　② 첨부의 손상

③ 기저부의 손상　　④ 청소골의 손상

⑤ 측두엽의 손상

32. ㉠에 나타나는 현상과 가장 유사한 것은?

① 창문을 닫으면 밖의 소리가 작게 들린다.

② 번개가 먼저 치고 천둥소리는 나중에 들린다.

③ 빈 병에 입을 대고 불면 낮은음이 크게 들린다.

④ 풍선에 바람을 불어넣은 후 손을 떼면 날아간다.

⑤ 달리던 버스가 급정거를 하면 몸이 앞으로 쏠린다.

이제 문단의 이정표를 만들면서 함께 살펴보겠습니다. 포인트에 맞추어서!

　　물체가 진동하면 소리가 만들어진다. 이 중 주파수가 16Hz에서 20,000Hz 사이인 소리를 사람이 들을 수 있다. 소리를 듣는다는 것은 소리가 귀를 통해 뇌로 전달되어 분석되는 과정이다. 이 과정을 간략하게 설명하면, 〈소리는 외이와 중이를 거쳐 내이로 전달되고 내이에서 주파수별로 감지된다. 이후 각각의 정보는 청신경을 통해 뇌간으로 간 다음 뇌의 양측 측두엽으로 전달되어 최종 분석〉되는 것이다.

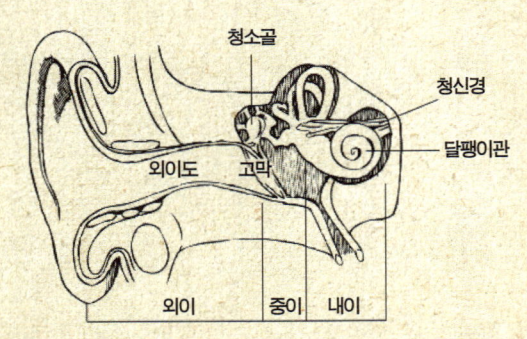

청소골
청신경
달팽이관
외이도 고막
외이 중이 내이

　귀는 위의 그림처럼 귓바퀴와 외이도를 포함한 외이, 고막과 청소골로 형성된 중이, 주파수별로 소리를 감지하는 내이로 나뉜다. 물렁뼈로 이루어진 귓바퀴는 소리를 모아서 외이도로 전달한다. ㉠외이도는 고막과 함께 한쪽이 막힌 공명기 역할을 하여 일정 영역대의 소리 크기를 증폭해 준다.

　중이에는 고막과 세 개의 단단한 뼈인 청소골이 있다. 고막은 외이도를 거쳐 도달한 진동 에너지를 모으고 증폭시켜 청소골로 전달한다. / 증폭된 진동 에너지가 청소골을 울리고 청소골은 지렛대 같은 원리로 진동을 더욱 증폭시켜 내이 안의 림프라는 액체에 전달한다. 청소골의 작용 없이 진동 에너지가 림프가 차 있는 내이에 직접 전달된다면 공기와 액체의 밀도가 다르기 때문에 진동 에너지의 대부분이 반사되고 일부만이 내이로 전달될 것이다. / 이렇게 고막과 청소골은 서로 다른 물질 사이에서 중계자 역할을 하여 에너지의 손실을 줄인다.

　내이는 단단한 뼈로 둘러싸여 있는데 달팽이 껍질과 유사한 모양이기 때문에 달팽이관이라는 별명도 있다. 달팽이관의 안에는 기저막이 있는데 이 위에 코르티기관이 존재한다. 코르티기관에는 털세포가 들어 있으며 이 세포들이 외부에서 들어오는 소리 에너지를 받아 주파수별대로 소리 정보를 나누어 감지하고, 이를 청신경에 전달한다. 이때 고주파 소리는 기저부에서 감지되고 저주파 소리는 첨부에서 감지된다. 기저부는 달팽이 껍질 모양의 넓은 쪽에, 첨부는 끝부분인 좁은 쪽에 해당한다.

인문이나 사회 지문과 다른 과학 지문의 특성을 말해 줄까요? 과학 지문에 모르는 용어가 많다는 것은 이미 말했습니다. 하지만 배경 지식이 많은 친구들에게는 문제 될 게 없습니다. 과학 지문이 인문이나 사회 지문과 다른 결정적인 점은 문단 간의 유기적 관계에 있습니다. 인문이나 사회 지문은 문단과 문단이 끈끈한 관계로 이어져 있습니다. 앞 문단이 원인이라면 뒷 문단은 결론이 되는 유형의 지문들이 많기 때문이죠. 그러나 과학 지문은 문단 간의 유기적 관계가 인문이나 사회 지문처럼 밀접하지 않습니다. 앞서 보았던 「색은 약이다」와 이 지문의 공통점이 보이나요? 네, 그렇습니다. 바로 나열되고 있는 내용입니다. 「색은 약이다」의 경우, 완전히 독립된 내용이 '색'에 따라 구분되고 있다면, 이 지문은 귀를 분석하고 각각의 부위에 대해 나열하고 있습니다. 이런 경우엔 이정표를 만드는 게 매우 쉽습니다. 어떤 친구들은 과학 지문을 읽을 때 도무지 무슨 말인지 모르겠다며 곧잘 하소연합니다. 미로 속을 헤매는 느낌이라나요? 이럴 때는 한 발 물러나 앉아 생각해 보세요. 그리고 포인트가 되는 '핵심 어휘'를 먼저 찾는 거예요. 두 번 다시 지문으로 돌아오지 않을 사람처럼 코 박고 앉아서 여기저기 밑줄 박박 그어 가며 읽지 말고, 여유 있게 지문의 여백을 즐겨 보세요. 내용을 완벽히 이해하려고 하지 말고 일단 이정표부터 세워 보세요. 군데군데 말뚝을 박아가며 읽는 것! 이것이 과학 지문을 제대로 이해하는 훨씬 좋은 방법입니다.

30. 위 글의 내용과 일치하지 않는 것은?

① 외이와 중이는 소리를 모으고 증폭시키는 기관이다.

② 중이를 통해 전달된 소리는 내이에서 주파수별로 감지된다.

③ 중이는 서로 다른 물질 사이에서 에너지의 손실을 줄여 소리를 중계한다.

④ 내이는 중이에서 전달되는 소리를 받아들이기 쉽게 물렁뼈로 둘러싸여 있다.

⑤ 내이에는 소리를 나누어 감지하고 전달하는 세포가 있다.

답지를 보니 어느 문단으로 가야 하는지 알 수 있겠죠? ①번 답지를 봅시다. 외이와 중이에 대한 확인은 둘째와 셋째 문단을 보아야 하죠? 외이가 주인공인 둘째 문단에서 귓바퀴는 모으고 외이도는 증폭시킵니다. 중이가 주인공인 셋째 문단에도 고막은 모으고 증폭시키며 청소골은 더욱 증폭시키는 역할을 한다고 되어 있네요. ③번 답지는 셋째 문단을 확인합니다. 셋째 문단의 마지막 부분에서 번 답지가 요구하는 내용을 찾을 수 있지요. 혹시 "②번 답지도 중이에 대한 이야기 아닌가요?"라고 묻고 싶다면 "그대는 성급한 성격을 가지고 있지는 않은가요?"라고 쌤이 반문하고 싶어져요. 다시 보세요. 정말 '중이'에 대한 내용을 묻고 있나요? 그렇습니다. **중이를 통해 전달된 소리**입니다. 그렇다면 중이가 아니라 '내이'에 관한 내용이어야죠? 이렇게 덜렁거리며 읽는 것을 원하는 사람이 바로 출제자입니다. 그들이 땀 흘려 파놓은 함정에 빠져 주는 예의는 없어도 괜찮습니다.^^ ②번과 ④번, ⑤번 답지는 넷째 문단을 보아야겠죠? 잘 보면 ②번과 ⑤번 답지의 내용이 중복되는 게 보이죠? 결국 내이는 주파수별로 소리를 나누어 감지하는 털세포가 있다는 내용입니다. 짧은 지문에서 많은 답지를 만들려다 보니 이렇게 중복되는 내용이 생기는 경우가 많아요. 쌤은 이런 답지들을 찾을 때 재미를 느낀답니다. 결국, 답지는 5지선다가 아닌 4지선다형 문제가 되기 때문입니다. 그리고 그렇게 답지를 만들 수밖에 없었던 출제자가 우리를 함정에 빠뜨리기 위해 땀 흘리며 함정을 파고 있는 모습도 상상해 봅니다. 그 함정을 유유자적하게 지나가는 우리가 되어 봅시다. 언어영역, 점점 재미있어지죠?

의사소통도 일종의 게임과 같습니다. 상대의 의도를 제대로 파악하는 사람이 대화를 성공적으로 이끌어갈 수 있고, 더 좋은 인간관계를 맺을 수 있습니다. 보이지는 않지만 글을 쓴 사람과 문제를 내는 사람 그리고 그 문제를 맞히는 우리, 비록 종이 위에서 만나지만 서로의 생각을 읽어가며 대화를 하고 있다고 상상하며 공부해 보세요. 언어를 좋아하는 것이 바로 언어를 잘하는 비법이라는 사실을 금방 알게 될 것입니다.

31. 위 글로 보아 〈보기〉의 '소음성 난청'이 일어나는 원인으로 알맞은 것은?

───── 〈보기〉 ─────

미국의 청각 개선 연구소(BHI)는 16~34세의 MP3 플레이어 이용자 1,000명을 대상으로 조사한 결과, 3명 중 1명꼴로 이어폰을 벗어도 계속 귀에서 소리가 울리는 '소음성 난청' 증상을 보였다고 밝혔다. '소음성 난청'은 일상에서 쉽게 접할 수 없는 고주파 음역에서부터 시작된다고 알려져 있다.

① 고막의 손상　　② 첨부의 손상
③ 기저부의 손상　　④ 청소골의 손상
⑤ 측두엽의 손상

〈보기〉는 무언가 굉장한 일이 일어난 것 같습니다. 하지만 언제나 발문이 먼저이니 쌤은 발문부터 보겠습니다. 발문의 핵심어는 무엇으로 보이나요? 출제자는 우리에게 무엇을 물어보고 있나요? **'원인'**이라고요? 맞습니다. 원인입니다. 그렇다면 그 원인에 대해 〈보기〉에서는 어떤 힌트를 주고 있습니까? '고주파 음역에서부터 시작'된다는 힌트를 주고 있군요. '주파'라면 마지막 문단으로 찾아가야 합니다. 알고 있죠? ^^

고주파 소리는 기저부에서 감지되고 저주파 소리는 첨부에서 감지된다.

마지막 문단은 이렇게 말해 주고 있습니다. 답은 ③이란 숫자 뒤에서 우리를 기다리고 있군요! 그렇다면 가볍게, ③번에 체크해주면 되겠죠?

반복해서 또 강조합니다. 〈보기〉를 읽을 때는 발문이 요구하는 것이 무엇인지를 꼭 기억하며 읽으세요! 그래야 핵심이 무엇인지 놓치지 않을 수 있으니까요!

32. ㉠에 나타나는 현상과 가장 유사한 것은?
　① 창문을 닫으면 밖의 소리가 작게 들린다.
　② 번개가 먼저 치고 천둥소리는 나중에 들린다.
　③ 빈 병에 입을 대고 불면 낮은음이 크게 들린다.
　④ 풍선에 바람을 불어넣은 후 손을 떼면 날아간다.
　⑤ 달리던 버스가 급정거를 하면 몸이 앞으로 쏠린다.

이렇게 밑줄 친 을 묻는 문제는 어떻게 보라고 했죠? 이제는 여러분이 대답해야 합니다. '연관된 앞뒤의 문장을 함께 보아야 합니다.' 그렇습니다. 그런데 32번의 경우는 조금 특별합니다. 자체가 이미 하나의 문장으로 되어 있고, 답지를 보니 '적용하기' 문제였군요. 그렇다면 ㉠을 먼저 살펴보겠습니다.

㉠외이도는 고막과 함께 한쪽이 **막힌 공명기 역할**을 하여 일정 영역대의 **소리 크기**를 **증폭해 준다.**

일단 소리가 크게 들려야 합니다. 그리고 막힌 공명기 역할을 하는 것이 있어야 합니다. 답지의 서술구만 보아도 답을 찾을 수 있겠죠? '소리가 크게 들린다'는 내용의 답지는 ③번밖에 없습니다. 그렇다고 답이라고 하기에는 좀 이르죠. '막힌 공명기 역할'을 하는 녀석을 찾아야 합니다. 있습니까? '빈 병'이 바로 그러한 역할을 하겠군요. '빈 병'은 '비었으니' 공명기 역할이 가능하고, '병'이기 때문에 한 쪽은 막혀 있을 것입니다. 역시 답은 ③번입니다. '적용하기' 문제는……이런, 이젠 지겹다고요? 그래도 쌤은 계속해서 반복할 거예요. 반복은 강조이고, 강조는 여러분의 기억이 오래 가게 도와주니까요. '적용하기' 문제는 실제의 어휘를 지문 속의 어휘로 바꾸는 것이 가장 중요합니다.

쌤은 여러분과 '인문 지문'을 읽으면서 이미 비문학과 친해지는 읽기에 대해 이야기했어요. 비문학 지문에서는 서로 영역이 다르다 해도 말하고자 하는 중심 화제를 찾고, 글쓴이의 의도를 찾는 것이 중요합니다. 다만 인문이나 사회 지문에서 글쓴이의 의도 파악이 글을 읽는 핵심이라면, '과학 영역'에서는 그것보다 열거되는 항목에 대한 정리가 핵심이 됩니다. '인문 영역'은 지문을 읽는 데 정성을 기울이세요. '사회 지문'은 그보다 지문이 이정표라는 사실에 더 집중하되 글쓴이의 의도를 아는 것이 중요하다는 사실, 잊지 말고요! 그에 비해 '과학 영역'의 지문은 '이정표'로서의 글 읽기가 가장 중요합니다. 지문 자체를 읽는 데 많은 시간을 투자하는 게 아니라 문제를 푸는 데에 더 많은 시간을 투자해야 하는 지문이 바로 '과학'입니다.

기술 영역 지문 극~복
잘 알려고 하기보다 잘 읽기가 핵심!

과학 지문과 기술 지문은 많이 비슷합니다. 인문 지문과 사회 지문이 밀접한 것처럼 과학과 기술도 서로 밀접합니다. 쌤이 사회 지문을 읽을 때는 어떻게 하라고 했죠? 맞아요. 밑줄을 지문의 내용을 정리하기 위한 '이정표'라고 보고 여기 신경을 쓰며 읽으라고 했습니다. '과학'이 순수한 학문적 측면이라면 '기술'은 과학을 이용해서 우리의 실생활과 관련된 그 무엇을 만들어낸 '기술'입니다. 따라서 '인문'과 '사회'를 읽는 것과 같은 차이를 '과학'과 '기술' 지문에서도 찾을 수 있습니다.

'과학 지문'은 이정표로서의 글 읽기가 가장 중요합니다. 또 지문을 읽는 데 걸리는 시간보다 문제를 푸는 데 시간이 더 오래 걸리는 특성이 있다고도 이야기했습니다.

그렇다면 '기술 지문'은 어떨까요? 이러한 방법이 더욱 극대화되는 지문이 바로 '기술'입니다. 기술 지문만의 독특한 특성은 무엇일까요? 음, 기술에는 '어떤 기기'나 '기계'가 등장하죠. 이런 경우 **우리가 예측할 수 있는 내용은 '기기나 기계의 구조' 혹은 '작동 과정' 등이겠지요? '작동 원리'라면 과학의 영역이기 때문에 나온 것일 테니 분명 글의 앞부분에 언급되겠지요.** 우리의 예측이 얼마나 잘 맞는지 확인하면서 지문을 보겠습니다. 다시 한 번 강조합니다. 뭐라고요? 네, '이정표'입니다. 중심이 되는 어구에 집중하는 우리가 됩시다! 연습해 볼까요?

전등에는 여러 종류가 있지만 모두 '전기 에너지를 빛 에너지로 변환한다.'는 공통의 원리를 갖고 있으며, 그 변환하는 방법에 따라 두 종류로 나눌 수 있다. 하나는 열방사를 이용한 백열등이고, / 또 하나는 전기 루미네선스(Luminescence)를 이용한 방(放)전등이다.

첫 문단을 통해 다음에 나올 내용이 백열등과 방전등에 관한 내용이 이어질 것을 예측할 수 있습니다.

형광등은 방전등의 일종으로, 거리의 네온사인이나 수은등과 같은 종류이다. 이들 전등은 특수한 가스를 유리관에 넣은 후, 유리관 양끝 전극에 높은 전압을 가하여 방전(放電)·발광(發光)시키는 유형이다. 방전등의 발광 원리는 루미네선스를 이용해 전기 에너지를 직접 빛 에너지로 바꾸는 것이기 때문에 전기 에너지를 일단 열에너지로 변환하고 나서 빛을 얻는 백열전구보다 밝은 빛을 얻을 수 있다. 같은 전기 소비량으로 비교했을 때 형광등이 빛을 얻는 효율은 열방사를 이용한 백열전구의 거의 세 배로, 예를 들어 20와트 형광등은 60와트의 백열전구와 같은 밝기가 된다.

이런, 백열등에 관한 내용이 먼저 올 줄 알았는데 방전등인 형광등에 대한 내용이군요. "그렇다면 다음에 백열등이 나오겠군요?"라고 생각했나요? 그렇지 않습니다. 글을 쓸 때는 나름의 순서가 있습니다. 먼저 나온 화제를 먼저 기술하는 것입니다. 그렇지 않고 뒤에 나온 화제가 이어질 때에는 첫 번째 화제가 글쓴이가 말하려는 관심의 대상이 아니라는 뜻입니다. 이제 내용은

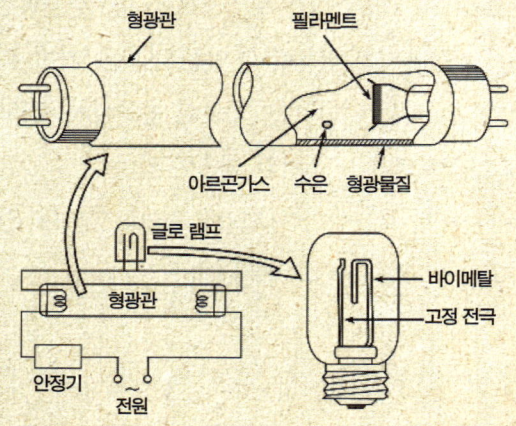

| 형광등의 구조 |

그림은 형광등의 구조를 나타낸 것이다. 형광관은 원통형 유리관으로, 양쪽 끝에 전극이 붙어 있다. 전극은 텅스텐 필라멘트로, 이미터라는 전자 방사 물질이 칠해져 있다. 유리관 속에는 아르곤 등 희소 가스와 미량의 수은이 들어 있다. 희소 가스는 형광등의 점등을 용이하게 해주어 필라멘트의 약화를 막아주며, 수은은 형광관 속에서 형광등의 빛의 근원이 되는 아크 방전을 일으키는 역할을 한다. 유리관 내벽에는 형광 물질이 칠해져 있는데 그 종류에 따라 빛의 색깔이 달라진다. 글로 램프는 형광관의 초기 방전을 일으키기 위해 필요하며, 안정기는 형광관의 방전을 안정되게 해주는 역할을 한다.

형광등의 스위치를 켜면 / ㉠글로 램프의 한쪽 전극에서 다른 한쪽 전극으로 전자가 날아간다. 글로 램프의 빛이 푸른색을 띠는 것은 이 방전에 의한 것이며, 이를 글로 방전이라고 한다. / 글로 방전이 일어나면 글로 램프 내부에 열이 발생하여 두 개의 전극이 접촉한다. / 전극이 접촉하면 글로 방전은 멈추고 글로 램프가 꺼진다. / 글로 램프가 꺼지면 열이 식어 두 개의 전극은 다시 원래대로 떨어진다. 이 순간 형광관의 양쪽 끝 필라멘트에 고전압이 걸려 전극에서 열전자가 튀어나온다. / 전극에서 튀어나온 열전자가 수은 원자와 충돌하면 아크 방전이 일어나 자외선이 발생한다. / 이 자외선이 형광관 안쪽 형광 물질에 닿으면 가시광선으로 바뀌어 형광관 밖으로 나오게 된다. 그 결과 형광등에 빛이 들어오는 것이다. **과정**

형광등에 불이 들어오는 과정입니다. 하지만 지문 어디에도 '과정'이라는 말은 없습니다. 이런 경우는 할 수 없이 '과정'이라고 우리가 직접 적어두어야겠습니다. '구조'나 '과정'의 경우는 다시 돌아올 때 제대로 내용을 찾기 위한 이정표로 열거되는 내용들에 빗금으로 끊어주는 센스를! 확실한 이정표 역할을 할 거예요.

- 사마키 다케오 저, 정난진 역, 「아무도 알려주지 않는 주변 물건 비밀 100」

"정말 이렇게 읽어도 되는 거죠?"

"한 가지 조심! 핵심을 찾으며 읽는다는 것을 핵심만 찾으면 지문은 대충 읽어도 된다는 걸로 착각하면 안 됩니다. 지문은 반드시 정독합니다. 다만 '모든 내용을 다 이해해야 다음 문장으로 넘어갈 거야.'와 같은 고집을 버리고 읽으라는 말입니다. 자신이 잘 모르는 내용의 대화라고 해서 한 귀로 듣고 한 귀로 흘린다면 제대로 된 의사소통을 할 수 없답니다."

실전에서 그럼 지문과 문제를 만나 볼까요? 다음 지문은 2009년 9월에 있었던 전국연합평가에서 만났던 지문입니다. 어떻게 읽는다고? ^^ 알았어요, 잔소리 그만 할게요. '이정표', 뭐 그런 이야기는 이제 안 해도 괜찮다는 말이죠?

[21~24] 다음 글을 읽고 물음에 답하시오.

　요즘 들어 귀에 조그마한 이어폰을 꽂고 통화하는 사람들을 자주 볼 수 있다. 기존의 핸즈프리(Hands-free)라면 휴대전화에 연결된 선이 보여야 할 텐데 선이 보이질 않는다. 어떻게 선 없이 통화할 수 있을까? 바로 블루투스 기술 덕분이다. 블루투스라는 명칭은 10세기 무렵 덴마크와 노르웨이를 통일한 바이킹인 '헤럴드 블루투스'에서 따온 것이다. 이름에서도 알 수 있듯이 블루투스는 각종 디지털 장치의 무선통신 규격을 통일한다는 의미이다.

[A]
　현재의 블루투스 기술은 10m 내외의 거리에서 최대 1메가비피에스(Mbps)의 속도로 두 개 이상의 이동 기기를 무선으로 조종할 수 있다. 또한 최대 8개의 이동 기기를 하나의 네트워크로 동시에 원격 제어할 수도 있다. 따라서 네트워크 사정권 안에 있는 기기들은 눈에 보이지 않더라도 원격 조종이 가능하다. 예를 들어, 가방에 들어 있는 휴대전화나 책상 서랍 안에 있는 이동단말기에서 얼마든지 필요한 정보를 찾아낼 수 있다. 그리고 블루투스 기술이 사용하는 2.4기가헤르츠(GHz) 주파수 대역은 국가가 특정 사업자에게 임대·판매한 주파수가 아닌 공용 주파수이기 때문에 사용료를 지불하지 않아도 된다. 또한 단추 크기의 리튬 이온 배터리 하나로 블루투스 기술을 활용한 제품을 몇 달에서 몇 년 간 지속적으로 사용할 수도 있다.

블루투스 기술은 무선랜과 같은 무선 네트워크 기술이지만 연결하는 대상이 다르다. 무선랜이 주로 컴퓨터, 이동단말기 등을 초고속 인터넷에 연결하는 기술이라면, 블루투스는 주로 키보드와 마우스를 컴퓨터, 휴대전화 등과 연결해 주는 장치이다. 이와 같은 기능으로 사용되는 대표적인 유선 장치로는 USB가 있다. 하지만 현재의 블루투스의 전송 속도는 USB의 전송 속도보다 느려서 디지털 카메라에서 컴퓨터로 데이터를 전송하는 용도로 사용하기에는 아직 부족하다.

이러한 한계를 넘어서는 차세대 블루투스 기술에는 고속 블루투스 기술이 있다. 고속 블루투스 기술은 고화질 동영상을 실시간으로 전송하기에 충분한 10~24메가비피에스(Mbps) 속도를 실현할 수 있다. 이에 따라 디지털 캠코더를 텔레비전에 무선으로 연결해 영상을 화면에 재생하거나, 디지털 카메라로 찍은 영상을 곧장 프린터로 출력하는 것도 조만간 가능해질 것으로 예상된다. 또한 최근 디지털 카메라, 휴대전화기의 카메라, 캠코더 등의 보급과 함께 급격히 늘어난 대용량의 사진, 노래, 동영상 등과 같은 멀티미디어 콘텐츠의 전송과 공유에 대한 사용자들의 요구를 충족시킬 수 있게 될 것이다.

한편, 또 다른 차세대 블루투스 기술에는 저에너지 블루투스 기술이 있다. 저에너지 블루투스 기술은 기기 사이를 보다 신속하게 연결할 수 있어 전력 소모가 기존의 10분의 1 정도에 불과하기 때문에 수은 전지 한 개의 수명이 10년 이상 ㉠간다. 특히 초소형, 저가격, 저전력을 요구하는 의료, 건강 등의 분야에서 저에너지 블루투스 기술의 도입이 확대될 것으로 보인다. 블루투스 기술이 적용된 센서와 의료 기기를 환자의 컴퓨터나 휴대전화와 연결하여 의료 정보를 무선으로 의사에게 전송하는 것이 가능한 시대가 바로 눈앞에 온 것이다.

- 황정원, 『디지털의 선을 없앤다』

21. 위 글의 표제와 부제로 가장 적절한 것은?

① 진화하는 블루투스 – 기술의 진보, 생활의 혁신

② 무선의 혁명 블루투스 – 공용 주파수의 무료 사용

③ 신기술 블루투스의 의미 – 무선 통신의 규격 통일

④ 블루투스와 무선랜의 미래 – 꿈의 기술, 행복한 생활

⑤ 블루투스의 원격 조정 기술 – 대용량 데이터 전송 실현

22. [A]를 바탕으로 제품 설명서를 만들었을 때, 〈보기〉의 ⓐ～ⓔ 중 적절하지 않은 것은? [1점]

─ 〈보기〉 ─

제품 상세 사양

ⓐ	사용주파수	2.4GHz
ⓑ	무선사용거리	10m 내외
ⓒ	속도	1mbps
ⓓ	전원	리튬 이온 배터리
ⓔ	연속통화시간	8시간

| 블루투스 헤드셋 |

① ⓐ   ② ⓑ   ③ ⓒ   ④ ⓓ   ⑤ ⓔ

23. 위 글을 읽은 학생들의 반응으로 적절하지 않은 것은?

① 블루투스 기술은 유선 방식의 네트워크 기술이 지닌 불편함 때문에 개발된 것이겠군.

② 저에너지 블루투스 기술을 활용하면 환자가 직접 병원에 가는 번거로움이 줄어들겠군.

③ 고속 블루투스 기술을 이용하면 앞으로 컴퓨터를 초고속 인터넷에 연결할 수도 있겠군.

④ 블루투스 기술은 공용 주파수를 사용하기 때문에 누구라도 경제적 부담 없이 이용할 수 있겠군.

⑤ 현재 블루투스 기술 수준을 고려할 때, 대용량의 파일을 전송할 때는 USB를 사용하는 것이 더 편리하겠군.

　요즘 들어 귀에 조그마한 이어폰을 꽂고 통화하는 사람들을 자주 볼 수 있다. 기존의 핸즈프리(Hands-free)라면 휴대전화에 연결된 선이 보여야 할 텐데 선이 보이질 않는다. 어떻게 선 없이 통화할 수 있을까? 바로 블루투스 기술 덕분이다. 블루투스라는 명칭은 10세기 무렵 덴마크와 노르웨이를 통일한 바이킹인 '헤럴드 블루투스'에서 따온 것이다. 이름에서도 알 수 있듯이 <u>블루투스</u>는 각종 디지털 장치의 무선통신 규격을 통일한다는 의미이다.

중심이 되는 화제는 '블루투스'이다. 끝! "쌤, 밑줄보다 더 짧게 말씀하시네요."라고 한다면 밑줄은 '의미' 즉, 정의라고 할 수 있습니다. 무엇인지 모른다면 의미까지 밑줄을 그어 표시를 하고, 그렇지 않고 읽어서 알 수 있었다면 밑줄은 긋지 않았어도 무관하다는 것을 말해 주고 싶었습니다.

　현재의 블루투스 기술은 10m 내외의 거리에서 최대 1메가비피에스(Mbps)의 속도로 두 개 이상의 이동 기기를 무선으로 조종할 수 있다. 또한 최대 8개의 이동 기기를 하나의 네트워크로 동시에 원격 제어할 수도 있다. 따라서 네트워크 사정권 안에 있는 기기들은 눈에 보이지 않더라도 원격 조종이 가능하다. 예를 들어, 가방에 들어 있는 휴대전화나 책상 서랍 안에 있는 이동단말기에서 얼마든지 필요한 정보를 찾아낼 수 있다. / 그리고 [A] 블루투스 기술이 사용하는 2.4기가헤르츠(GHz) 주파수 대역은 국가가 특정 사업자에게 임대·판매한 주파수가 아닌 공용 주파수이기 때문에 사용료를 지불하지 않아도 된다. / 또한 단추 크기의 리튬 이온 배터리 하나로 블루투스 기술을 활용한 제품을 몇 달에서 몇 년 간 지속적으로 사용할 수도 있다.

묶음 [A]는 문제에 출제가 되고 있다고 미리부터 광고하는 지문입니다. 그래서 조금 더 꼼꼼하게 이정표를 만들어 보았습니다.

블루투스 기술은 무선랜과 같은 무선 네트워크 기술이지만 연결하는 대상이 다르다. 무선랜이 주로 컴퓨터, 이동단말기 등을 초고속 인터넷에 연결하는 기술이라면, 블루투스는 주로 키보드와 마우스를 컴퓨터, 휴대전화 등과 연결해 주는 장치이다. / 이와 같은 기능으로 사용되는 대표적인 유선 장치로는 USB가 있다. 하지만 현재의 블루투스의 전송 속도는 USB의 전송 속도보다 느려서 디지털 카메라에서 컴퓨터로 데이터를 전송하는 용도로 사용하기에는 아직 부족하다.

블루투스와 '무선랜, USB'를 대비하고 있습니다. 대비는 대조와 비교를 아울러 말합니다. 지문을 읽으면서 '비교'나 '대조'의 방법이 사용되었다면 문제에 어떤 형태로든 적용이 됩니다. 분명히 여러분이 풀어 보았던 문제에도 '비교'와 '대조'의 방법이나 내용에 대한 문제가 있었지요? 주의하세요. 언제나 '비교'와 '대조'의 방법은 출제자가 편애하는 서술방법입니다.

이러한 한계를 넘어서는 차세대 블루투스 기술에는 고속 블루투스 기술이 있다. 고속 블루투스 기술은 고화질 동영상을 실시간으로 전송하기에 충분한 10~24메가비피에스(Mbps) 속도를 실현할 수 있다. 이에 따라 디지털 캠코더를 텔레비전에 무선으로 연결해 영상을 화면에 재생하거나, 디지털 카메라로 찍은 영상을 곧장 프린터로 출력하는 것도 조만간 가능해질 것으로 예상된다. 또한 최근 디지털 카메라, 휴대전화기의 카메라, 캠코더 등의 보급과 함께 급격히 늘어난 대용량의 사진, 노래, 동영상 등과 같은 멀티미디어 콘텐츠의 전송과 공유에 대한 사용자들의 요구를 충족시킬 수 있게 될 것이다.

한편, 또 다른 차세대 블루투스 기술에는 저에너지 블루투스 기술이 있다. 저에너지 블루투스 기술은 기기 사이를 보다 신속하게 연결할 수 있어 전력 소모가 기존의 10분의 1 정도에 불과하기 때문에 수은 전지 한 개의 수명이 10년 이상 ㉠간다. / 특히 초소형, 저가격, 저전력을 요구하는 의료, 건강 등의 분야에서 저에너지 블루투스 기술의 도입이 확대될 것으로 보인다. 블루투스 기술이 적용된 센서와 의료 기기를 환자의 컴퓨터나 휴대전화와 연결하여 의료 정보를 무선으로 의사에게 전송하는 것이 가능한 시대가 바로 눈앞에 온 것이다.

위의 두 문단은 블루투스의 한계를 넘어서는 차세대 블루투스에 대한 내용입니다. 그런데 마지막 문단은 차세대 블루투스에 관한 내용 외에도 앞으로의 전망이 함께 나와 있습니다. 쌤은 이런 이유로 ' / '로 내용을 나누어 보았는데요, 이렇게 중간에 내용이 바뀌는 경우가 있을 수 있으니 지문은 반드시 정독해야 할 필요가 있겠죠? 핵심을 위주로 지문을 살펴보는 것은 필수이지만 대충 읽기는 옳지 않습니다. 이젠 문제를 풀어 보겠습니다.

21. 위 글의 표제와 부제로 가장 적절한 것은?

① 진화하는 블루투스 - 기술의 진보, 생활의 혁신

② 무선의 혁명 블루투스 - 공용 주파수의 무료 사용

③ 신기술 블루투스의 의미 - 무선 통신의 규격 통일

④ 블루투스와 무선랜의 미래 - 꿈의 기술, 행복한 생활

⑤ 블루투스의 원격 조정 기술 - 대용량 데이터 전송 실현

표제와 부제는 '과학'이나 '기술' 지문에서 특히나 많이 등장하는 유형입니다. 그만큼 출제자는 내용을 이해하는 게 어렵다고 생각합니다. 내용을 제대로 이해하지 못한 친구라면 **문단에 잠시 등장했던 '조연'을 '주연'으로 착각하고 비슷한 단어만 나와도 솔깃해져서 출제자가 별로 땀 흘리지 않고 판 함정에 덜컥 빠져버리**곤 하니까요.

이 글의 주인공은 '블루투스'입니다. 모든 답지가 '블루투스'에 대해 말하고 있습니다. 그렇다면 문단의 주제들을 살펴볼까요? 둘째 문단이 '블루투스'의 좋은 점이라면 셋째 문단은 비교와 대조를 통해 '블루투스의 기능과 한계'에 대해 기술하고 있습니다. 이어지는 **넷째 문단과 다섯째 문단은 한계를 극복한 '차세대 블루투스'**와 앞으로의 긍정적 전망으로 마무리하고 있네요. 나무가 아닌 숲을 보는 눈으로 이 지문을 살펴본다면 '블루투스에 대한 이해와 긍정적 전망'으로 요약할 수 있을 것입니다.

출제자가 파 놓은 함정을 구경해 볼까요? ④번 답지는 근사한 함정을 파고 있습니다. '미래'에 대한 긍정적 전망을 제시하고 있는 위 글의 내용과 아주 맞아떨어지는 답지이기 때문입니다. 하지만 대상이 잘못 되었군요. 우리의 주인공은 '블루투스'이지 '무선랜'까지는 아니었기 때문입니다. ②번과 ③번, ⑤번은 부분을 보여줌으로써 마치 답인 양 꼬리를 흔드는 함정입니다. 표제와 부제는 '중심 화제와 주제 혹은 의도'를 묻는 문제라고 앞서도 이야기한 바 있습니다. 지문의 일부와 일치하는 답지를 발견했다 해도 그 문제가 표제와 부제를 묻는 문제라면 출제자가 파놓은 함정 옆에서 꼬리를 흔드는 미끼일지도 모른다는 점을 조심하기 바랍니다. 정답은 ①번입니다. 주된 내용은 아직은 한계가 있는 블루투스에 대한 긍정적 전망입니다. '진화하는 블루투스' 바로 '기술의 진보'라고 말할 수 있을 것입니다.

22. [A]를 바탕으로 제품 설명서를 만들었을 때, 〈보기〉의 ⓐ∼ⓔ 중 적절하지 않은 것은? [1점]

─────────〈보기〉─────────

제품 상세 사양

ⓐ	사용주파수	····	2.4GHz
ⓑ	무선사용거리	····	10m 내외
ⓒ	속도	····	1mbps
ⓓ	전원	····	리튬 이온 배터리
ⓔ	연속통화시간	····	8시간

| 블루투스 헤드셋 |

① ⓐ   ② ⓑ   ③ ⓒ   ④ ⓓ   ⑤ ⓔ

이러한 문제는 절대 틀려서는 안 되는 것이죠. 그림에 현혹되지 말라고 했으니 블루투스 헤드셋에 눈을 오래 두고 있지는 않을 거라 믿으며 우리가 보아야 하는 지문 [A]로 가 보겠습니다. 〈보기〉에 숫자들이 많이 있네요. 숫자의 의미만 본다고 해도 정답은 ⑤이겠죠? 8이라는 숫자는 시간이 아닌 8개의 이동기기를 연결할 수 있다는 내용이었습니다. 너무 쉬운 문제여서 점수도 1점밖에 제시하지 않았습니다.

23. 위 글을 읽은 학생들의 반응으로 적절하지 않은 것은?

'학생들의 반응'을 묻는 문제라는 말을 액면가 그대로 받아들인다면 우리는 이 문제를 아무 부담 없이 풀 수 있을 것입니다. 왜냐하면 문제를 푸는 여러분도 학생이고 바로 그러한 여러분의 반응이기 때문에 어떤 답을 해도 '다 맞다'고 해주어야 합니다.

그런데도 우리는 문제를 풀고서 틀렸다고 빗금을 내려 그을 때가 있습니다. 그렇다면 왜 우리는 이런 문제에서 때로 틀리기도 하는 걸까요? 그것은 이 문제가 여러분의 반응을 궁금해 하는 문제가 아니라 여러분이 '내용을 제대로 이해했는지'를 물어보는 문제이기 때문입니다. 엉뚱하게 이해하고 엉뚱한 반응을 보인다면 제대로 된 의사소통을 했다고 할 수 없지 않겠습니까? 결국은 **'적용하기'에 해당하는 문제로 우리는 이러한 문제를 '내용의 일치' 문제와 동일하게 보고 있습니다.**

① 블루투스 기술은 유선 방식의 네트워크 기술이 지닌 불편함 때문에 개발된 것
　이겠군.

처음 개발된 것에 대해 말하고 있습니다. 이런 유의 내용은 어디에 보통 있나요? 첫 문단입니다. 아무리 살펴보아도 없다고요? 그러게 말입니다. 출제자가 지나치게 꼼꼼한 성격이었나 봅니다. 그래도 문단의 뉘앙스로 볼 때 맞는 말 같다고요? 언어영역은 '느낌'으로 푸는 문제가 출제되지 않습니다. 반드시 증거가 있죠. 왜냐하면 출제자는 글쓴이가 한 말만을 인정하기 때문입니다. 그럼 쌤이 찾아보겠습니다.

"어떻게 선 없이 통화할 수 있을까? 바로 블루투스 기술 덕분이다."

네, 그렇습니다. 쌤이 먼 옛날 앞쪽에서 그런 말을 했었죠? 주어나 서술어, 목적어가 얼마만큼 중요한지. 이 문장의 서술어는 '덕분이다'입니다. 그리고 그 서술어가 바로 ①번 답지의 내용이 됩니다.

② 저에너지 블루투스 기술을 활용하면 환자가 직접 병원에 가는 번거로움이 줄
　어들겠군.

다섯 번째 문단에 있겠죠? 찾았습니까? '초소형, 저가격, **저전력**을 요구하는 **의료** 건강분야'에서 우리는 ②번 답지가 틀린 내용이 아니라는 충분히 타당한 근거를 확보할 수 있습니다.

③ 고속 블루투스 기술을 이용하면 앞으로 컴퓨터를 초고속 인터넷에 연결할 수도 있겠군.

문단을 읽으면서 **'비교나 대조'는 어떠한 방식으로든 문제에 있다고 했습니다.** 바로 이 답지에서 우리는 '초고속 인터넷에 연결'이라는 문구의 '초고속'이라는 함정을 벗어난다면 '인터넷에 연결'이라는 무선랜의 기능을 찾아볼 수 있습니다. 블루투스와 무선랜의 차이가 무엇이었는지 ③문단에서 확인했을 것입니다. 따라서 고속이라는 말이 주는 유사함에 현혹되지 않고 "이것은 틀린 내용입니다. 정답은 ③번입니다."라고 말해 주길 바랍니다.

④ 블루투스 기술은 공용 주파수를 사용하기 때문에 누구라도 경제적 부담 없이 이용할 수 있겠군.

블루투스의 좋은 점에 대해 나와 있는 ②문단에서 내용을 확인할 수 있습니다.

⑤ 현재 블루투스 기술 수준을 고려할 때, 대용량의 파일을 전송할 때는 USB를 사용하는 것이 더 편리하겠군.

이 답지 역시 'USB'와 '블루투스'의 대조되는 점을 확인한 답지이죠. 둘의 차이는 '속도'였습니다. 당연히 맞는 답지라고 할 수 있지요.

지문 하나만 더 보도록 하겠습니다. 기술 지문은 '원리', '구조', '과정' 등이 자주 내용으로 등장합니다. 이중 '구조와 과정'은 그림과 함께 문제로 제시되기 때문에 하나하나 그림 조각을 맞추듯이 차근차근 풀어야 합니다. 어떻게 읽는다고요?

"이정표 찾기요!" 좋아요, 그럼 시작합니다.

다음 글을 읽고 물음에 답하시오.

식품의 보존성을 높이는 방법 중 건조는 일반적으로 햇볕에 말리거나 열풍으로 말리는 것이다. 그런데 특이하게 식품을 얼려서 말리는 방법이 있다. 바로 '냉동 건조'로 인스턴트 커피를 만드는 데 사용되고 있다.

먼저 커피액을 뽑아낸 다음에 -40℃로 급속하게 동결시킨다. 이때, 급속 동결된 커피 속에는 작은 얼음 알갱이가 무수히 형성된다.

[A]
다음 공정은 1차 처리로, 진공 상태의 건조한 창고 안에서 온도를 높여 가면 커피 속에 있는 얼음 알갱이는 녹아서 한꺼번에 수증기가 된다. 이는 기압이 아주 낮은 환경에서 물은 액체로 존재할 수 없기 때문이다. 이처럼 고체에서 직접 기체가 되는 현상을 '승화'라고 하는데, 냉동 건조는 승화를 이용한 건조법이다. 승화가 진행되면 커피 입자 속에 얼음 알갱이의 흔적으로 몇 μm의 극히 작은 구멍이 생긴다.

이를 다시 건조가 진행되기 쉬운 진공 상태에서 70℃ 정도로 온도를 유지하며 2차 처리하여 남은 수분을 없애면, 커피는 구멍투성이가 되고 수분의 양은 3% 정도까지 낮아진다. 이렇게 만든 인스턴트커피를 포장하면 제품 생산이 끝난다.

식자재에 따라서 동결, 건조의 온도와 시간은 다르지만, 기본적인 냉동 건조의 공정은 대체로 위와 같은 과정으로 진행된다. 냉동 건조 식품은 식자재의 형태뿐만 아니라 영양과 색, 향기 등의 성분도 잘 유지된다. 대표적으로 죽, 스프, 라면류 등의 즉석 조리 식품이 여기에 해당한다.

냉동 건조 방식은 여러 면에서 유익한 점이 있어 최근 즉석식품의 상품화에 많이 이용되고 있다. 먼저 냉동 건조 방식을 이용하면 말려서 건조시킬 때와 같이 크기가 작아지거나 표면이 주름지는 현상은 일어나지 않는다. 동결할 때의 형태가 그대로 유지되는데, 이는 식품 속에서 액체인 물이 이동하는 것에 의해 생길 수 있는 성분 이동이나 변형이 일어나지 않기 때문이다. 특히 열풍으로 건조시키는 방법과는 달리 열을 가해 나타나는 식품 성분의 변화가 거의 없기 때문에 최근 많이 쓰이고 있다.

　　그리고 냉동 건조 제품에는 얼음 알갱이가 없어지면서 생긴 작은 구멍이 식품 전체에 무수히 분포한다. 뜨거운 물을 부으면 이 무수한 구멍에 뜨거운 물이 들어가면서 원래 상태로 빠르게 되돌아온다. 예를 들어 인스턴트커피의 알갱이가 물에 빠르게 녹는 것처럼 보이지만, 실제는 물이 작은 구멍으로 들어가는 것이다. 또한 식품 속의 수분이 지극히 적어서 가벼우니 휴대하기 편하며, 잘 썩지도 않는다. 이것들은 즉석 식품에 매우 적합한 특성이다.

　　하지만 무수히 작은 구멍이 표면적을 늘리기 때문에 습기나 냄새를 잘 빨아들이는 단점도 있다. 작은 구멍 사이로 수분과 냄새 입자가 들어가기 때문이다. 냉동 건조 식품의 포장 용기에 '습기를 주의하시고 건냉한 장소에 보관하시기 바랍니다.'라는 안내 문구가 쓰여 있는 이유가 여기에 있다.

　　냉동 건조 기술은 원래 생물학의 조직 표본을 만들기 위해 생겨난 것이지만, 군용 비상식량 제조에 이용되었다가, 오늘날 ㉠대중적인 즉석식품의 제조에도 널리 사용되고 있다. 하지만 대량의 에너지가 사용된다는 문제점이 있어, 제조비용을 절감하는 것이 앞으로의 과제이다.

- 아라키, 「냉동건조란 무엇인가」

44. 다음은 [A]의 과정을 그림으로 나타낸 것이다. 이에 대한 설명으로 적절하지 않은 것은?

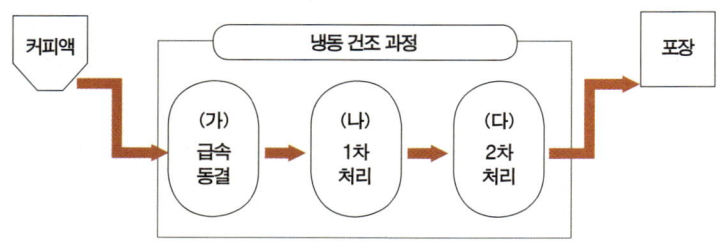

① 커피액은 (가)에서 작은 얼음 알갱이를 포함한 상태가 된다.

② (가)에서 (나)로 진행하려면 온도를 높여야 한다.

③ (가)의 얼음 알갱이는 (나)에서 액체를 거쳐 기체가 된다.

④ (나)와 (다)는 진공 상태에서 공정이 이루어진다.

⑤ (다)에서 온도를 70℃ 정도로 유지하며 건조를 진행한다.

45. ㉠의 이유로 적절하지 않은 것은?

① 가벼워서 휴대가 편하기 때문에

② 습기나 냄새를 흡수하기 쉽기 때문에

③ 쉽게 부패되는 것을 막을 수 있기 때문에

④ 성분의 변화 없이 식품을 보존할 수 있기 때문에

⑤ 수분을 공급하면 원래 상태로 되돌릴 수 있기 때문에

46. 위 글을 읽은 학생이 심화 학습을 하기 위해 설정한 주제로 적절하지 않은 것은?

① 냉동 건조 시 승화된 수증기는 어떻게 처리하는가?

② 냉동 건조에 많은 에너지가 사용되는 이유는 무엇인가?

③ 열풍 건조 시 식품의 성분은 어떤 과정을 거쳐 변하는가?

④ 식품 성분이 유지되도록 가공하는 다른 방법은 무엇인가?

⑤ 식자재를 냉동 건조 방식으로 처리할 때 형태가 유지되는 까닭은 무엇인가?

조금 어려웠나요? 이번에 보았던 문제는 그림을 제시한 문제도 있고 내용을 추리해야 하는 문제도 있었습니다. 하지만 쌤과 함께 공부하는 여러분이기 때문에 다 잘했을 거라고 생각합니다. 힘내고 같이 볼까요?

⑴ 식품의 보존성을 높이는 방법 중 건조는 일반적으로 햇볕에 말리거나 열풍으로 말리는 것이다. 그런데 특이하게 식품을 얼려서 말리는 방법이 있다. 바로 냉동 건조로 인스턴트 커피를 만드는 데 사용되고 있다.

화제 찾기! 얼려서 말리는 냉동 건조가 이 글의 화제인가 봅니다.

[A]

⑵ **먼저** 커피액을 뽑아낸 다음에 -40℃로 급속하게 **동결**시킨다. 이 때, 급속 동결된 커피 속에는 작은 얼음 알갱이가 무수히 형성된다.

⑶ **다음 공정**은 1차 처리로, 진공 상태의 건조한 창고 안에서 온도를 높여 가면 커피 속에 있는 얼음 알갱이는 녹아서 한꺼번에 수증기가 된다. 이는 기압이 아주 낮은 환경에서 물은 액체로 존재할 수 없기 때문이다. 이처럼 고체에서 직접 기체가 되는 현상을 '**승화**'라고 하는데, 냉동 건조는 승화를 이용한 건조법이다. 승화가 진행되면 커피 입자 속에 얼음 알갱이의 흔적으로 몇 μm의 극히 작은 구멍이 생긴다.

⑷ 이를 **다시 건조**가 진행되기 쉬운 진공 상태에서 70℃ 정도로 온도를 유지하며 2차 처리하여 남은 수분을 없애면, 커피는 구멍투성이가 되고 수분의 양은 3% 정도까지 낮아진다. 이렇게 만든 인스턴트커피를 포장하면

제품 생산이 끝난다.

'과정'이라고 적으세요. 과정이 이렇게 묶음으로 되어 있다면 그림과 연결된 문제가 함께 있을 거라고 예측할 수 있습니다. 44번 문제가 바로 그런 문제입니다.

⑤ 식자재에 따라서 동결, 건조의 온도와 시간은 다르지만, 기본적인 냉동 건조의 공정은 대체로 위와 같은 과정으로 진행된다. 냉동 건조 식품은 식자재의 형태뿐만 아니라 영양과 색, 향기 등의 성분도 잘 유지된다. 대표적으로 죽, 스프, 라면류 등의 즉석 조리 식품이 여기에 해당한다.

⑥ 냉동 건조 방식은 여러 면에서 유익한 점이 있어 최근 즉석식품의 상품화에 많이 이용되고 있다. 먼저 냉동 건조 방식을 이용하면 말려서 건조시킬 때와 같이 크기가 작아지거나 표면이 주름지는 현상은 일어나지 않는다. 동결할 때의 형태가 그대로 유지되는데, 이는 식품 속에서 액체인 물이 이동하는 것에 의해 생길 수 있는 성분 이동이나 변형이 일어나지 않기 때문이다. / 특히 열풍으로 건조시키는 방법과는 달리 열을 가해 나타나는 식품 성분의 변화가 거의 없기 때문에 최근 많이 쓰이고 있다.

⑦ 그리고 냉동 건조 제품에는 얼음 알갱이가 없어지면서 생긴 작은 구멍이 식품 전체에 무수히 분포한다. 뜨거운 물을 부으면 이 무수한 구멍에 뜨거운 물이 들어가면서 원래 상태로 빠르게 되돌아온다. 예를 들어 인스턴트커피의 알갱이가 물에 빠르게 녹는 것처럼 보이지만, 실제는 물이 작은 구멍으로 들어가는 것이다. 또한 식품 속의 수분이 지극히 적어서 가벼우니 휴대하기 편하며, 잘 썩지도 않는다. 이것들은 즉석 식품에 매우 적합한 특성이다.

⑤⑥은 같은 내용이 반복되는 부분도 있습니다. 따라서 반복되는 내용은 중복하여 체크하지 않아도 관계없습니다.

⑧ 하지만 무수히 작은 구멍이 표면적을 늘리기 때문에 습기나 냄새를 잘 빨아들이는 단점도 있다. 작은 구멍 사이로 수분과 냄새 입자가 들어가기 때문이다. 냉동 건조 식품의 포장 용기에 '습기를 주의하시고 건냉한 장소에 보관하시기 바랍니다.'라는 안내 문구가 쓰여 있는 이유가 여기에 있다.

⑨ 냉동 건조 기술은 원래 생물학의 조직 표본을 만들기 위해 생겨난 것이지만, 군용 비상식량 제조에 이용되었다가, 오늘날 ㉠대중적인 즉석식품의 제조에도 널리 사용되고 있다. 하지만 대량의 에너지가 사용된다는 문제점이 있어, 제조비용을 절감하는 것이 앞으로의 과제이다.

⑧⑨문단은 단점과 해결해야 할 것들이니 '문제점'이라고 해도 괜찮습니다.

이 글은 '냉동 건조'에 대한 설명과 과정, 장·단점에 대한 내용이라고 할 수 있습니다.

비문학 지문이 굉장히 어려울 것 같다고 생각할지 모르지만 정작 읽다 보면 생각만큼 어려운 지문이 많지 않습니다. 수학 공부는 매일매일 거르지 않고 해야 한다고 생각하면서 언어영역에 대한 공부는 소홀한 친구들이 많지요. 공부는 편애하면 금방 티를 냅니다. 물론 수학만큼 언어 공부에 시간을 투자하라고 다그치는 건 아닙니다. 쌤도 수학이 중요하다고 말하곤 합니다. 하지만 하루 20분이라도 꾸준히 언어와 만나야 하는 것도 사실입니다. 주 5일 20분씩 100분을 공부하는 게 주말 중 하루를 선택해 100분을 몰아치기 하는 것보다 훨씬 효과가 크거든요. 버려지기 쉬운 하루 20분을 언어에게 내어 주세요. 언어영역은 기쁘게 여러분의 사랑을 먹고 자라 점수로 보답할 것입니다. 에이 참, 문제를 풀어야 하는데 말이 많죠? 그래도 다 피가 되고 살이 되는 이야기니까 가슴으로 들어주기를 바랍니다.

44. 다음은 〔A〕의 과정을 그림으로 나타낸 것이다. 이에 대한 설명으로 적절하지 않은 것은?

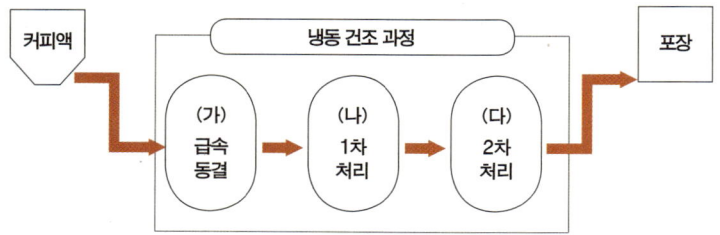

쌤이 그림을 감상하지 말라고 이야기했죠? 보기로 주어진 그림의 경우엔 그 안에 있는 텍스트에 주목하고, 텍스트가 없는 경우는 그림이 지문의 무엇을 가리키고 있는지 먼저 찾으세요. 위 그림의 박스 안에 '냉동 건조 과정'이라는 글이 보입니다. 그렇다면 우리는 그 박스 안에 집중해 봅시다. 과연 지문의 어디를 가리키고 있을까요? 더 이상 그림의 유혹에 빠지지 않을 거라고 믿으며 차례대로 기술되는 과정을 따라가 봅니다. 지문을 잘 끊어 주었다면 아무 문제가 없을 거예요. **(가)가 급속 동결이라면 (나)는 승화, (다)는 건조**이겠죠. 그럼, 각각 돌아가야 할 지문의 내용을 찾아 답지의 타당성을 확인만 하면 되는 문제네요. 확인 들어갑시다!

① 커피액은 (가)에서 작은 얼음 알갱이를 포함한 상태가 된다.

   ② 지문 내용 '커피 속에는 작은 얼음 알갱이가 무수히 형성'

② (가)에서 (나)로 진행하려면 온도를 높여야 한다.

   ③ 지문 내용 '온도를 높여 가면'

③ (가)의 얼음 알갱이는 (나)에서 **액체를 거쳐** 기체가 된다.

   ③ 지문 내용 '**고체에서 직접 기체**가 되는 현상을 '승화'

④ (나)와 (다)는 진공 상태에서 공정이 이루어진다.

③ 지문 내용 '진공 상태의 건조한 창고 안에서'

④ 지문 내용 '다시 건조가 진행되기 쉬운 진공 상태에서'

⑤ (다)에서 온도를 70℃ 정도로 유지하며 건조를 진행한다.

④ 지문 내용 '70℃ 정도로 온도를 유지하며 2차 처리'

45. ㉠의 이유로 적절하지 않은 것은?

① 가벼워서 휴대가 편하기 때문에

② 습기나 냄새를 흡수하기 쉽기 때문에

③ 쉽게 부패되는 것을 막을 수 있기 때문에

④ 성분의 변화 없이 식품을 보존할 수 있기 때문에

⑤ 수분을 공급하면 원래 상태로 되돌릴 수 있기 때문에

우와~!! '밑줄 친 ㉠'에 관한 문제에서는 출제자가 무엇을 원하는지 확실히 알겠죠? 맞습니다. 그와 연결된 정보까지 확인할 수 있기를 기대하는 거지요.

오늘은 새로운 글 읽기에 대해 팁을 줄게요. 쌤이 처음 언어영역을 이야기하면서 지금까지 누누이 하는 말이 바로 '의사소통'이죠? 그렇다면 문제를 접하고 바로 "아하~! 밑줄 친 ㉠에 관한 문제니까 앞뒤 문맥을 살피면 되겠구나."라고 성급하게 답으로 달려가지 말아야 합니다. **때로는 그 ㉠이 전체 글의 중심 화제일 수 있습니다.**

그럴 때 '㉠에 대한 설명으로 적절하지 않은 것은'과 같은 유형은 글 전체에 관한 내용 일치 문제입니다. ㉠의 성격에 대해 제대로 파악하는 것도 중요하고 발문에서 요구하는 것이 무엇인지 출제자의 이야기를 끝까지 귀 기울여 주어야 하는 것도 중요합니다. 자기 마음대로 추측하고 판단해서 자기 마음대로 문제를 풀어

버리면 출제한 사람의 말에 귀 기울여 주지 않는 독단적인 사람으로 평가될 수 있기 때문입니다.

이 문제는 ㉠의 이유에 대해 묻고 있죠? ㉠은 냉동건조식품이 널리 사용되는 이유가 무엇인지입니다. 즉, **냉동건조의 장점이 무엇인지를 묻고 있습니다.** 답지에는 장점 네 가지와 단점 한 가지가 있습니다. 그 단점은 바로 ②번 습기와 냄새를 잘 흡수하는 것입니다. 물론 정답도 ②번입니다.

상대가 원하는 것이 무엇인지 확실히 알 때 우리는 그가 원하는 것을 줄 수 있습니다. 그리고 우리와 대화를 나누는 사람은 '출제자'입니다. 여러분과 출제자는 같은 자료를 가지고 대화를 나누고 있습니다. 그가 원하는 것이 무엇인지 묻는 것이 발문입니다. 발문을 제대로 읽기만 해도 함정을 피해갈 수 있답니다. 우리 앞에는 그 사람 '출제자'가 우리와 대화를 나누기 위해 앉아 있다고 생각합시다!

46. 위 글을 읽은 학생이 심화 학습을 하기 위해 설정한 주제로 적절하지 <u>않은</u> 것은?

심화 학습을 위해서는 지문에 없는 내용이어야 합니다. 그러나 지문과 전혀 관계없는 내용일까요? 그것은 또 절대 아니죠!! 그럼, 도대체 어쩌라고~.

① 냉동 건조 시 승화된 수증기는 / 어떻게 처리하는가?

이 답지를 보면 주어부와 서술어부로 나누어 볼 수 있습니다. 우리가 심화 학습을 해야 한다면 그 내용은 서술어부에 있습니다. 주어부는 보는 것처럼 지문에 언급된 내용입니다. 심화 학습이라는 말이 무엇이겠습니까? 알고 있는 것을 보다 깊이 있게 공부한다는 말이죠? ③ 문단에서 승화에 관한 부분은 있지만 그때 승화된 기체가 어떻게 되었는지에 대한 정보는 없습니다. 이런 것을 우리가 심화 학습의 대상으로 삼을 수 있는 겁니다. 그럼 다음을 볼까요?

② 냉동 건조에 많은 에너지가 사용되는 / 이유는 무엇인가?

역시 보일 겁니다. 주어부의 내용은 ⑨ 문단에서 찾았습니다. 이유는 있나요? 없습니다.

③ 열풍 건조 시 식품의 성분은 어떤 과정을 거쳐 변하는가?

앗! 이게 뭘까요. 성분은 변하지 않는다고 지문에서 말하고 있는데, 성분이 어떤 과정으로 변하느냐고 물어보면 뭐라고 대답해야 하지요? 이렇게 말도 안 되는 답지가 바로 **정답**인 겁니다. '내용 일치' 문제가 살짝 모습을 바꾸어서 마치 내용 일치 문제가 아닌 심화된 고난도 문제인 것처럼 우리의 눈을 속이려는 것일 뿐입니다. 이렇게 드러내 놓고 내용과 잘못된 답지를 제시하는 경우도 있지만 학년이 올라가면서 만나게 되는 이런 유형의 문제는 지문에 있는 내용을 답지로 제시하는 경우도 있습니다. 답지의 내용이 지문에 모두 있는 내용이라면 심화 학습의 의미가 없어지니까요.

④ 식품 성분이 유지되도록 가공하는 / 다른 방법은 무엇인가?

⑤ 식자재를 냉동 건조 방식으로 처리할 때 형태가 유지되는 / 까닭은 무엇인가?

④번과 ⑤번 답지에서도 위에 제시되었던 답지에서처럼 앞에는 지문 속에 있는 내용이, 뒤에는 지문에서 찾을 수 없는 내용이 나와 있습니다. 이와 같은 유형의 문제는 무엇을 물어보기 위한 것인지 이제 알겠죠?

기술 지문에서 우리가 찾을 수 있는 특징은 '원리, 구조, 과정' 등에 관한 내용이 많다는 것입니다. 그리고 그와 관련된 '그림'이 지문 속이나 혹은 문제에서 우리를 유혹한다는 것입니다. 어려운 용어에 집착하지 말고 큰 흐름으로 내용을 이해하는 것이 가장 중요한 지문입니다. 다른 지문에서도 당연히 큰 흐름의 이해는 중요하지요. 언어영역은 '나무'가 아닌 '숲'을 보는 눈을 기르는 영역이니까요!

언어 지문도 문제없어!
내용 이해 60% + 개념 30% + 직관 30% = 100%

"어? 60+30+30=120인데. 역시 문과선생님이라 덧셈에 약하시군요?" 하고 묻고 싶죠? 아닙니다. 쌤도 100%가 넘는다는 걸 잘 알고 있지만, 지문을 이해하고 문제의 내용을 파악하다 보면 내용 이해이면서 개념까지 알아야 하는 문제도 있고, 개념과 직관이 모두 필요한 문제도 있게 마련입니다. 가장 중요한 것은 '내용 이해'이지만 '개념과 직관'도 필요한 지문이 바로 '언어 지문'입니다. 여러분은 벌써부터 한숨을 쉴 수도 있겠지만, 일단 힘내고!! 이 단원에서는 '언어의 기본 개념'도 함께 공부해 보겠습니다.

한국 사람이라면 직관적으로

언어 지문은 크게 두 종류로 나뉩니다. 하나는 '국어사'에 관한 지문이고 다른 하나는 '문법 현상이나 규범'에 관한 지문입니다. '국어사'와 관련된 지문이라면 고어에 대한 부담만 조금 덜어내면 주어진 지문만 가지고도 충분히 문제를 풀 수 있어요. 문제는 '문법 현상이나 규범'에 관한 지문입니다. 이런 지문은 직관(생각을 거치지 않고 그냥 아는 것)으로 확인할 수 있는 문제가 50%. 직관은 딱히 왜인지 이유는 모르지만 그냥 아는 것입니다.

"나는 영화 볼 거야. 너는 영화 봐."라고 말하면 무언지 어색하지요? 그 이유를 문법적으로 설명하라고 요구하면 당황할지도 모르겠어요. 하지만 이 문장이 이상하다는 것은 직관으로 그냥 압니다.

"나는 영화 볼 거야. 너는 연극 봐."

이제야 문장이 어색하지 않고 자연스럽죠? 하지만 아직도 왜 앞에서는 이상했고 지금 문장은 괜찮다고 생각하는지를 문법적으로 설명하는 게 어려울 겁니다. 직관이란 이렇게 그냥 아는 것입니다. 직관으로 맞추어야 하는 문제를 틀린다면 너무 머리로 풀려고 하기 때문이겠지요. 수학여행이나 수련회 등으로 친구와 함께 잠들게 되었을 때 나도 모르게 그 친구와 내 숨소리가 같아졌다고 생각하는 때가 있습니다. 그런 경험 한 번쯤은 있죠? 없다면 오늘 엄마 방에라도 들어가서 같이 누워 보세요. 자연스럽게 숨을 쉬고 있는데 친구의 숨소리를 의식하게 되면 그 순간부터 숨 쉬기가 힘들어지고 답답해지고 맙니다. 직관은 그런 것입니다. 아래의 문제는 2009년 9월에 실시되었던 전국연합평가 문제입니다. 물론 지문은 아래보다 훨씬 길었지만 문제에 필요한 부분만 가져왔습니다. 여러분의 직관으로 이 문제를 풀어 보길 바랍니다.

어떤 명사에 '없다'를 붙여 만든 단어 가운데 형태상으로 보면 원래의 단어와 서로 정반대의 의미를 담은 모습이지만, 실제 언어생활에서는 두 단어가 거의 비슷한 의미로 사용되기도 한다. 이러한 경우 그 단어가 원래 지니고 있는 의미에다가 다른 의미까지 함께 지니게 되어 단어 자체에 의미적 모순이 생기게 된다.

> "저 사람 참 밥맛없게 굴지?"
> "걔 정말 밥맛이야."
>
> [A]
>
> "엉터리없는 수작 부리지 마."
> "그 사람 말은 엉터리야."

33. 밑줄 친 낱말 중, [A]에 나타난 언어 현상과 가장 유사한 것은?

① "그것이 문제로군."
② "보통 안목이 아니군."
③ "이 어려운 형편에……."
④ "그래, 그 사람 주책이지."
⑤ "사람이 양심이 있어야지."

[A]는 **'없다'를 붙여 만든 단어 가운데 형태상으로 보면 원래의 단어와 서로 정반대의 의미를 담은 모습이지만, 실제 언어생활에서는 두 단어가 거의 비슷한 의미로 사용**되는 예입니다. 그러니 답지에 있는 말들도 '없다'를 붙여 원래의 단어와 거의 비슷한 의미로 사용되는 것을 찾으면 됩니다. 해 볼까요?

① "그것이 문제로군." "그것이 문제없는 거로군."
② "보통 안목이 아니군." "보통 안목없음이 아니군."
③ "이 어려운 형편에……." "이 어려운 형편없음에……."
④ "그래, 그 사람 주책이지." "그래, 그 사람 주책없지."
⑤ "사람이 양심이 있어야지." "사람이 양심없음이 있어야지."

직관적으로 '없다'는 말이 붙어도 의미에 큰 변화가 없는 것은 무엇일까요? ④번밖에 없죠? 그렇습니다. 이렇게 여러분은 언어적 배경 지식이 없어도 문제를 풀 수 있습니다. 그러나 문제는 직관으로 풀 수 없는 50%의 문제입니다. 다른 지문들은 기본 개념이 없어도 풀 수 있다면서 왜 언어영역은 기본 개념이 있어야 하는 걸까요? 그것은 '국어'라는 과목이 국민 공통과목으로서 여러분이 필수적으로 배워야 하는 과목이기 때문입니다. 또한 여러분이 보아야 하는 수능 영역이 언어영역이기 때문에 의사소통을 위한 언어적 기본개념이 꼭 필요하다고 판단하기 때문이지요. 하지만 벌써부터 한숨을 쉴 필요는 없습니다. 기초적인 몇 가지 개념만 정확하게 알고 있다면 언어영역 지문도 문제없으니까요!!

언어영역 좀 한다면 알아야 하는 기본 개념

'문장 성분, 품사, 어간~어미, 어근~접사'는 필수로 알아야 하는 개념입니다. 먼저 문장 성분에 대해서는 우리가 처음 만났을 때 이미 이야기를 했습니다. 다시 한 번 기억을 되살려 보기 바랍니다. 품사에 대해 살펴볼까요?

'명사와 대명사, 수사'는 '체언(體言)'이라고 하며 '격조사'와 함께 쓸 수 있습니다.

격조사에는 '이/가, 을/를, 의, 이다'가 있습니다. 또한 체언은 고정된 단어로 모양을 바꾸지 않습니다. 예를 들어 '철수'는 '가'라는 주격조사와 함께 '철수가'가 될 수 있습니다. 그리고 '철수'는 '철호'로 모양을 바꿀 수 없습니다. '철수'는 철수 이외의 모양으로 있을 수 없습니다. 이런 단어들을 '체언'이라고 합니다.

'명사(名詞)'는 '이름'으로 세상 모든 사물과 동물, 사람의 명칭뿐 아니라 철학적 용어나 관념을 명명하는 모든 것입니다. '대명사(代名詞)'는 이러한 명사를 대신해서 쓸 수 있는 것들로 '이것, 그녀'와 같은 것들이 있습니다. '수사(數詞)'는 '숫자'를 나타냅니다. '하나'와 같은 단위가 수사이죠. 하지만 '수'를 나타낸다고 다 '수사'는 아닙니다. '한'의 경우는 조사가 함께 할 수 없습니다. '한 사람'처럼 바로 이어 명사가 오죠. 이런 녀석은 수사가 아닙니다. 대명사처럼 보이지만 역시 대명사가 아닌 녀석들도 있습니다. '이, 그, 저'가 대표적이죠. 역시 '조사'가 붙을 수 없습니다. '이 친구, 그 사람, 저 나무'처럼 '한'과 마찬가지로 '명사'가 바로 이어집니다. 이런 단어들은 각각 '수관형사', '지시관형사'라고 부릅니다. 물론 그냥 '관형사'라고 해도 괜찮습니다.

'조사(助詞)'는 대부분의 학생들이 잘 찾아내고 있습니다. '체언' 뒤에 붙는 것이 기본인 품사입니다. 뜻을 보충해 주는 '보조사'의 경우에는 다른 품사에 붙기도 하지만 모양이 고정되어 있으므로 '어미'와 구분되지요. 많은 학생들이 힘들지 않게 '조사'를 가려내는 편입니다.

'동사와 형용사'는 '용언(庸言)'이라고 하며 '어간과 어미'로 나눌 수 있습니다. '용언'의 가장 큰 특징은 모양이 고정되지 않는다는 것입니다.

㉠ 먹다 : 먹고, 먹으면, 먹어서, 먹도록, 먹으니까……
㉡ 좋다 : 좋고, 좋으면, 좋아서, 좋도록, 좋으니까……

앞에서 보았던 '체언'과 달리 모습이 바뀌어도 '먹다', '좋다'는 의미가 바뀌지 않는 같은 단어라는 것, '직관'으로 이해하죠? 이렇게 모양이 바뀌는 것을 '활용한다'고 합니다. '용언'은 이렇게 활용하는 품사를 말한답니다.

이때 모양을 어떻게 바꾸든 바뀌지 않는 부분이 있고, 모양을 바꾸는 부분이 있습니다. **활용을 해도 모양이 바뀌지 않는 부분**은 '말의 본체'라는 뜻의 어간(語幹)이라고 하며 **바뀌는 부분**을 '말의 꼬리'라는 뜻으로 어미(語尾)라 합니다.

형용사가 무엇인지 물어보면 대개 "명사를 꾸며 줘요."라고 대답하지만, 그건 영어에서나 통하는 말이지요. 국어에서 '형용사(形容詞)'는 '형용(모습, 상태)'을 나타내는 품사입니다. 동사(動詞)는 알다시피 움직임을 나타내죠. 하지만 이런 의미로만 '동사'와 '형용사'를 구분하는 게 어려울 때가 많아요. 이들을 구별하는 가장 좋은 방법은 '-ㄴ다/-는다'를 붙여 보는 것입니다. '-ㄴ다/-는다'는 진행을 나타내는 말들입니다. 모습이나 상태가 진행할 수는 없겠죠? 순간의 형용을 말하는 것이니까요. 그래서 '-ㄴ다/-는다'가 올 수 있으면 동사이고, 올 수 없으면 형용사가 됩니다.

먹다의 경우에는 '먹는다'가 가능하기 때문에 **동사**이지만 **좋다**의 경우는 '좋는다'가 불가능하기 때문에 **형용사**랍니다.

문제 하나만 내 볼까요? '좋아하다'의 품사는 무엇일까요? '좋아하다'는 '좋아하고, 좋아하니, 좋아해서'와 같이 활용할 수 있습니다. '어간'은 '좋아하-'입니다. 여기에

'-ㄴ다'를 붙여볼까요? '좋아한다'가 됩니다. 우리의 직관은 '좋아한다'에 대해 어색하다고 판단하지 않습니다. '좋다'는 형용사이지만 '좋아하다'는 동사입니다.

이제 문장을 만들기 위한 주요 품사는 모두 배웠습니다. 하지만 결정적으로 문장의 맛을 내는 맛의 비법 수식언(修飾言)이 남았습니다. '수식'이라는 말 자체가 '꾸며주다'의 의미를 가지고 있습니다. 위에서 살펴보았던 큰 틀은 '체언'과 '용언'이었습니다. 수식언은 이들을 꾸며 주는 일을 하기 때문에 역시 두 가지가 있습니다.

먼저 '체언'을 꾸며 주는 것을 '관형사'라고 합니다. 명사를 꾸며 주는 것은 '형용사'가 아니라 '관형사'입니다. 주로 '어떤'의 의미를 가지고 있어서 '관형어'를 만듭니다. '관형어'에 대해 잘 알고 있다면 '관형사'는 따로 설명하지 않아도 될 것 같습니다. 다만 '관형어'는 관형사가 아닌 품사에 조사 '의'가 오거나 어미에 '-ㄴ/은/는' 혹은 '-ㄹ/을'이 붙어 만들어지기 때문에 모든 관형어가 '관형사'는 아닙니다. 그러나 모든 관형사는 '관형어'로만 쓰이고 조사나 어미가 올 수 없다는 특징이 있습니다.

'부사(副詞)' 역시 여러분이 '부사어'를 잘 공부했다면 어렵지 않을 것입니다. '부사'는 용언을 꾸며 주는 역할을 합니다. 관형어처럼 '조사, 어미'가 붙어서 부사어를 만들 수도 있지만, '조사와 어미' 없이 독립적으로 부사어를 만드는 모든 단어는 '부사'가 됩니다.

그 외의 품사로 '감탄사'가 있습니다. 감탄사에 대한 설명은 생략하겠습니다. 감탄사만큼 여러분의 직관이 열려 있는 품사는 없다고 믿기 때문입니다. 참고로 '아, 어머나(어머니 아닙니다), 쳇' 같은 말들이 있습니다.

이렇게 우리나라에는 총 9개의 품사가 있습니다. 다시 한 번 정리해 볼까요?

체언 패밀리

'명사, 대명사, 수사'가 있습니다. 조사를 데리고 다닌다는 특성이 있습니다. 주로 문장의 우두머리인 주어나 오른 팔인 목적어를 맡습니다.

용언 패밀리

'동사, 형용사'가 있습니다. 이들은 활용을 하는 것으로 유명합니다. 동사는 활동적이어서 움직이길 좋아하지요. 그래서 움직임의 상징인 '-ㄴ다/는다'와 함께 살기도 합니다. 하지만 형용사는 모양이나 상태를 지키기를 좋아해 '-ㄴ다/는다'와는 어울리지 않습니다. 문장의 마무리를 담당하는 것을 주된 임무로 알고 있는 족속입니다.

수식언 패밀리

'관형사와 부사'가 있습니다. 이들은 각각 모시는 주군이 다릅니다. '관형사'는 '체언' 패밀리와 유대가 돈독하여 체언의 앞에서 그들을 꾸며 주는 일을 하고, '부사'는 '용언 패밀리'와 친하기 때문에 용언의 앞에서 용언을 꾸며 주는 일을 합니다.

　그 외에 **체언 패밀리와 밀착되어 살고 있는 '조사'**가 있고 독자적인 노선을 걸으며 체언과 용언의 **어떤 패밀리에도 밀착됨이 없이 유유히 살아가는 '감탄사'**가 있습니다.

이제 '어근과 접사'에 대해 공부하겠습니다. '어근'은 단어의 실질적인 의미를 가진 부분입니다. '접사'는 '어근'에 붙어 의미를 한정(좁혀 주는 역할)해 줍니다. '어간, 어미'와 어떻게 다르냐는 질문이 많은데요. '어간과 어미'는 '형태'에 관한 구분이고, '어근과 접사'는 의미와 독립적인 사용에 관한 구분입니다.

파랗다 : 새파랗다

'파랗다'는 단어는 '어간과 어미'의 구분은 가능하지만 의미적으로 나눌 수 없습니다. 이런 단어를 '하나의 어근'으로 이루어진 단어라고 하며, '단일어'라고 말합니다. 하지만 '새파랗다'의 경우는 조금 다릅니다. '새+파랗다'로 나누어 볼 수 있거든요. '새'는 영어의 'bird'가 아니란 거, 다 알고 있죠? 직관적으로 '파란 정도가 맑고 깨끗함'을 나타낸다는 것쯤이야~. 하지만 '새'는 단독으로 의미를 가진 단어로 쓰일 수 없습니다. 색을 나타내는 말에 붙어야만 의미가 살아나죠. 이러한 부류를 '접사'라고 합니다. 그리고 이렇게 만들어진 단어를 우리는 '파생어'라고 부르죠.

달리다 → 달리기

'달리다'는 동사지만, '달리기'가 되면 명사가 됩니다. 이렇게 품사를 바꾸어 주는 역할을 한 것은 바로 '기'입니다. 품사를 바꾸어 주는 역할을 하면서 '종목'이라는 의미를 부여해 주는 '기'는 '명사 파생 접사'입니다. '접사'는 어근의 앞에 있을 때 '접두사', 뒤에 있을 때 '접미사'라고 합니다.

이제까지 우리가 알아야 할 기본적인 문법 개념을 공부했습니다. 물론 이것이 전부는 아닙니다. 하지만 우리가 당장 필수적으로 알아야 할 개념들이기 때문에 무슨 일이 있어도 이것만은 꼭 기억해야 합니다. 정리하면서 머릿속에 정착시켜 볼까요?
어간과 어미, 어근과 접사입니다.

어간은 '모양의 변화인지 고정인지'에 초점이 맞추어집니다.

어간은 동사와 형용사가 그 본질적 특성을 십분 발휘하여 활용이 될 때도 끝까지 모양이 변하지 않는 뼈대 있는 가문의 상징으로 끝까지 중심을 잃지 않는 부분입니다. 하지만 어미는 용언의 활용이라는 고유의 특성을 고스란히 보여주는 부분입니다.

어간의 뒤에서 상황에 따라 모양을 끊임없이 바꾸는 부분으로 대표형인 '-다'가 있지만 실생활에서 '-다'를 만나기는 어렵습니다. 이보다는 '-지만, -으나, -아서/어서, -고' 등 변화된 모습이 익숙한 친구들입니다.

어근과 접사는 의미와 기능적 측면으로 구분됩니다.

어근은 단어를 형성할 때 실질적인 의미를 나타내는 주인공이라 할 수 있습니다. 독립적으로 쓰일 수 있고 용언뿐 아니라 체언도 모두 단어의 실질적인 주인공이라면 '어근'입니다. 접사는 조연입니다. 때로는 의미를 구체적으로 나타내기도 하고 때로는 문법적으로 새로운 품사로 바꾸어 주는 역할도 합니다.

'어간이면서 어근'인 것도 당연히 있을 수 있습니다. '먹다'의 '먹-'은 불변하는 어간이면서 주인공의 의미를 가진 어근도 되기 때문입니다. '하나만 되는 건 아닐까?'라고 생각하지 않아도 됩니다. 서로 다른 영역이기 때문에 서로 관계가 없습니다.

'언어 지문'을 보기 위해 필요한 두 가지 '직관'과 '개념'에 관해 간략하게 살펴보았습니다. 이제 실전에서 지문을 읽어 볼까요? 같이 볼 지문은 2008년 11월에 실시된 전국연합평가에서 보았던 내용입니다.

[25~27] 다음 글을 읽고 물음에 답하시오.

한국어 경어체계의 복잡함이 도드라지게 드러나는 것은 용언의 종결형에서다. 예컨대 동사 '하다'는 말하는 사람과 듣는 사람 그리고 언급되는 대상 사이의 위계에 따라 명령형에서는 '하라/해라, 해, 하게, 하시게, 하세요(하시오), 하십시오, 하소서, 하옵소서, 하시옵소서' 따위로 변하고, 서술형에서는 '한대, 해요, 하세요, 합니다, 하십니다, 하옵니다, 하시옵니다, 하나이다, 하시나이다, 하시옵나이다' 따위로 변하며, 의문형에서는 '하니, 해, 해요, 하세요, 합니까, 하십니까, 하옵니까, 하시옵니까, 하시나이까, 하시옵나이까' 따위로 변한다. 물론 '하시옵소서, 하나이다, 하시나이까' 같은 하소서체(體)의 극존칭은 현대어의 구어에서는 사용되지 않지만, 문어나 사극(史劇)의 대사에는 여전히 남아 있다.

한국어의 경어체계가 이렇게 어미변화로만 실현되는 것은 아니다. 어떤 단어들은 거기 대응하는 높임말을 따로 지니고 있다. 예컨대 '먹다'는 '잡수다/잡수시다'를, '자다'는 '주무시다'를, '주다'는 '드리다'를, '묻다'는 '여쭙다'를, '있다'는 '계시다'를, '밥'은 '진지'를, '말'은 '말씀'을 지니고 있다. 주격조사 '이/가'는 높으신 어른 다음에는 '께서'로 변하고, 여격조사 '에게'도 높으신 어른 다음에는 '께'로 변한다. 그런데 이 관계가 늘 똑같은 것은 아니다. 예컨대 '잡수시다'나 '주무시다'나 '계시다'는 그 행위의 주체를 높이는 것이지만, '여쭙다'나 '드리다'는 그 행위의 객체를 높이는 것이다. 즉 여쭙거나 드리는 행위의 주체를 낮추는 것이다. 한국어의 경어체계 즉 공대법에는 존경법과 겸손법이 섞여 있는 것이다.

존경법과 겸손법을 겸하는 말도 있다. 예컨대 '말씀'이 그렇다. '말씀'은 맥락에 따라 그것을 발(發)하는 사람을 높이기도 하고 낮추기도 하는 상반된 의미 기능을 지닌다. 예컨대 "선생님 말씀 잘 들어!"에서 '말씀'은 선생님을 높이는 것이지만, "제가 말씀드린 대로"에서 '말씀'은 자신을 낮추는 것이다. 즉 앞의 '말씀'은 '말'의 높임말이고 뒤의 '말씀'은 '말'의 겸사(謙辭)말이다. 경어체계 안에 말을 듣는 상대방을 높이는 법, 말을 하는 자신을 낮추는 법, 문장의 주어나 객어(목적어)를 높이는 법이 따로 마련되어 있고, 그것들이 섬세하게 서로 결합하는 경우도 있어서 한국어는 자잘한 위계질서의 뉘앙스들로 가득 차 있다.

[A]
한국어에서 2인칭 대명사가 손아랫사람이나 허물없는 친구에게 말을 거는 경우를 제외하고는 사실상 사용되지 않는 것도 특기할 만하다. 학교문법에서의 설명과는 상관없이, 한국어의 2인칭 대명사는 구어(口語)의 수준에서는 실질적으로 '너(/너희/너희들)' 하나뿐이다. 약간의 높임을 지닌 대명사로 '당신'이 있기는 하지만, 이 말은 중년 이상의 부부 사이에서 극히 제한적으로 쓰일 뿐이다. 학교 문법의 설명을 믿고 아무에게나 '당신'이라고 했다가는 싸움 나기 십상이다. 한국어에서 존칭을 사용해야 할 대상에게는 2인칭 대명사의 자리를 제로(zero) 형태로 비워두거나, 연령적 가족적 직업적 신분적 위계를 표시하는 명사(선배님, 아버님, 국장님, 선생님) 또는 상대방의 이름(숙자씨)을 사용한다. 그런데 이름을

사용하는 경우에 그 이름 뒤에 붙이는 접미사 '씨'가 점차 예삿말의 뉘앙스를 띠게 돼, 높여야 할 자리에서는 함부로 사용할 수가 없다. 나이 차이가 꽤 나는 손윗사람을 면전에서 아무개 씨라고 지칭하면 상대방의 얼굴빛이 이내 어색해질 것이다.

— 고종석,「언어와 위계」(『코드 훔치기』, 마음산책, 230~232쪽)

25 위 글에서 답을 찾을 수 없는 것은?

① 우리말에서 나타나는 경어 체계의 특징은 무엇인가?

② 경어 체계가 반영된 용언의 명령형은 어떻게 나타나는가?

③ 어미 변화 이외에 경어 체계를 실현하는 방법은 무엇인가?

④ 현재 우리말의 구어에서 사용되지 않는 극존칭은 무엇인가?

⑤ 화자가 청자를 의식해 행위의 주체를 높이지 않는 경우는 언제인가?

26 위 글을 참조하여 〈보기〉를 탐구한 내용으로 적절하지 않은 것은?

〈보기〉

ㄱ. 친구가 나를 불렀다.

ㄴ. 학생들은 지금 교실에서 공부를 합니다.

ㄷ. 나는 할아버지를 정류장까지 모시고 가겠다.

ㄹ. 선생님께서 하신 말씀에 대해 감사하다고 말씀 드렸다.

① ㄱ의 주체가 높임의 대상으로 바뀌면 주격조사와 용언의 종결형이 높임의 형태로 바뀌어야 한다.

② ㄴ의 '합니다'는 화자와 청자의 위계를 알 수 있게 한다.

③ ㄷ의 '모시고'는 행위의 객체를 높이고 행위의 주체를 낮추는 역할을 한다.

④ ㄹ에서 앞의 '말씀'은 말의 낮춤말이고 뒤의 '말씀'은 말의 높임말이다.

⑤ ㄱ~ㄹ을 통해 우리말의 경어 체계가 발달되어 있음을 알 수 있다.

27 〔A〕에서 이끌어 낼 수 있는 내용으로 적절하지 않은 것은?

① 이름 뒤에 사용하는 '씨'는 앞으로 높임의 기능이 강화될 것이다.

② 이인칭 대명사 '너'에 주격조사 '-가'가 붙으면 그 형태가 바뀌기도 한다.

③ 대화 상황에서는 이인칭 대명사를 '제로(zero) 형태'로 비워 둘 수 있다.

④ 다투는 상황에서 '당신'은 상대편을 낮잡아 이르는 이인칭 대명사가 될 수 있다.

⑤ 구체적인 발화 장면에서 '과장, 선배' 등과 같은 명사가 이인칭 대명사의 기능으로 사용될 수 있다.

'언어영역'에는 출제자가 선호하는 출제자의 언어가 있다고 했습니다. 그리고 '언어 지문'에는 출제자가 선호하는 문법의 영역이 있습니다. 그 중 다섯 손가락 안에 드는 지문이 '높임법'입니다. 요즘 학생들이 '욕'을 많이 사용해서 사회문제로까지 인식되고 있습니다. 이런 상황이라면 '높임법'의 중요도 역시 점점 더 높아질 것 같지요?

한국어 경어체계의 복잡함이 도드라지게 드러나는 것은 용언의 종결형에서 다. 예컨대 동사 '하다'는 말하는 사람과 듣는 사람 그리고 언급되는 대상 사이의 위계에 따라 명령형에서는 '하라/해라, 해, 하게, 하시게, 하세요(하시오), 하십시오, 하소서, 하옵소서, 하시옵소서' 따위로 변하고, 서술형에서는 '한대, 해요, 하세요, 합니다, 하십니다, 하옵니다, 하시옵니다, 하나이다, 하시나이다, 하시옵나이다' 따위로 변하며, 의문형에서는 '하니, 해, 해요, 하세요, 합니까, 하십니까, 하옵니까, 하시옵니까, 하시나이까, 하시옵나이까' 따위로 변한다. 물론 '하시옵소서, 하나이다, 하시나이까' 같은 하소서체(體)의 극존칭은 현대어의 구어에서는 사용되지 않지만, 문어나 사극(史劇)의 대사에는 여전히 남아 있다.

한국어의 경어체계가 이렇게 어미변화로만 실현되는 것은 아니다. 어떤 단어들은 거기 대응하는 높임말을 따로 지니고 있다. 예컨대 '먹다'는 '잡수다/잡수시다'를, '자다'는 '주무시다'를, '주다'는 '드리다'를, '묻다'는 '여쭙다'를, '있다'는 '계시다'를, '밥'은 '진지'를, '말'은 '말씀'을 지니고 있다. 주격조사 '이/가'는 높으신 어른 다음에는 '께서'로 변하고, 여격조사 '에게'도 높으신 어른 다음에는 '께'로 변한다. 그런데 이 관계가 늘 똑같은 것은 아니다. 예컨대 '잡수시다'나 '주무시다'나 '계시다'는 그 행위의 주체를 높이는 것이지만, '여쭙다'나 '드리다'는 그 행위의 객체를 높이는 것이다. 즉 여쭙거나 드리는 행위의 주체를 낮추는 것이다. 한국어의 경어체계 즉 공대법에는 존경법과 겸손법이 섞여 있는 것이다.

존경법과 겸손법을 겸하는 말도 있다. 예컨대 '말씀'이 그렇다. '말씀'은 맥락에 따라 그것을 발(發)하는 사람을 높이기도 하고 낮추기도 하는 상반된 의미 기능을 지닌다. 예컨대 "선생님 말씀 잘 들어!"에서 '말씀'은 선생님을 높이는 것이지만, "제가 말씀드린 대로"에서 '말씀'은 자신을 낮추는 것이다. 즉 앞의 '말씀'은 '말'의 높임말이고 뒤의 '말씀'은 '말'의 겸사(謙辭)말이다. 경어체계 안에 말을 듣는 상대방을 높이는 법, 말을 하는 자신을 낮추는 법, 문장의 주어나 객어(목적어)를 높이는 법이 따로 마련되어 있고, 그것들이 섬세하게 서로 결합하는 경우도 있어서 한국어는 자잘한 위계질서의 뉘앙스들로 가득

차 있다.

한국어의 경어체계를 만드는 방법에 대한 내용입니다. '용언의 활용, 높임의 뜻을 가진 단어 사용'을 중심으로 내용이 전개되고 있습니다. 자연스럽게 이어진 내용은 높임법 외에도 겸손법도 있고 때로는 같은 단어가 존경법과 겸손법에 모두 쓰이는 예가 나와 있습니다.

[A]

　　한국어에서 2인칭 대명사가 손아랫사람이나 허물없는 친구에게 말을 거는 경우를 제외하고는 사실상 사용되지 않는 것도 특기할 만하다. 학교문법에서의 설명과는 상관없이, 한국어의 2인칭 대명사는 구어(口語)의 수준에서는 실질적으로 너(/너희/너희들)' 하나뿐이다. 약간의 높임을 지닌 대명사로 '당신'이 있기는 하지만, 이 말은 중년 이상의 부부 사이에서 극히 제한적으로 쓰일 뿐이다. 학교 문법의 설명을 믿고 아무에게나 '당신'이라고 했다가는 싸움 나기 십상이다. 한국어에서 존칭을 사용해야 할 대상에게는 2인칭 대명사의 자리를 제로(zero) 형태로 비워두거나, 연령적 가족적 직업적 신분적 위계를 표시하는 명사(선배님, 아버님, 국장님, 선생님) 또는 상대방의 이름(숙자씨)을 사용한다. 그런데 이름을 사용하는 경우에 그 이름 뒤에 붙이는 접미사 '씨'가 점차 예삿말의 뉘앙스를 띠게 돼, 높여야 할 자리에서는 함부로 사용할 수가 없다. 나이 차이가 꽤 나는 손윗사람을 면전에서 아무개 씨라고 지칭하면 상대방의 얼굴빛이 이내 어색해질 것이다.

이인칭 대명사가 높임법에서 어떻게 쓰이는지에 대한 글입니다. 그런데 쌤이 자세하게 밑줄을 그은 이유는 [A]로 묶여 있는 지문이기 때문입니다. 출제자가 미리 알려 주고 있는 이정표는 해당 문제의 발문을 미리 살짝 엿보고 오는 것도 나쁘지 않습니다. 그런 의미에서 이번에는 27번을 먼저 볼까요?^^

27 〔A〕에서 이끌어 낼 수 있는 내용으로 적절하지 않은 것은?

　'이끌어 낼 수 있는 내용'이라는 것이 '위 글에 있는 내용'이라는 말과 다른 것이 무엇일까요? 결국 내용일치 문제를 다르게 표현한 것일 뿐입니다.

① 이름 뒤에 사용하는 '씨'는 앞으로 높임의 기능이 강화될 것이다.

"이름 뒤에 사용하는 '씨'가 점차 예사말의 성격을 띠게 돼, 높여야 할 자리에서는 함부로 사용해서는 안 된다."

쌤과 함께 그었던 밑줄에서 이미 '이 답지는 내용과 일치하지 않는구나.'하는 생각이 들었죠? 맞습니다. 이렇게 내용과 맞지 않는 것이 적절하지 않은 것으로 정답이 됩니다.

② 이인칭 대명사 '너'에 주격조사 '-가'가 붙으면 그 형태가 바뀌기도 한다.

"'너' 하나뿐인데, 이 말은 뒤에 조사가 붙으면 그 형태가 달라지기도 한다."

③ 대화 상황에서는 이인칭 대명사를 '제로(zero) 형태'로 비워 둘 수 있다.

"한국어에서 존칭을 사용해야 할 대상에게는 이인칭 대명사의 자리를 제로(zero) 형태로 비워두거나, ~ 한다."

④ 다투는 상황에서 '당신'은 상대편을 낮잡아 이르는 이인칭 대명사가 될 수 있다.

"당신은 갈등 상황에서는 상대방을 업신여기는 경우로 쓰이기도 한다."

⑤ 구체적인 발화 장면에서 '과장, 선배' 등과 같은 명사가 이인칭 대명사의 기능으로 사용될 수 있다.

"이인칭 대명사의 자리를, 연령적·가족적·직업적·신분적 위계를 표시하는 명사로 사용하기도 한다."

이렇게 [A]로 묶인 문단은 자세하고 꼼꼼하게 읽게 됩니다. 처음부터 이렇게 밑줄을 그을 필요는 없습니다. 여러분이 하고 싶은 대로 하면 됩니다. 다만 쌤은 질문자가 원하는 것을 찾는 것이 효율적이라고 생각해서 문제를 풀면서 하나하나 찾는 것도 괜찮다고 생각하는 거죠. 우리는 살아가면서 상대가 원하는 것이 무엇인지 궁금해 하기 전에 짐작으로 그 사람이 좋아할 것들을 준비하기도 합니다. 하지만 상대가 자신의 기대만큼 감동하지 않으면 상심하기도 하죠. "어떻게 너는 내가 이렇게나 준비했는데 그렇게밖에 감동하지 않아?"라고 섭섭해 하기 전에 그 사람이 원하는 것이 무엇이었는지 먼저 헤아리지 못한 자신의 독선에 대해 미안해 하는 것은 어떨까요? 자기만족으로 인한 이벤트는 상대를 위한 것이 아닐 수도 있기 때문이죠. 언어영역을 공부한다는 것은 상대를 배려하는 법을 배우는 것도 포함됩니다. 그것이 진정한 대화이니까요.

25. 위 글에서 답을 찾을 수 없는 것은?

이 문제 역시 내용 일치 문제이죠? 질문에 대한 답이라면 질문의 핵심을 주목하면 되는 것입니다. 그리고 지문을 읽고 던지는 질문이라면 글의 핵심적인 부분이 어디에 있는지 한참 찾아야 하는 세세한 내용이 아닐 확률이 높을 겁니다. 확인하겠습니다.

① 우리말에서 나타나는 경어 체계의 특징은 무엇인가?

　지금껏 하고 있는 이야기가 바로 경어 체계의 특징입니다. 글 전체의 중심 화제라 할 수 있죠. "한국어 경어 체계가 두드러지게 나타나는 것은~"으로 시작하는 첫 문단에서 이미 게임은 끝난 것입니다.

② 경어 체계가 반영된 용언의 명령형은 어떻게 나타나는가?

　① 문단 "명령형에서는 '하라/해라, 해, 하게, 하세요(하시오), 하십시오, 하소서, 하시옵소서 등으로 변하고,"에 '답'이 나옵니다.

③ 어미 변화 이외에 경어 체계를 실현하는 방법은 무엇인가?

　② 문단 "어미 변화로만 실현되는 것은 아니다. 어떤 단어들은 여기에 대응하는 높임말을 따로 지니고 있다."에 있습니다.

④ 현재 우리말의 구어에서 사용되지 않는 극존칭은 무엇인가?

　① 문단 "'하시옵소서, 하나이다, 하시나이까' 같은 하소서체(體)의 극존칭은 현대어의

구어에서는 사용되지 않지만,"에서 알 수 있습니다.

⑤ 화자가 청자를 의식해 행위의 주체를 높이지 않는 경우는 언제인가?

없어요. 어디에서도 청자를 의식해 행위의 주체를 높이지 않는 경우는 없습니다. 갈등의 양상에 있을 때 '당신'이 상대를 업신여기는 경우로 쓰이기도 한다고 ⑤ 문단에 나오기는 하지만 청자가 행위의 주체라는 말은 없습니다. 글을 읽을 때 역시 상대의 말에 제대로 귀 기울이려는 노력을 한다면 틀리지 않을 문제입니다. ⑤번이 바로 내용에 어긋나는 정답이 됩니다.

지금까지 살펴본 두 문제는 모두 내용 일치 문제입니다. 남은 문제는 내용뿐만 아니라 우리의 직관과 개념에 대한 지식을 이용해야 하는 문제입니다.

26. 위 글을 참조하여 〈보기〉를 탐구한 내용으로 적절하지 않은 것은?

〈보기〉

ㄱ. 친구가 나를 불렀다.

ㄴ. 학생들은 지금 교실에서 공부를 합니다.

ㄷ. 나는 할아버지를 정류장까지 모시고 가겠다.

ㄹ. 선생님께서 하신 말씀에 대해 감사하다고 말씀 드렸다.

---

① ㄱ의 주체가 높임의 대상으로 바뀌면 주격조사와 용언의 종결형이 높임의 형태로 바뀌어야 한다.

② 문단에서 주격조사가 변한다는 내용이 있고, ① 문단에 용언의 종결형이 바뀐다는 내용도 있습니다. 따라서 내용일치 문제로 풀어도 충분히 풀 수 있습니다. "선생님께서

나를 부르**셨**다.''로 바꾸어 보니 더 확실히 알 수 있습니다. 조사, 용언과 같은 개념이 무엇인지만 알고 있다면 답지를 이해하는 데 있어 지문을 잘 읽고도 답을 찾지 못하는 일은 절대 없을 거예요.

② ㄴ의 '합니다'는 화자와 청자의 위계를 알 수 있게 한다.

문단의 "말하는 사람과 듣는 사람 그리고 언급되는 대상 사이의 위계에 따라 ~ 서술형에서는 '한다, 해요, 하세요, **합니다**, 하십니다, 하시옵니다, 하나이다, 하시옵나이다' 등으로 변하며"에서 내용을 찾을 수 있습니다.

③ ㄷ의 '모시고'는 행위의 객체를 높이고 행위의 주체를 낮추는 역할을 한다.

이 문제는 직관이 필요한 문제입니다. 지문에는 '모시다'는 단어에 대한 언급이 없기 때문입니다. 그렇지만 '가겠다'고 하는 사람은 '나'이고 대상인 객체가 '할아버지'라면 이 두 사람의 관계는 우리가 잘 알고 있습니다. 당연히 '나'는 '할아버지'를 높이고 '나'를 낮추어야 합니다. 이때 주체와 객체가 무슨 말인지 모른다면 문제입니다. 아주 옳지 않은 상황이죠. 혹시나 모르는 친구가 있다면 기억하세요. **주체는 '행동을 하는 사람'**입니다. 보통 **주어가 주체**입니다. **객체는 '대상'**입니다. 일반적으로는 **영어에서 말하는 직접목적어와 간접목적어에 해당**하는 말들입니다. 우리나라 문법에는 간접목적어나 직접목적어라는 말을 사용하지 않지만 설명을 편하게 한다면 그렇습니다.

④ ㄹ에서 앞의 '말씀'은 말의 낮춤말이고 뒤의 '말씀'은 말의 높임말이다.

이 답지 역시 우리의 직관을 상당히 필요로 하는 답지이죠? 조금 쉽게 보기 위해 문장을 끊어서 살펴볼까요? "선생님께서 하신 말씀"에 대해 "(나는) 감사하다고 말씀드렸다." 이렇게 나누고 보니 훨씬 편하게 알 수 있겠죠? 문장을 쉽게 이해하려면 '주어'와 '서술어' 찾기가 필수라고 누누이 말했지요. 나누고 보니까 앞의 말씀은 '선생님'과 연결되어 있고 뒤의 '말씀'은 '(나)'와 연결되어 있습니다. 꼭 '나'가 아니어도 여러분이 생략된 주어를 넣어 보세요. 무엇이 되었든 결과는 같을 것입니다. 이제 보니 앞의 '말씀'

은 높여야 하고, 뒤의 '말씀'은 낮추는 말이어야 하겠군요. 답지에서 말하는 대로라면 선생님께서 상당히 언짢아하실 것 같습니다. "이런 고얀 녀석 같으니라고." 그러시면서요. 정답은 ④번입니다.^^

⑤ ㄱ~ㄹ을 통해 우리말의 경어 체계가 발달되어 있음을 알 수 있다.

　　문단에서 만날 수 있는 "한국어는 위계 질서의 미묘한 차이들로 가득 차 있는 언어라 할 수 있다."에서 우리말의 경어 체계가 발달되어 있다는 것을 알 수 있습니다.

　　살펴본 언어 지문을 통해 역시 언어 지문도 '내용에 대한 이해'가 기본이 되어야 한다는 사실을 알았을 겁니다. 하지만 고등학교 과정을 통해 기본적으로 알고 있다고 생각하는 개념에 대해서는 별도의 힌트 없이 문제가 주어지기 때문에 여러분들이 그 기본 개념만 알고 있다면 다른 지문들과 다르지 않게 잘 해결할 수 있을 거라고 생각합니다. 이제 지문 한 개를 더 보겠습니다. 각 문단의 핵심 화제를 잘 찾아가며 이번에도 글쓴이와의 대화에서, 출제자와의 대결에서 승리하기 바랍니다.

2008. 6. 전국연합평가

〔23~25〕 다음 글을 읽고 물음에 답하시오.

　　'철 그른 동남풍'이란 말이 있다. 버스 떠난 뒤에 손 든다는 식으로 때를 놓쳤을 때 흔히 하는 말이다. 어떤 일이든 그 일에 맞는 적절한 때가 있기 마련이라는 뜻이다. 우리말 '철'은 계절을 지칭하기도 하고, '철들다, 철나다'에서와 같이 사리를 분별하는 힘을 나타내기도 한다. 제철을 모르고서는 제대로 농사를 지을 수 없다는 뜻에서 의미가 확장된 것으로 보인다. 이처럼 우리말은 농경문화의 특성이 반영되어 절후에 대한 인식이나 그것을 부르는 명칭도 먹고 사는 일, 이른바 농사일과 결부되어 있다.

'어정 칠월, 동동 팔월'이란 속담이 있다. 우리네 농가에서 7월 한 달은 하릴없이 어정거리지만 8월이 오면 갑자기 바빠져 동동거린다고 하여 일컫는 말이다. '동동 팔월'을 혹은 '건들 팔월'이라고도 하는데, 이는 바쁘긴 해도 건들바람처럼 그렇게 훌쩍 가 버린다는 뜻이다.

'오월 농부, 팔월 신선'이란 말도 있다. 보릿고개의 절정인 음력 5월은 농사짓는 사람으로서는 더할 수 없이 어려운 시기다. 그러나 한가위가 긴 8월은 그 풍족함이 어떤 신선도 부럽지 않다는 데서 이런 말이 생겼다.

보릿고개의 말뜻을 모르는 한국인은 없을 것이다. 지난 해의 묵은 곡식은 이미 바닥이 났고 보리는 아직 여물지 않은 음력 4~5월경, 흔히 춘궁기라 불리는 이때야말로 가장 춥고 배고픈 시기였다. 결코 높아서가 아니다. 그러나 세상에서 가장 넘기 힘들다는 이 보릿고개를 넘으면서 우리 조상들은 '깐깐 오월'이란 별칭을 덧붙여 주었다. 우리 조상들은 춥고 배고픈 시기를 지내면서도 그 어려움을 직설적으로 표현하지 않고, 돌려서 표현하는 ㉠품위나 마음의 여유를 잃지 않았던 것이다.

한편, 우리말은 감각어가 많이 발달되어 있다. 우리 민족은 본래 풍류를 즐기는 낙천적인 민족으로, 정서적이고 감각적인 편이었다. 이러한 특징이 언어에 반영되어 우리말에 감각적인 어휘가 풍부하게 되었다.

계절 감각을 잘 드러내는 몇 가지 예를 들어보면, 이른 봄, **쌀랑한 추위**를 일컫는 '꽃샘'이란 말이 있다. 한겨울 추위보다 더 고약스런 봄추위에, 우리는 이처럼 멋진 이름을 붙여 주었다. 일종의 감정 이입법으로 꽃에 대한 동장군의 시샘을 그렇게 표현한 것이다.

꽃이 피기 전 새싹을 시샘하는 '잎샘 바람'이란 말도 있지만 유명도에 있어서나 감칠맛에 있어서는 '꽃샘추위', '꽃샘바람'에는 결코 미치지 못한다. 눈부신 설경을 일러 '눈꽃'이라 하고, 차창에 증기가 서려 생긴 무늬를 '서리꽃'이라 하는 것도 이와 유사한 표현이다.

　우리말의 감각성은 추위를 나타내는 표현에서도 잘 드러난다. 우선 '춥다'와 '차다'의 의미부터 구분된다. 찬 기운을 온몸으로 느낄 경우 전자의 '춥다'로 표현하고, 신체 일부에서 감지될 때를 후자의 '차다'로 표현한다. 또한 약간 추위를 느낄 때, '썰렁하다'고 하는데, 이 말은 기후 표현에만 쓰이는 것은 아니다. "참, ⓛ썰렁하네……."라고 하면 의도적으로 남을 웃기려고 했으나 반응이 좋지 않을 때를 표현한 말이다. '산산하다, 선선하다, 오싹하다, 살랑거리다, 설렁대다, 선뜻하다, 쌀랑하다, <u>으스스하다</u>' 등의 어휘들도 그 쓰임이 마찬가지다.

– 천소영, 『한국어와 한국문화』(우리책)

23. 위 글에 나타난 언어의 특징으로 가장 적절한 것은?

　① 구체적 대상을 추상적으로 표현한다.

　② 음성과 의미가 결합한 기호 체계이다.

　③ 형식과 내용 사이에는 필연적 관계가 없다.

　④ 민족의 사고방식과 삶의 모습을 반영한다.

　⑤ 연속적으로 이어지는 세계를 분절하여 표현한다.

24. ㉠이 반영된 표현으로 적절하지 <u>않은</u> 것은? 〔1점〕

　① 어정 칠월, 동동 팔월

　② 오월 농부, 팔월 신선

③ 깐깐 오월

④ 쌀랑한 추위

⑤ 꽃샘바람

25. ⟨보기⟩를 참고할 때, 어휘의 쓰임이 ㉡과 유사하지 않은 것은?

〈보기〉

　다른 나라 언어에 비해 우리말은 감각적 어휘가 발달했습니다. 똑같은 말이라도 '아' 다르고 '어' 다르다는 말이 나올 정도로 감각어가 풍부한 것이 우리말의 특징입니다. 이러한 특징은 정서적 유사성과 관련된 비유적 표현으로까지 발전합니다.

---

① 기름은 가벼워 물에 뜬다.

② 그는 괜히 싱겁게 웃는다.

③ 그 선생님은 학점을 짜게 준다.

④ 겨울바람이 맵고 사납게 불었다.

⑤ 병이 너무 무거워 완쾌하기 힘들겠다.

　글을 읽을 때에는 그것이 어느 영역의 지문이 되었든 글쓴이가 무엇을 말하고자 하는지 생각하며 읽어야 합니다. 인문이나 사회 지문에 비해 과학이나 기술 지문은 '의도'보다 '무엇에 대한 정보'인지의 비중이 클 수 있겠지만 우리가 이러한 지문들을 접하는 이유는 글쓴이의 의중을 파악할 수 있는 능력이 있는지를 알아보려는 것이므로 여러분은 항상 글쓴이의 생각을 들여다보는 연습을 해야 합니다.

'철 그른 동남풍'이란 말이 있다. 버스 떠난 뒤에 손 든다는 식으로 때를 놓쳤을 때 흔히 하는 말이다. 어떤 일이든 그 일에 맞는 적절한 때가 있기 마련이라는 뜻이다. 우리말 '철'은 계절을 지칭하기도 하고, '철들다, 철나다'에서와 같이 사리를 분별하는 힘을 나타내기도 한다. 제철을 모르고서는 제대로 농사를 지을 수 없다는 뜻에서 의미가 확장된 것으로 보인다. 이처럼 우리말은 농경문화의 특성이 반영되어 절후에 대한 인식이나 그것을 부르는 명칭도 먹고 사는 일, 이른바 농사일과 결부되어 있다.

①**'어정 칠월, 동동 팔월'**이란 속담이 있다. 우리네 농가에서 7월 한 달은 하릴없이 어정거리지만 8월이 오면 갑자기 바빠져 동동거린다고 하여 일컫는 말이다. '동동 팔월'을 혹은 '건들 팔월'이라고도 하는데, 이는 바쁘긴 해도 건들바람처럼 그렇게 훌쩍 가 버린다는 뜻이다.

②**'오월 농부, 팔월 신선'**이란 말도 있다. 보릿고개의 절정인 음력 5월은 농사짓는 사람으로서는 더할 수 없이 어려운 시기다. 그러나 한가위가 낀 8월은 그 풍족함이 어떤 신선도 부럽지 않다는 데서 이런 말이 생겼다.

③보릿고개의 말뜻을 모르는 한국인은 없을 것이다. 지난 해의 묵은 곡식은 이미 바닥이 났고 보리는 아직 여물지 않은 음력 4~5월경, 흔히 춘궁기라 불리는 이때야말로 가장 춥고 배고픈 시기였다. 결코 높아서가 아니다. / 그러나 세상에서 가장 넘기 힘들다는 이 보릿고개를 넘으면서 우리 조상들은 ④**'깐깐 오월'**이란 별칭을 덧붙여 주었다. 우리 조상들은 춥고 배고픈 시기를 지내면서도 그 어려움을 직설적으로 표현하지 않고, 돌려서 표현하는 ㉠품위나 마음의 여유를 잃지 않았던 것이다.

글쓴이는 우리말에 농경문화의 특성이 반영되어 있는 것은 어려운 현실을 돌려서 표현하는 품위나 마음의 여유라는 것을 말하기 위해 이 글을 썼습니다. ①~④는 그 예입니다.

한편, 우리말은 감각어가 많이 발달되어 있다. 우리 민족은 본래 풍류를 즐기는 낙천적인 민족으로, 정서적이고 감각적인 편이었다. 이러한 특징이 언어에 반영되어 우리말에 감각적인 어휘가 풍부하게 되었다.

　계절 감각을 잘 드러내는 몇 가지 예를 들어보면, 이른 봄, 쌀랑한 추위를 일컫는 ①'꽃샘'이란 말이 있다. 한겨울 추위보다 더 고약스런 봄추위에, 우리는 이처럼 멋진 이름을 붙여 주었다. 일종의 감정 이입법으로 꽃에 대한 동장군의 시샘을 그렇게 표현한 것이다.

　꽃이 피기 전 새싹을 시샘하는 '잎샘 바람'이란 말도 있지만 유명도에 있어서나 감칠맛에 있어서는 '꽃샘추위', 꽃샘바람'에는 결코 미치지 못한다. / 눈부신 설경을 일러 ①-1'눈꽃'이라 하고, 차창에 증기가 서려 생긴 무늬를 ①-2 '서리꽃'이라 하는 것도 이와 유사한 표현이다.

　우리말의 감각성은 추위를 나타내는 표현에서도 잘 드러난다. 우선 '춥다'와 '차다'의 의미부터 구분된다. 찬 기운을 온몸으로 느낄 경우 전자의 '춥다'로 표현하고, 신체 일부에서 감지될 때를 후자의 ②'차다'로 표현한다. 또한 약간 추위를 느낄 때, ②-1'썰렁하다'고 하는데, 이 말은 기후 표현에만 쓰이는 것은 아니다. "참, ㉡썰렁하네……."라고 하면 의도적으로 남을 웃기려고 했으나 반응이 좋지 않을 때를 표현한 말이다. '산산하다, 선선하다, 오싹하다, 살랑거리다, 설렁대다, 선뜻하다, 쌀랑하다, 으스스하다' 등의 어휘들도 그 쓰임이 마찬가지다.

역시 우리 민족의 낙천적인 성격이 이렇게 감각적인 언어를 발달시켰다는 내용을 전하기 위해 ①과 ②의 예를 들고 있습니다.

23. 위 글에 나타난 언어의 특징으로 가장 적절한 것은?

① 구체적 대상을 추상적으로 표현한다.

② 음성과 의미가 결합한 기호 체계이다.

③ 형식과 내용 사이에는 필연적 관계가 없다.

④ 민족의 사고방식과 삶의 모습을 반영한다.

⑤ 연속적으로 이어지는 세계를 분절하여 표현한다.

나무만 보고 숲을 보지 못한다면 자칫 틀릴 수 있는 문제입니다. 이 글은 우리 민족의 언어에는 농경사회의 특징이 잘 나타난다는 것과 감각적인 언어가 발달했다는 것을 말하고 있습니다. 왜? 우리민족의 여유와 풍류, 낙천적인 성격 때문일 것입니다. 정답은 ④번이어야겠죠?

24. ㉠이 반영된 표현으로 적절하지 않은 것은? 〔1점〕

① 어정 칠월, 동동 팔월

② 오월 농부, 팔월 신선

③ 깐깐 오월

④ 쌀랑한 추위

⑤ 꽃샘바람

㉠은 23번 문제의 구체적인 적용 문제입니다. 답지 중 품위나 여유, 낙천적인 성격에서 돌려 말한 것을 찾는 문제입니다. **힌트는 '돌려 말하기'입니다.** 답지에는 돌려 말하지 않고 사실을 말한 것이 하나 있습니다. ④번이죠. 추운 겁니다. 쌀랑하게 추운 거죠. 돌려 말한 것도 여기에 무슨 품위나 여유나 낙천적인 성격이 있는 말은 아닙니

다. ①~③은 ㉠의 직접적인 예로 제시된 것이기 때문에 절대로 체크해서는 안 되는 답지입니다. 그렇다고 ⑤번도 안 되는 이유는 '쌀랑한 추위'의 멋스러운 표현이라고 지문에 나와 있기 때문입니다. 앞뒤의 문맥을 잘 살펴본다면 절대 틀려서는 안 되는 문제라는 것을 알아야 합니다.

25. 〈보기〉를 참고할 때, 어휘의 쓰임이 ㉡과 유사하지 않은 것은?

이 문제도 역시 24번과 마찬가지로 적용하는 문제입니다. 같은 문제가 모양을 바꾸며 계속 등장하고 있는 것입니다. 차이가 있다면 24번에서는 지문에 있는 단어들로 문제를 풀기 때문에 25번보다 조금 쉬운 느낌이었을 것입니다. 이제 쌤은 직관과 내용의 이해를 함께 활용하여 문제를 풀어 보겠습니다.

〈보기〉

다른 나라 언어에 비해 우리말은 감각적 어휘가 발달했습니다. 똑같은 말이라도 '아' 다르고 '어' 다르다는 말이 나올 정도로 감각어가 풍부한 것이 우리말의 특징입니다. 이러한 특징은 정서적 유사성과 관련된 비유적 표현으로까지 발전합니다.

일단 보기의 핵심은 '정서적 유사성과 관련된 비유적 표현'이군요. 답지를 보니,

① 기름은 가벼워 물에 뜬다.

기름이 가볍다는 말에서 어떤 정서적 유사성을 찾을 수 있었나요? 이것이 무엇을 비유하고 있다고 여러분의 직관은 말하고 있습니까? 이건 그냥 사실을 말한 거죠? 싱겁게 정답이 나오는군요. 앗! 쌤이 방금 말한 '싱겁게'가 정서적 유사성과 관련된 비유적 표현인 걸요? 뭐라고요? 썰렁하다고요? 앗! '썰렁하다'도……네, 네. 그만하겠습니다. 확실

히 '정서적 유사성과 관련된 비유적 표현'이 무엇인지 알았을 거라 생각하면서 싱겁고 썰렁한 말장난은 이제 그만하겠습니다.

② 그는 괜히 싱겁게 웃는다.

③ 그 선생님은 학점을 짜게 준다.

④ 겨울바람이 맵고 사납게 불었다.

⑤ 병이 너무 무거워 완쾌하기 힘들겠다.

위의 ②~④는 맛에 관한 것이 아니니 비유적인 표현이 맞고, ⑤번도 무게에 대한 것이 아니니 비유적인 표현이 맞습니다.

이렇게 여러분과 '언어 지문'도 살펴보았습니다. 다른 지문에 비해 조금 편애하는 모습이었나요? 기본 개념에 대한 공부가 필요했기 때문에 어쩔 수 없었어요.^^ 기본 개념만 잘 알고 있으면 '언어 지문'뿐만 아니라 '쓰기'와 함께 나오는 '어법 문제(보통 11번이나 12번에 등장하는)'도 잘 풀 수 있을 것입니다. 난이도가 높든 낮든 항상 고난도로 찍히는 문제가 바로 어법 단독 문항입니다. 그런데 지금 쌤과 함께 한 개념 공부만으로도 어려운 문제를 극복할 수 있다면 중요한 시간이었다고 생각할 수 있겠죠? 개념들은 보고 또 봐서 자기 것으로 품어야만 여러분 것이 될 수 있습니다. 잊지 않도록 꼭 다시 한 번 보세요.

예술 지문 읽기
감상이 아닌 내용을 이해하자!

예술 지문은 '미술, 음악, 사진, 건축, 영화, 만화' 등 다양한 영역을 소개합니다. 일반적으로 미술이나 음악 등은 특정 양식에 대한 설명이나 미술사, 음악사와 같은 역사적 관점의 내용이 등장하지만 **최근에는 포스트모더니즘적인 요소를 담은 내용이 출제되는 빈도가 높아지고 있습니다.** 예술 지문에서 특히 주의해야 하는 것은 '그림'이 함께 하는 문항입니다. 과학이나 기술 지문을 볼 때 그림에 현혹되지 말라고 쌤이 말했던 것, 기억하고 있죠? 과학이나 기술에서 주로 과정이나 구조에 대한 그림이 나왔다면 '예술' 지문에서는 거의 지문에서 설명하는 예로서의 '그림'이 제시됩니다. 따라서 그림을 감상하기 위해 많은 시간을 할애하기보다 그림이 지시하는 것이 무엇인지 파악하는 데 주력해야 합니다. 다시 말할게요, 우리가 주의해야 할 것은 '글'을 통한 의사소통입니다. 부수적으로 '그림과 같은 자료'를 이용하는 것은 의사소통을 원활하게 하기 위함이지 '그림' 자체가 목적이 되는 것은 아닙니다. 다음 지문을 보면서 "예술 지문은 이렇게 제시되는구나!" 하고 직접 느껴보길 바랍니다. 아, 참! 글쓴이는 이 글을 왜 썼을까요? 이 점도 절대 잊어서는 안 되고요. 그리고 예술 지문은 생각보다 쉽게 읽히는 지문으로도 유명합니다. 그러니까 힘, 팍팍 내세요!!

2006. 11. 전국연합평가

[52 ～ 55] 다음 글을 읽고 물음에 답하시오.

　만화는 영상 문화 시대에 '문화의 끌개' 역할을 하고 있다. 즉, 문화 산업 시대에 만화가 문화 생산, 이미지 생산에서 구심적 역할을 하는 것이다. 만화의 어떤 특성이 이러한 역할을 가능하게 한 것일까?

　사람들이 만화를 즐겨 보는 이유는 우선 재미있다는 점이다. '한 번 손에 쥐면 먹고 자는 일도 귀찮아지는 책'이 만화이다. 만화에는 사람을 푹 빠지게 하는 그 무엇이 있다. 그를 통해 만화는 우리의 기억 속에 오래 남는다. 「칸, 페이지, 이야기」의 저자 베노와 페터즈에 따르면 누구나 자기 기억 속에 한 개 이상 '잊을 수 없는 만화의 칸' 혹은 '잊을 수 없는 장면'을 갖고 있다고 한다. 그 그림은 실제와 똑같은 것이 아니라, 자신의 기억이 만들어 내거나 변형한 그림인 경우가 많다고 한다. 이는 만화의 이미지가 어떻게 우리의 기억 속에 갈무리되는지를 말해 주는 흥미로운 사례이다.

　또한, 독자들이 만화를 좋아하는 이유는 가볍다는 점이다. 무거운 만화도 있으나 대체로 만화는 낙서같이 자유롭다. 이러한 자유는 만화의 중요한 요소이다. 독자들은 만화를 읽으면서 주류 문화의 권위나 엄숙성을 뛰어넘어 즐거움과 해방감을 느낀다. 유머와 상상은 저항과 전복의 주요한 수단이다. 환상적이고 현실 도피적인 것, 기상천외하고 극단적인 것에 대한 추구는 극화 만화의 일반적인 경향이다. 이것도 본질적으로는 이성의 해방이자, 일탈과 저항의 기능을 갖는다.

만화는 특유의 팬덤(fandom) 문화를 형성한다. 팬덤 문화는 주류 언론에 맞서 싸우는 팬들의 '권리 되찾기 운동'이라고 볼 수 있다. 만화를 하나의 대중문화로서 독자들이 즐겨 본다는 사실은 가볍게 볼 일이 아니다. 만화 독자들은 그들 고유의 팬덤과 마니아의 세계가 있으며, 숭배하고 열광하며 비평하는 나름의 방식을 갖고 있다. 코스프레(cosplay)* 등에서 보듯이 만화 독자들은 적극적으로 문화를 형성하는 데 참여한다. 다시 말해, 만화는 다른 어떤 장르보다 작가와 독자 사이에 주고받는 쌍방 소통적 요소가 중요하며, 팬덤과 마니아의 정서가 활발한 영역이라고 할 수 있다. ㉠이 때문에 미디어 이론가 마셜 맥루한은 만화를 텔레비전과 더불어 '쿨 미디어(Cool Media)'의 하나로 정의한다.

위에서 말한 만화의 특성은 사실 만화를 보고 즐기는 방식의 특징이지, 만화 그 자체의 매력으로 보기는 어렵다. 그러면 만화의 근원적인 매력은 무엇일까? 그것은 만화가 갖고 있는 '칸과 칸 사이의 관계'와 '만화 작가의 독특한 회화적 표현'이다. 만화 독자는 대개 각 칸을 따라 시선을 이동하지만, 사실 만화에 의해 촉발된 독자의 상상력이 작용하는 공간은 칸과 칸 사이의 여백이다. 독자는 하나의 칸과 다음 칸 사이의 틈에서 등장인물의 행동이나 장면의 상호 관련성을 통해 생략된 내용을 잡아내고 음미하면서 사건이나 이미지를 형성한다. 또한 만화는 한 쪽이나 양쪽 전체를 한눈에 볼 수 있는 파놉티콘(panopticon)**과 같은 시각 장치를 가진 형식이다. 만화 작가마다 혹은 작품마다 다르게 나타나는 개성은 작품에 담긴 그래픽이나 회화적 표현과 떼어 놓고 생각할 수 없는 것이다.

*코스프레(cosplay) : 만화나 게임의 캐릭터를 모방하는 취미 문화

**파놉티콘(panopticon) : 한곳에서 내부가 전부 보이는 원형 교도소

– 「월간 미술」(2003년 3월호)

52. 위 글은 궁극적으로 어떤 물음에 답하는 글인가?

① 만화의 고유한 속성은 무엇인가?

② 만화에서 독자의 역할은 무엇인가?

③ 만화는 어떻게 수용자에게 이해되는가?

④ 어떤 만화가 대중의 인기를 끌 수 있는가?

⑤ 만화에서 회화적 요소는 어떤 기능을 하는가?

53. 위 글을 읽은 독자가 〈보기〉를 보고 반응한 내용으로 적절하지 않은 것은?

〈보기〉

① 만화가 지닌 가벼움의 즐거움을 느낄 수 있군.

② 한 눈에 볼 수 있는 시각적 효과도 느껴지는군.

③ 칸과 칸 사이에서 독자의 상상은 배제되고 있군.

④ 짧은 내용 속에서도 재치 있는 유머가 느껴지는군.

⑤ 문자에 나타난 그래픽이 의미 전달에 기여하고 있군.

54. ㉠의 이유를 추론한 내용으로 알맞은 것은?

① 작가가 불합리한 비평에 적극 대처하므로

② 만화는 독자의 참여가 많은 미디어이므로

③ 만화는 다양한 매체와 결합하기 쉬우므로

④ 만화는 수용자가 상대적으로 많은 미디어이므로

⑤ 만화 작가는 팬들의 비평에는 관심을 두지 않으므로

혹시 만화를 너무 좋아해서 만화에 푹 빠져 있었나요? 사실 재미있기도 하죠? 그래도 내용의 구조를 파악하며 글쓴이의 의도를 이해하는 시간! 쌤은 이렇게 했어요.

만화는 영상 문화 시대에 '문화의 끌개' 역할을 하고 있다. 즉, 문화 산업 시대에 만화가 문화 생산, 이미지 생산에서 구심적 역할을 하는 것이다. 만화의 어떤 특성이 이러한 역할을 가능하게 한 것일까?

만화가 문화 생산, 이미지 생산에 구심적 역할을 하는 이유를 글쓴이는 만화의 특징에서 찾고 싶어 하나 봅니다.

사람들이 만화를 즐겨 보는 이유는 우선 ①재미있다는 점이다. '한 번 손에 쥐면 먹고 자는 일도 귀찮아지는 책'이 만화이다. 만화에는 사람을 푹 빠지게 하는 그 무엇이 있다. 그를 통해 만화는 우리의 기억 속에 오래 남는다. 『칸, 페이지, 이야기』의 저자 베노와 페터즈에 따르면 누구나 자기 기억 속에 한 개 이상 '잊을 수 없는 만화의 칸' 혹은 '잊을 수 없는 장면'을 갖고 있다고 한다. 그 그림은 실제와 똑같은 것이 아니라, 자신의 기억이 만들어 내거나 변형한 그림인 경우가 많다고 한다. 이는 만화의 이미지가 어떻게 우리의 기억 속에 갈무리되는지를 말해 주는 흥미로운 사례이다.

또한, 독자들이 만화를 좋아하는 이유는 ②가볍다는 점이다. 무거운 만화도 있으나 대체로 만화는 낙서같이 자유롭다. 이러한 자유는 만화의 중요한 요소이다. 독자들은 만화를 읽으면서 주류 문화의 권위나 엄숙성을 뛰어넘어 즐거움과 해방감을 느낀다. 유머와 상상은 저항과 전복의 주요한 수단이다. 환상적이고 현실 도피적인 것, 기상천외하고 극단적인 것에 대한 추구는 극화 만화의 일반적인 경향이다. 이것도 본질적으로는 이성의 해방이자, 일탈과 저항의 기능을 갖는다.

만화는 특유의 ③팬덤(fandom) 문화를 형성한다. 팬덤 문화는 주류 언론에 맞서 싸우는 팬들의 '권리 되찾기 운동'이라고 볼 수 있다. 만화를 하나의 대중 문화로서 독자들이 즐겨 본다는 사실은 가볍게 볼 일이 아니다. 만화 독자들은 그들 고유의 팬덤과 마니아의 세계가 있으며, 숭배하고 열광하며 비평하는 나름의 방식을 갖고 있다. 코스프레(cosplay)* 등에서 보듯이 만화 독자들은 적극적으로 문화를 형성하는 데 참여한다. 다시 말해, 만화는 다른 어떤 장르보다 작가와 독자 사이에 주고받는 쌍방 소통적 요소가 중요하며, 팬덤과 마니아의 정서가 활발한 영역이라고 할 수 있다. ㉠이 때문에 미디어 이론가 마셜 맥루한은 만화를 텔레비전과 더불어 '쿨 미디어(Cool Media)'의 하나로 정의한다.

만화는 재미있어 기억하기 쉽고, 가볍게 읽으면서 이성의 해방과 일탈, 저항을 경험한다는 특징을 갖습니다. 그리고 작가와 독자 사이의 쌍방 소통적 요소가 중요해 팬덤 문화를 형성하기 때문에 문화적 영향력이 커지고 있다고 할 수 있습니다.

위에서 말한 만화의 특성은 사실 만화를 보고 즐기는 방식의 특징이지, 만화 그 자체의 매력으로 보기는 어렵다. 그러면 만화의 근원적인 매력은 무엇일까? 그것은 만화가 갖고 있는 '칸과 칸 사이의 관계'와 '만화 작가의 독특한 회화적 표현'이다. 만화 독자는 대개 각 칸을 따라 시선을 이동하지만, 사실 만화에 의해 촉발된 독자의 상상력이 작용하는 공간은 ①칸과 칸 사이의 여백이다. 독자는 하나의 칸과 다음 칸 사이의 틈에서 등장인물의 행동이나 장면의 상호 관련성을 통해 생략된 내용을 잡아내고 음미하면서 사건이나 이미지를 형성한다. 또한 만화는 한 쪽이나 양쪽 전체를 한눈에 볼 수 있는 파놉티콘 (panopticon)**과 같은 시각 장치를 가진 형식이다. 만화 작가마다 혹은 작품마다 다르게 나타나는 개성은 작품에 담긴 그래픽이나 회화적 표현과 떼어 놓고 생각할 수 없는 것이다.

만화의 근원적인 매력인 칸과 칸의 여백은 독자의 상상력으로 사건이나 이미지를 완성하며 전체를 한눈에 볼 수 있게 해 주는 파놉티콘과 같은 시각장치를 하고 있습니다. 이는 만화의 그래픽이나 회화적 표현으로 만화가 이미지 생산에서 구심점 역할을 하는 이유라 할 수 있습니다.

결국 이 글은 만화의 특성을 중심으로 만화의 문화적 영향력과 이미지 생산의 구심점 역할을 나누어 내용을 구성하고 있습니다. 글을 쓴 이유는 첫 문단에 제시되어 있다고 볼 수 있습니다. 내용에 대한 일반적인 이해가 되었나요? 너무 많은 밑줄은 효과가 떨어집니다. 밑줄이 아직도 너무 많다고요? 그러면 조금 더 신중하게 밑줄을 사용하도록 연습하세요. 지금 천천히 한다고 언제까지나 천천히 하는 것은 아니라고 말했죠? 무슨 일이든 처음에는 기본에 충실하는 것이 중요합니다. 자기 스타일을 고수하면 잠깐 동안은 더 효율적인 것처럼 보이겠지만 '언 발에 오줌 누기'가 될 수 있거든요. 기초를 탄탄히! 이 책의 목표는 기초 탄탄입니다.

*코스프레(cosplay) : 만화나 게임의 캐릭터를 모방하는 취미 문화
**파놉티콘(panopticon) : 한곳에서 내부가 전부 보이는 원형 교도소

52. 위 글은 궁극적으로 어떤 물음에 답하는 글인가?

　　① 만화의 고유한 속성은 무엇인가?

　　② 만화에서 독자의 역할은 무엇인가?

　　③ 만화는 어떻게 수용자에게 이해되는가?

　　④ 어떤 만화가 대중의 인기를 끌 수 있는가?

　　⑤ 만화에서 회화적 요소는 어떤 기능을 하는가?

　'**궁극적**'이라는 표현도 출제자들이 좋아하는 단어입니다. 결국은 '**핵심 화제**'나 '**주제**', '**의도**'가 무엇인지를 확인하는 문제입니다. 우리가 살펴본 바에 의하면 이 지문에는 총 3개의 키워드가 있습니다. "**하나는 만화의 특성, 둘은 문화적 영향력, 셋은 이미지 생산의 구심점**"입니다. 이 중 모두를 아우르는 것은 '**만화의 특성**'이죠. **궁극적으로 말하는 것은 당연히 내용에 있어야 하면서도 부분이 아닌 전체를 포괄하는 키워드여야 합니다.** 그렇다면 ⑤번은 너무 일부이기 때문에 답이 될 수 없고, 다른 답지들은 전혀 해당 사항이 없습니다. 혹 다른 답지에서 타당성을 생각했다면 여러분은 분명 지문+α인 자신의 생각으로 마구마구 생각의 가지를 쳐나간 거겠죠.

　'문화적 영향력'에 대한 생각과 '이성의 해방이나 일탈과 저항'이라는 내용이 결합되어 "②독자의 역할이나 수용자에게 어떻게 이해되는가"를 맞는 답이라고 생각했을지도 모릅니다. 하지만 지문 자체에는 독자가 하는 역할이 무엇인지 나와 있지 않습니다. 그리고 '문화적 영향력'은 만화가 가지고 있는 힘이지만 어떤 만화가 그런 만화인지에 대한 내용도 없습니다. '가벼운 만화'라고 생각했나요? 그것은 만화의 일반적인 특징이기 때문에 특정 만화로 한정되기는 어렵습니다. 특정 만화로 한정된 것은 오히려 무거운 만화입니다. **예외의 것들을 일반화해서 생각의 가지를 마구마구 뻗어**

가게 하면 곤란합니다. 글쓴이가, 그리고 질문하는 이가 우리에게 바라는 것은 자신들의 이야기에 얼마나 귀를 기울여 주었는가 하는 점이죠. 이런 이유에서 정답은 ① 번이 가장 타당합니다.

53. 위 글을 읽은 독자가 〈보기〉를 보고 반응한 내용으로 적절하지 않은 것은?

〈보기〉

① 만화가 지닌 가벼움의 즐거움을 느낄 수 있군.

② 한 눈에 볼 수 있는 시각적 효과도 느껴지는군.

③ 칸과 칸 사이에서 독자의 상상은 배제되고 있군.

④ 짧은 내용 속에서도 재치 있는 유머가 느껴지는군.

⑤ 문자에 나타난 그래픽이 의미 전달에 기여하고 있군.

그림 보면서 웃었죠? 쌤도 사실은 막 웃었어요. 그러면서 한편으로는 참 섬뜩했어요. 저 병아리는 설마 양념치킨이 뭔지 모르고 저런 말을 한 거겠죠? 이런, 이런! 이렇게 만화를 감상하다 보면 문제는 언제 푸나요? 위에 있는 것은 만화입니다. 네, 만화입니다. 그거면 되었습니다. 내용 일치 문제, 어떻게 푸는지 기억나죠?

③번의 답지는 내용과 반대되죠? 다른 것들은 다 지문에 있는데 말입니다. 이렇게 허무하게 답이 금방 나오잖아요? "정답입니다."

54. ㉠의 이유를 추론한 내용으로 알맞은 것은?
   ① 작가가 불합리한 비평에 적극 대처하므로
   ② 만화는 독자의 참여가 많은 미디어이므로
   ③ 만화는 다양한 매체와 결합하기 쉬우므로
   ④ 만화는 수용자가 상대적으로 많은 미디어이므로
   ⑤ 만화 작가는 팬들의 비평에는 관심을 두지 않으므로

'추론'이라고 했으니 우리가 무언가를 해야겠죠. 하지만 ㉠이 '이 때문에'로 시작하고 있는 것으로 보아 이유가 이미 앞에 나와 있다는 뜻입니다. 밑줄 친 ㉠을 푸는 법! 잊지 않았겠죠? 답을 찾아 돋보기를 들고 앞으로 천천히 나아가 봅니다. 이런 문장이 있네요? "만화는 다른 어떤 장르보다 작가와 **독자 사이에 주고받는 쌍방 소통적 요소가 중요**하며, **팬덤과 마니아의 정서가 활발**한 영역이라고 할 수 있다." 뭐, 사실 어렵지도 않았습니다. 바로 앞에 있었거든요.

정답은 작가와 독자의 관계에 대한 내용이 핵심이어야 할 테니 ②와 ④중의 하나가 정답이겠군요. 그럼 이 둘 중 무엇이 정답일까요? 독자와의 관계에 있어 중요했던 것은 '독자 사이에 주고받는 쌍방 소통'이었습니다. 이와 관련된 답지는 단순히 '수용자가 많다'는 것만을 제시한 ④번 답지보다 '독자의 참여'를 제시한 ②번을 이유로 꼽을 수 있을 것 같습니다. 언제나 강조하지만 '밑줄 친 ㉠'에 관한 문제라면 보다 넓은 시야로 나무가 아닌 숲을 보는 사고를 요구하는 출제자의 마음이 있다는 것을 잊지 마세요.

만화도 미술 분야이니까, 이번에는 음악에 관한 지문을 볼까요?

2009. 9. 전국연합평가

[25~27] 다음 글을 읽고 물음에 답하시오.

(가) 흔히 사람들은 타악기가 오케스트라 연주에서 현악기와 관악기가 내는 소리 사이의 공백을 메우는 정도의 역할을 한다고 생각한다. 하지만 러시아 태생의 음악가인 스트라빈스키는 타악기를 중요하게 생각하여, 혹독한 겨울을 나야 하는 러시아인들에게 생명줄이나 다름없는 중앙난방 장치에 빗대었다.

(나) 사실 타악기야말로 가장 원초적이면서 다양한 색깔을 가진 악기다. 타악기에는 팀파니, 심벌즈, 실로폰, 마림바, 차임벨 등 종류가 수없이 많아 그 특징을 일일이 나열하기가 어렵다. 심지어 손뼉을 쳐 소리를 내는 것도 타악기를 연주하는 것이라고 볼 수 있는데, 실제로 바비 맥퍼린이라는 재즈 연주자는 자신의 몸을 타악기처럼 두드려서 연주를 한다.

(다) 클래식 음악에서 가장 많이 사용되는 타악기는 팀파니(timpani)다. 팀파니는 급작스러운 충격을 표현하거나 분위기를 바꿀 때, 그리고

리듬을 반복할 때 사용된다. 그리고 팀파니는 페달을 사용하여 한 음에서 다른 음으로 미끄러지듯 연주할 수 있다. 큰북과 작은북은 음정을 조정할 수 없는 반면, 팀파니는 나사와 페달을 이용하여 음정을 자유롭게 표현할 수 있다. 정규 편성 오케스트라에는 3개의 팀파니가 사용되는데, 팀파니는 음악을 클라이맥스로 몰고 가는 데 빠질 수 없는 악기이다. 팀파니가 적극적으로 사용된 작품으로는 하이든의 〈놀람 교향곡〉과 〈팀파니 미사곡〉이 있고, 베토벤의 〈교향곡 9번〉에서는 작품 전체에서 팀파니가 사용되고 있다.

(라) 심벌즈(cymbals)는 중앙에 손잡이 줄을 매는 돌기가 나와 있으며, 양쪽 가장자리만 서로 닿아 소리가 나도록 하기 위해 가장자리 쪽으로 갈수록 두께를 얇게 만든다. 심벌즈는 오케스트라 연주의 클라이맥스 부분에서 팀파니만큼이나 중요한 역할을 한다. 하지만 어떤 경우에는 겨우 몇 마디만을 연주하고 끝나는 때도 있다. 브루크너의 〈교향곡 8번〉 같은 경우 90분이 넘는 연주 시간에서 심벌즈는 겨우 3초 정도만 연주한다. 이 3초를 위해 심벌즈 연주자는 연주 내내 긴장하고 있어야 한다. 만약 방심해서 1초라도 빗나가는 순간 모든 연주가 물거품이 되기 때문이다. 그래서인지 심벌즈 연주자는 시간을 정확하게 맞추려는 강박 관념에 시달리는 경우가 많다고 한다.

(마) 실로폰(xylophone)은 길이가 다른 나무 막대를 실로폰 채로 두드려 음정을 만들어 내고, 두드리는 속도를 조절하여 박자를 만들어 내는 악기이다. 실로폰은 소리가 건조하고 울림이 오래가지 않기 때문에 빠른 연주 작품에 더 잘 어울린다. 반면 실로폰의 외형과 매우 흡사한 마림바(marimba)는 음판 밑에 공명관이 붙어 있어 음향이 실로폰보다 훨씬 더

부드럽고 울림이 오래간다. 하지만 소리가 부드러운 반면 약하기 때문에 마림바는 오케스트라 연주에서는 자주 사용되지 않고, 주로 독주 악기로 사용된다.

- 김경수, 『우리가 듣는 클래식은 다르다』

25. 위 글의 내용과 일치하지 않는 것은?

① 큰북과 작은북은 음정을 조절할 수 없다.

② 팀파니는 음정을 자유롭게 표현할 수 있다.

③ 실로폰은 소리가 건조하고 울림이 오래 가지 않는다.

④ 마림바는 소리가 부드럽고 약해 주로 독주 악기로 쓰인다.

⑤ 심벌즈는 가장자리의 두께가 얇아서 오래 연주할 수 없다.

26. (가)~(마)의 서술상의 특징으로 적절하지 않은 것은?

① (가) : 대상의 중요성을 강조하기 위해 비유적으로 표현하고 있다.

② (나) : 대상의 종류를 보여 주기 위해 구체적으로 열거하고 있다.

③ (다) : 대상의 특성을 분명하게 드러내기 위해 다른 대상과 견주고 있다.

④ (라) : 대상의 성격을 뚜렷하게 드러내기 위해 예를 들어 설명하고 있다.

⑤ (마) : 대상의 속성을 효과적으로 제시하기 위해 하위 요소를 분류하고 있다.

27. (마)를 참고할 때, 〈보기〉의 '노래하는 고속도로'에 대한 이해로 적절하지 <u>않은</u> 것은? 〔3점〕

> 〈보기〉
>
> **주행 시 음정 박자 어떻게 나오나?**
>
>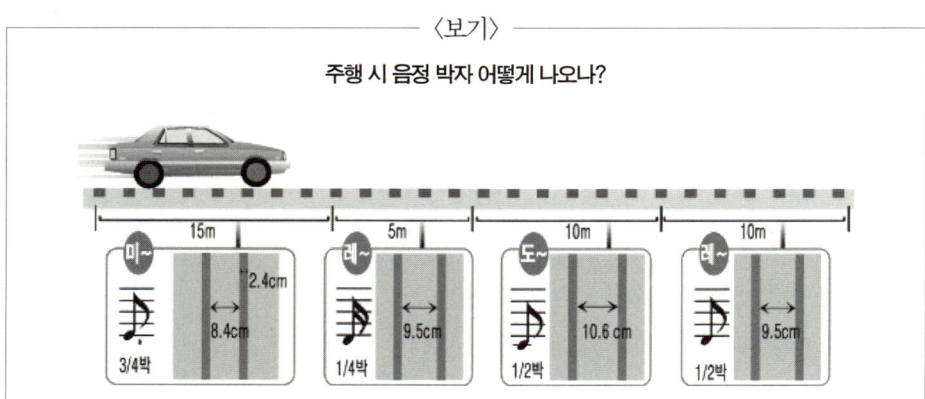
>
> 시속 100km로 차를 운전하면 동요 '비행기'의 멜로디가 연주되는 '노래하는 고속도로'가 등장했다. 위의 그림은 노래하는 고속도로의 원리를 보여주는 그림이다.
>
> 노래하는 고속도로는 2.4cm 너비의 홈을 일정한 간격에 따라 파서 소리를 나게 한 것이다. 음정은 홈과 홈 사이의 간격으로, 박자는 홈의 개수로 만들어진다. 예를 들면 2.4cm의 홈을 10.6cm의 간격으로 만들어진 도로를 10m 달리면 1/2박의 '도' 음이 난다. 또 2.4cm의 홈을 9.5cm의 간격으로 만들어진 도로를 5m 달리면 1/4박의 '레' 음이 난다.

① 실로폰을 빨리 두드리면 박자가 빨라지듯 자동차의 속도를 높이면 노래가 빨라질 것이다.

② 실로폰을 세게 두드리면 소리가 커지듯이 자동차의 바퀴 크기가 클수록 더 높은 음이 난다.

③ 실로폰에서와 같은 1박의 '미' 음이 나려면 8.4cm 간격으로 홈이 파인 도로를

20m 달려야 한다.

④ 홈과 홈 사이의 간격을 조절하는 것은 실로폰에서 길이가 서로 다른 나무 막대를 두드려 음정을 만드는 것과 유사하다.

⑤ 일정한 간격으로 설치된 홈의 개수를 조절하는 것은 실로폰에서 두드리는 속도를 조절해 박자를 만들어 내는 것과 유사하다.

내용 일치에 관한 문제는 푸는 법을 조금 익혔을 거라 생각합니다. 쌤과 함께 하는 이 시간만으로 언어영역 공부를 모두 하고 있다고 생각하면 안 됩니다. 쌤은 여러분과 함께 하는 쌤의 수업이 '사용 설명서'와 같다고 생각합니다. 진짜 공부는 혼자서 하는 겁니다. 쌤과 함께 한 후에는 혼자서 몇몇 지문을 읽어 보며 단독으로 출제자와 만나고 글쓴이와 만나야 합니다. 무턱대고 많은 양을 풀다 보면 스스로의 오류가 더 깊어지기 때문에 이런 경우를 막아 보자고 쌤이 도움을 주는 것뿐!!

보통 이렇게 (가)~(마)로 글을 나누어 놓은 경우는 (가)부터 (마)까지의 핵심 내용을 묻는 문제거나 서술상의 특징을 물어보는 문제가 나오게 마련입니다. 이 지문에도 서술상의 특징을 묻는 문제가 출제되었습니다만 쌤이 아직 여러분과 서술상의 특징에 대해 공부하지 않았기 때문에 지금은 함께 보지 않았습니다.

(가) 흔히 사람들은 타악기가 오케스트라 연주에서 현악기와 관악기가 내는 소리 사이의 공백을 메우는 정도의 역할을 한다고 생각한다. 하지만 러시아 태생의 음악가인 스트라빈스키는 타악기를 중요하게 생각하여, 혹독한 겨울을 나야 하는 러시아인들에게 생명줄이나 다름없는 중앙난방 장치에 빗대었다.

타악기가 핵심 화제란 것은 알겠죠? '흔히 사람들은'이라고 말하면 사람들의 생각과 다른 이야기를 전개하기 위함이니까 타악기는 공백을 메우는 정도가 아닌 중요한 기능을 한다는 말을 하고 싶은 것, 이게 바로 글쓴이의 의도입니다. 스트라빈스키의 말을 인용한 것 역시 그 의도를 뒷받침하기 위한 장치이고요

(나) 사실 타악기야말로 가장 원초적이면서 다양한 색깔을 가진 악기다. 타악기에는 팀파니, 심벌즈, 실로폰, 마림바, 차임벨 등 종류가 수없이 많아 그 특징을 일일이 나열하기가 어렵다. 심지어 손뼉을 쳐 소리를 내는 것도 타악기를 연주하는 것이라고 볼 수 있는데, 실제로 바비 맥퍼린이라는 재즈 연주자는 자신의 몸을 타악기처럼 두드려서 연주를 한다.

(다) 클래식 음악에서 가장 많이 사용되는 타악기는 팀파니(timpani)다. 팀파니는 급작스러운 충격을 표현하거나 분위기를 바꿀 때, 그리고 리듬을 반복할 때 사용된다. 그리고 팀파니는 페달을 사용하여 한 음에서 다른 음으로 미끄러지듯 연주할 수 있다. 〈**큰북과 작은북은 음정을 조정할 수 없는 반면, 팀파니는 나사와 페달을 이용하여 음정을 자유롭게 표현할 수 있다.**〉정규 편성 오케스트라에는 3개의 팀파니가 사용되는데, 팀파니는 음악을 클라이맥스로 몰고 가는 데 빠질 수 없는 악기다. 팀파니가 적극적으로 사용된 작품으로는 하이든의 〈놀람 교향곡〉과 〈팀파니 미사곡〉이 있고, 베토벤의 〈교향곡 9번〉에서는 작품 전체에서 팀파니가 사용되고 있다.

(라) 심벌즈(cymbals)는 중앙에 손잡이 줄을 매는 돌기가 나와 있으며, 양쪽 가장자리만 서로 닿아 소리가 나도록 하기 위해 가장자리 쪽으로 갈수록 두께를 얇게 만든다. 심벌즈는 오케스트라 연주의 클라이맥스 부분에서 팀파니만큼이나 중요한 역할을 한다. 하지만 어떤 경우에는 겨우 몇 마디만을 연주하

고 끝나는 때도 있다. 브루크너의 〈교향곡 8번〉같은 경우 90분이 넘는 연주 시간에서 심벌즈는 겨우 3초 정도만 연주한다. 이 3초를 위해 심벌즈 연주자는 연주 내내 긴장하고 있어야 한다. 만약 방심해서 1초라도 빗나가는 순간 모든 연주가 물거품이 되기 때문이다. 그래서인지 심벌즈 연주자는 시간을 정확하게 맞추려는 강박 관념에 시달리는 경우가 많다고 한다.

(마) 실로폰(xylophone)은 길이가 다른 나무 막대를 실로폰 채로 두드려 음정을 만들어 내고, 두드리는 속도를 조절하여 박자를 만들어 내는 악기이다. 실로폰은 소리가 건조하고 울림이 오래가지 않기 때문에 빠른 연주 작품에 더 잘 어울린다. / 반면 실로폰의 외형과 매우 흡사한 마림바(marimba)는 음판 밑에 공명관이 붙어 있어 음향이 실로폰보다 훨씬 더 부드럽고 울림이 오래간다. 하지만 소리가 부드러운 반면 약하기 때문에 마림바는 오케스트라 연주에서는 자주 사용되지 않고, 주로 독주 악기로 사용된다.

예상이 맞았습니다. 타악기들이 순서대로 열거되어 있군요. 아마 다음 문단이 소개되었다면 차임벨이 나오지 않았을까 생각해 볼 수도 있겠죠? 좀 허전한 감이 많은 밑줄이라고 생각되지만, 너무 많은 밑줄보다는 이렇게 핵심만 보이는 것이 낫다는 것을 여러분도 곧 알게 될 거예요. 더구나 이 글처럼 여러 종류의 나열인 경우라면 더더군다나 간략한 이정표가 좋습니다. 쌤을 믿으세요.

- 김경수, 『우리가 듣는 클래식은 다르다』

25. 위 글의 내용과 일치하지 않는 것은?

① 큰북과 작은북은 음정을 조절할 수 없다.

② 팀파니는 음정을 자유롭게 표현할 수 있다.

③ 실로폰은 소리가 건조하고 울림이 오래 가지 않는다.

④ 마림바는 소리가 부드럽고 약해 주로 독주 악기로 쓰인다.

⑤ 심벌즈는 가장자리의 두께가 얇아서 오래 연주할 수 없다.

준비해둔 이정표를 잘 찾아가는 문제가 어김없이 등장했지요?? ①, ②번 답지는
예상대로 '**팀파니와의 대조**'에서 나온 내용입니다. 큰북과 작은북은 주연은 아니지
만 출제자의 사랑을 받을 수 있는 조건을 갖추고 있다는 사실! 알고 있죠? ③번과 ④
번은 (마)의 지문을 다시 읽어 보면 찾을 수 있는 내용입니다. 심벌즈에 관한 내용은
(라)에서 찾아볼 수 있지만 두께가 얇아서가 아니라 연주시간 자체가 짧다고 했죠.
이제 이런 문제는 절대 틀리면 안 됩니다. 정답은 당연히 ⑤번!

27. (마)를 참고할 때, 〈보기〉의 '노래하는 고속도로'에 대한 이해로 적절하지 않은 것은? 〔3점〕
이 문제는 좀 난이도가 있나 봅니다. 점수 배정이 3점이나 되는 걸 보니!! 〈보기〉 속
에 '글자'가 많이 보이면 난이도가 높아집니다. 보다 많은 정보를 주고 있지만 실제로
는 보아야 할 내용이 많아지기 때문이죠. 그림 속에 등장하는 내용이 '지문'의 무엇으
로 대체되는지 살피는 것은 기본이지만 〈보기〉 안에 있는 글 정보도 매우 중요한 거
니까 꼭 챙겨 보아야 합니다. 단 답지가 요구하는 것을 찾으면서 보는 것이 좋습니다.
〈보기〉 속 지문을 먼저 읽으면 필요한 정보인지 아닌지 구분하지 못하고 읽기 때문에
효율성이 떨어진답니다.

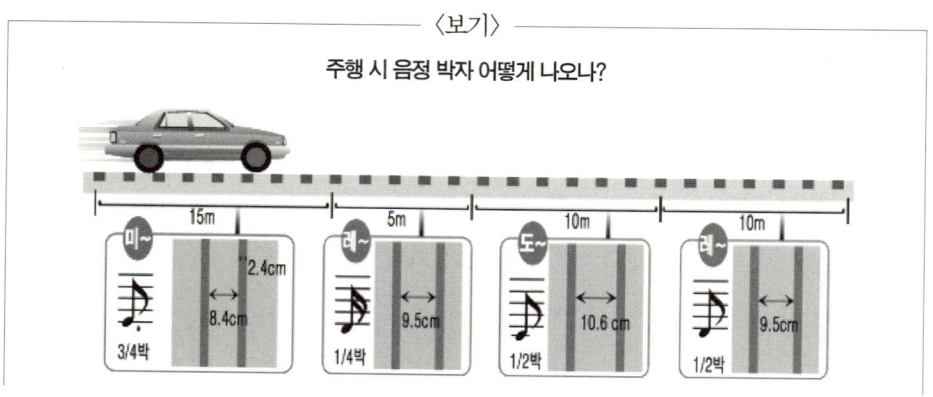

〈보기〉

주행 시 음정 박자 어떻게 나오나?

시속 100km로 차를 운전하면 동요 '비행기'의 멜로디가 연주되는 '노래하는 고속도로'가 등장했다. 위의 그림은 노래하는 고속도로의 원리를 보여주는 그림이다.

노래하는 고속도로는 2.4cm 너비의 홈을 일정한 간격에 따라 파서 소리를 나게 한 것이다. 음정은 홈과 홈 사이의 간격으로, 박자는 홈의 개수로 만들어진다. 예를 들면 2.4cm의 홈을 10.6cm의 간격으로 만들어진 도로를 10m 달리면 1/2박의 '도' 음이 난다. 또 2.4cm의 홈을 9.5cm의 간격으로 만들어진 도로를 5m 달리면 1/4박의 '레' 음이 난다.

① 실로폰을 빨리 두드리면 박자가 빨라지듯 / 자동차의 속도를 높이면 노래가 빨라질 것이다.

답지가 이어진 문장으로 되어 있을 경우, 문장을 나누어 나뉜 문장이 모두 OK일 때 지문과 일치하는 거라고 했습니다. 이 문제의 난이도가 높은 이유가 바로 여기에 있습니다. 답지에서 확인할 수 있는 것처럼 앞부분은 지문에서, 뒷부분은 보기에서 내용을 확인해야 하기 때문에 조금은 번거롭고 복잡합니다. 하지만 그렇다고 안 할 수는 없겠죠. 상대방이 원하는 것이 좀 번거롭다고 해도 잘 들어주는 게 친절한 사람의 특성이잖아요? 남자친구나 여자친구에게는 나쁜 남자나 여자가 매력적일지 몰라도 일반적으로는 친절한 사람이 훨씬 매력이 있답니다.

실로폰을 빨리 두드리면 당연히 박자가 빨라집니다. 지문에서도 '두드리는 속도를 조절하여 박자를 만들어 내는 악기'라고 되어 있죠? 당연히 알고 있는 내용이라고 해도 반드시 지문에서 찾기 바랍니다. 출제자는 여러분의 생각을 묻고 있는 게 아니라 글쓴이의 글을 제대로 읽었는지를 묻고 있으니까요. 〈보기〉에서도 '박자는 홈의 개수로 만들어진다.'고 합니다. 빨리 달리면 더 많은 개수의 홈을 지날 테니 더 빨라지는 것이 당연하겠죠?

② 실로폰을 세게 두드리면 소리가 커지듯이 / 자동차의 바퀴 크기가 클수록 더

높은 음이 난다.

지문에는 실로폰을 세게 두드리면 소리가 커진다는 정보가 없습니다. "에이, 그래도 상식적으로 알지 않아요?"라고 묻고 싶다면 발문을 다시 보세요. (마)를 참고해서 답하라고 하고 있습니다. **(마)에 없는 내용은 그저 여러분의 생각입니다.** 따라서 우리가 지문만 읽고는 알 수 없습니다. 이미 정답은 ②번이라는 것을 알 수 있죠. 뒷부분에 나온 바퀴 크기와 고음과의 관계에 대한 정보도 〈보기〉에서 찾을 수 없습니다. 이제 확실히 우리가 주어진 정보만으로는 알 수 없는 답지가 나왔습니다. ②번이 정답인 것이 확실하지요?

③ 실로폰에서와 같은 1박의 '미' 음이 나려면 8.4cm 간격으로 홈이 파인 도로를 20m 달려야 한다.

10m로 달릴 때 1/2박이고 5m로 달릴 때 1/4박이면 1박은 20m가 되는 게 맞죠? 그리고 〈보기〉를 보면 '미'음은 8.4cm 간격의 홈이 파인 도로에서 들을 수 있는 소리라는 정보도 확인이 됩니다. 언어영역 문제를 풀다 보면 이렇게 수학도 아닌데 계산을 해야 하는 문제가 종종 출제됩니다. 그러나 '수학'이라 말하기엔 매우 단순한 계산 문제입니다. 우리가 사람들과 소통하며 살아가려면 단순한 계산이 필요한 경우도 무척 많기 때문에 언어영역이라고 해도 이러한 단순 계산 문제는 출제되곤 한답니다.^^

④ 홈과 홈 사이의 간격을 조절하는 것은 실로폰에서 길이가 서로 다른 나무 막대를 두드려 음정을 만드는 것과 유사하다.

〈보기〉에서 '음정은 홈과 홈 사이의 간격으로'라고 되어 있고, 지문을 보면 '길이가 다른 나무 막대를 실로폰 채로 두드려 음정을 만들어 내고'라는 내용을 찾을 수 있습니다. 이 둘은 모두 '음정'을 만들기 위한 장치들이군요. 서로 같은 역할을 하고 있다고 볼 수 있습니다.

⑤ 일정한 간격으로 설치된 홈의 개수를 조절하는 것은 실로폰에서 두드리는 속도

를 조절해 박자를 만들어 내는 것과 유사하다.

①번 답지를 확인하며 보았던 〈보기〉의 내용은 '박자는 홈의 개수로 만들어진다.'고 하며 지문에서는 '두드리는 속도를 조절하여 박자를 만들어 내는 악기'라고 하였습니다. 역시 지문과 〈보기〉에서 모두 확인이 가능한 답지였다는 것을 알 수 있습니다.

서술상의 특징을 배우며
의사소통완성!

서술상의 특징을 묻는 문제는 비문학에서 빠지지 않는 단골손님입니다. 그 비중이 '내용 일치' 문제처럼 많은 건 아니지만 적어도 두세 문제는 만나게 되지요. 기본적인 개념은 알고 있어야 하기 때문에 마지막으로 다루겠습니다.

비문학 문제를 풀다 보면 어떤 때는 '서술상의 특징'을 묻고 어떤 때는 '논지 전개 방식'을 묻습니다. 이 둘은 같은 개념이 아닙니다. '논지 전개 방식'은 글 전체에서 논지를 펴나가는 방법입니다. '논거-주장, 문제 제기-문제 해결' 등이 이에 해당한다고 할 수 있습니다. '서술상의 특징'은 내용을 이해하기 쉽게 하기 위해 글쓴이가 사용하는 방법이라고 보면 됩니다. '묘사, 비교, 대조, 분석, 분류, 예시, 인용, 정의, 인과' 등이 이에 속합니다. 하지만 굳이 이 둘을 구분할 필요는 없습니다. 자신의 논지를 펴기 위해서 '비교나 대조'를 사용하기도 하고 '인용과 예시'를 들기도 합니다. 따라서 굳이 두 개념을 구분하기 위해 애쓸 필요가 없다는 뜻이지요. 알아보기 편하게 정리해 볼까요?

묘사 눈에 보이는 것처럼 기술하는 방법을 묘사라고 합니다. 소설에서는 많은 비유를 통해 눈에 보일 듯 그려내는 문학적 묘사자 주로 쓰이지만, 과학이나 기술 지문의 경우에는 대상이 되는 기계의 외관을 설명할 때, 과학적인 묘사를 위해 사용합니다.

비교 대상과 대상의 공통점을 들어 대상의 성격을 잘 나타내기 위한 방법입니다.

대조 대상과 대상의 차이점을 들어 대상의 성격을 잘 나타내기 위한 방법입니다. 이때 비교와 대조는 함께 오기도 하는데, 일반적으로 차이를 강조하기 위해 비교를 함께 하며 이런 경우를 '대비'라고 합니다.

분석 조각조각 나누어 보는 것입니다. 볼펜을 분석해 보면 깍지와 볼펜심, 용수철 등으로 조각조각 나눌 수 있습니다. 이러한 방법을 분석이라고 합니다. 과학이나 기술 지문이 즐겨 사용하는 방법입니다.

분류 분류에는 기준이 있습니다. 볼펜이 있다면 빨간 색과 파란 색, 검은 색으로 분류해 볼 수 있겠죠. 이때 기준은 '색'이 됩니다. 분석과 분류는 모두 나누어 보는 것일 수 있지만 차이도 있어요. 분석이 나누어 놓은 하나하나가 독립된 개체가 될 수 없는 반면 분류는 나누어진 자체가 독립된 개체로 남습니다.

즉 분석을 통해 나누어진 '용수철'은 '볼펜'이 아니지만 분류를 통해 나누어진 '빨간 볼펜'은 '볼펜'입니다.

예시 구체적인 사례가 나타납니다. 개념을 설명한 후에 읽는 사람이 그 개념을 이해하지 못할지 모른다는 불안감은 글쓴이로 하여금 이해하기 쉬운 '구체적 사례'를 제시하게 합니다. '인문'이나 '경제' 지문에서 좋아하는 설명 방식이며, 그 외의 모든 영역에서 자주 등장하는 방법입니다.

인용 글의 신뢰성을 더하기 위해 사용합니다. 주로 권위자의 말을 인용하여 자신의 주장에 대해 독자의 믿음을 이끌어 내기 위해 사용합니다. 설명하는 글보다는 주장하는 글에서 자주 사용하는 방법입니다.

정의 개념에 대한 용어 설명입니다. 생소한 용어의 경우 읽는 사람이 알 수 있도록 하기 위해 제시합니다. 주로 첫 문단에 나타납니다.

인과 원인에 따른 결과를 기술하여 논리적 타당성을 뒷받침하는 방법입니다. '따라서, 그래서, 그러므로' 등의 부사어가 오는 경우가 많습니다.

출제자가 여러분에게 서술상의 특징에 대한 개념을 알고 있는지를 지식적인 측면에서 평가하려고 문항을 만든다면 의사소통 능력을 평가하겠다는 본래의 취지와 조금은 맞지 않겠죠? 서술상의 특징을 묻는 문제는 '방법+왜?'가 함께 고려되어야만 풀 수 있습니다. 서술상의 다양한 방법들은 읽는 이의 이해를 돕기 위한 글쓴이의 의도가 있었기에 채택된 것입니다. 그러니 "왜 하필이면 그 방법을?"에 대한 질

문이 본질적인 물음이 된답니다. 한 문제만 풀어 보면서 '서술상의 특징'을 마무리하
겠습니다.

2010. 9. 전국연합평가 예술

　판화는 얼마든지 찍어낼 수 있다는 특성 때문에, 18세기까지는 예술로
인정되지 않고 포스터나 인쇄물 정도로 여겨졌다. 그러나 사진의 등장과
미디어의 발달로 판화의 예술성이 인정되기 시작했다.

　판화는 제작 과정이 매우 복합적이고 역동적이다. 붓으로 그리는 회화
와 달리 그리고, 파고, 찍고, 긁고, 두드리는 등의 여러 기법이 사용된다.
판화에는 목판에서의 칼 맛, 동판에서의 엠보싱(미세한 요철) 효과 등 판
화만의 독특한 미감이 있다. 판화는 만들고 찍어내고 나눠 갖는 기쁨을
맛보면서 자신의 감정을 충분히 표현하고 공유할 수 있는 예술 장르이
다. 현대 미술의 거장으로 불리는 피카소, 마티스, 앤디 워홀, 리히텐슈타
인 등도 많은 판화 작품을 남겼다.

　판화를 복사기에서 복사한 그림 수준으로 과소평가하는 사람들도 있
지만, 판화는 복사한 그림과는 분명 다르다. 복사한 그림은 원본을 단순
히 복제한 것이므로 작가의 의도가 개입되지 않지만, 판화는 같은 원판
에서 찍어낸 것이라도 작가의 의도에 따라 명암이나 색 등을 달리하여
표현하므로 원판에서 찍어낸 작품 모두가 정식 작품으로 인정된다.

　그러나 복제라는 특성 때문에 판화의 예술성에 대해 의구심을 품는 사
람들은 여전히 있었고, 그러다 보니 19세기 말경부터 작가가 직접 제작

한 판화에는 에디션을 기입하기 시작했다. 에디션(edition)이란 작가가 작품을 찍어 낸 후 각각의 작품에 대한 정보를 밝히는 것을 뜻한다. 예를 들어, 피카소가 동판화 한 판으로 100장의 종이에 찍게 되면 1/100, 2/100, 3/100……으로 표기하였다. 여기서 1/100은 총 100매 찍은 작품 가운데 첫 번째라는 뜻이다. 에디션은 화면의 왼쪽 아래 여백에, 서명은 오른쪽 아래에 기입하며 검은색 연필을 사용하는 것을 원칙으로 한다. 이는 연필이 정착도가 뛰어나며 복제가 어렵기 때문이다.

판화에는 아라비아 숫자 없이 AP(Artist Proof) 또는 A/P 식의 영자가 적혀 있기도 한데, 이는 작가가 보관용으로 별도 제작한 것이다. 이 밖에도 에디션에 들어가기 전에 대여섯 장을 시험 삼아 찍어 보는 T.P(Trial Proof), 에디션을 끝내고 더 이상 찍지 않겠다는 뜻으로 판에 상처를 낸 다음에 찍는 C.P(Cancellation Proof)가 있다. 그래서 수요자들이 접할 수 있는 것은 대부분 아라비아 숫자로 표시된 작품들이다.

판화는 대중적이고 개방적이어서 최근 들어 주목받고 있으며, 판화의 예술성과 독창성을 알리기 위한 전시회도 늘어나고 있다. 하지만 여전히 판화에 대한 편견을 지니고 있는 사람들도 있어서 판화에 대한 인식의 제고가 필요하다. 판화는 '또 하나의 원본'으로 분류되는 예술이기 때문이다.

- 윤홍규, 「판화의 예술성」

48. 위 글의 글쓰기 전략으로 적절하지 <u>않은</u> 것은?

① 대조를 통해서 대상의 가치를 부각한다.

② 개념을 정의하여 독자의 이해를 돕는다.

③ 일상적 경험으로부터 화제를 이끌어낸다.

④ 사례를 들어 대상을 구체적으로 설명한다.

⑤ 대상에 대한 인식 제고를 강조하며 마무리한다.

문장이 나누어지는 이어진 문장입니다. 우리가 풀어야 하는 이런 유형의 답지는 두 가지 정보에 대한 물음이기 때문에 당연히 이어진 문장이 답지로 나옵니다.

① 대조를 통해서 / 대상의 가치를 부각한다.

먼저 대조가 있는지 찾아봅니다. ③ 문단에서 복사와 판화에 대한 대조가 보입니다. OK! 대상이라면 '판화'겠죠? 판화의 가치가 그로 인해 부각되나요? 그렇군요. 복사와 달라서 정식 작품으로 인정된답니다. 역시 OK. 이렇게 나누어진 모든 부분이 OK라면 제대로 된 답지라고 할 수 있습니다. 답지의 앞부분은 서술상 택한 방법에 대한 확인이고, 뒷부분은 택한 이유가 나와 있습니다. 대체로 이와 같은 방식으로 출제자들은 서술상의 특징에 대해 여러분이 글쓴이와 제대로 소통했는지 확인합니다. 다른 답지를 함께 보면서 확실히 이해하도록 할까요?

② 개념을 정의하여 / 독자의 이해를 돕는다.

'에디션(edition)이란 작가가 작품을 찍어 낸 후 각각의 작품에 대한 정보를 밝히는 것을 뜻한다.' 정의는 찾았습니다. 정의하는 이유 자체가 우리가 모르는 개념에 대한 설명이기 때문에 독자의 이해를 돕는 것이야말로 당연할 것입니다.

③ 일상적 경험으로부터 / 화제를 이끌어낸다.

일상적인 경험은 지문에서 찾아 볼 수 없습니다. 뒤의 내용은 볼 것도 없이 옳지 않은 답지입니다. 하지만 이러한 내용들을 어떻게, 어디 가서 찾을까요? 이정표는 답지의 뒷부분에서 찾는 경우가 많습니다. 이 답지의 경우도 '화제를 이끌어낸다'고 한다면 글의 앞부분이겠죠? 여기저기 돌아다닐 필요 없이 글 전체의 앞쪽에서 서술상의 특징을 찾으면 된답니다.

④ 사례를 들어 / 대상을 구체적으로 설명한다.

사례는 우리가 가장 찾기 쉬운 서술방법입니다. 이 지문에서도 ④문단 '예를 들어'라고 피카소의 사례를 들었습니다. 그리고 이를 통해 에디션이 무엇인지 구체적으로 설명 하고 있습니다.

⑤ 대상에 대한 인식 제고를 강조하며 / 마무리한다.

이 답지를 확인하기 위해서는 마지막 문단으로 가야겠군요. 마지막에서 확인해 보니 '인식의 제고가 필요하다'는 내용으로 마지막을 정리하고 있습니다. 역시 앞뒤 모두 OK!

지금까지 서술상의 특징을 묻는 문제가 무엇을 묻고 있는지, 어떻게 접근해야 하는 지 살펴보았습니다. 그리고 드디어! 비문학의 대장정이 끝났습니다. 쌤이랑 이 페이 지까지 함께 하고 있다면 그래도 여러분은 무언가를 끝까지 해낸 훌륭한 학생입니다. 스스로 대견하다고 머리를 '쓰다듬 쓰다듬' 해 주어도 좋습니다.

언어영역을 공부해야겠다고 마음먹은 학생들을 볼 때 가장 가슴이 아픈 것은 '스 킬'에 대한 집착을 보일 때입니다. 쌤도 고백하자면 예비 고3인 학생들에게는 '스킬' 에 대한 강의를 합니다. 하지만 여러분은 '스킬'만으로 해결할 수 없는 문제까지 품어 갈 수 있는 시간이 있는 학생들입니다. '스킬'에는 분명 한계가 있습니다. '본 질'에 대한 이해가 없이 지름길만을 찾는다면 2등급까지는 가능할지 모르지만 1등급은 운이 좋아야 간신히 도달하게 됩니다.

언어영역이 수능이라는 과목으로 출제되는 가장 큰 이유는 여러분이 대학에 진학했을 때 다양한 글을 접하고 그것들을 읽어낼 수 있는 능력이 있는지 평가하기 위한 거지요. 이 말을 꼭 명심하기 바랍니다. '다른 사람과의 의사소통'을 위한 노력은 '스킬'만을 익히는 친구는 절대로 알 수 없는 경지랍니다.

쌤과 함께 하는 동안에도 물론 다양한 '스킬'이 나왔어요. 또 그것들 알려 주기도 했고요. 하지만 그러한 방법들은 소통을 보다 잘 하기 위한 방법일 뿐입니다. 쌤과 함께 한 시간을 기억하면서 스스로 많은 글쓴이들을 만나고 출제자들을 만나고, 혹시 틀리는 문제가 생겼을 때에는 이야기를 듣는 자신의 자세에 대해 꼭 반성하고, 두 번 다시 실수하지 않도록 꼭! 꼭! 꼭! 확인하세요.

여러분이 언어를 공부하는 매 순간마다 힘이 나는 희민쌤이 응원하겠습니다. 사랑합니다!!

더 읽어 두면 좋은 책

김초혜,『사랑굿』, 문학동네, 2009년

도종환,『접시꽃 당신』, 실천문학사, 2011년

문정희,『지금 장미를 따라』, 뿔, 2009년

황지우,『게 눈 속의 연꽃』, 문학과지성사, 1991년

황지우,『겨울-나무로부터 봄-나무에로』, 민음사, 1985년

공지영,『우리들의 행복한 시간』, 오픈하우스, 2010년

박경리,『환상의 시기』, 나남, 1994년

박완서,『나목』, 세계사, 1995년

신경숙,『외딴방』, 문학동네, 2001년

양귀자,『원미동 사람들』, 살림출판사, 2004년

이청준,『눈길』(이청준 문학전집: 중단편소설5), 열림원, 2000

강신주,『철학적 시 읽기의 즐거움』, 동녘, 2010년

강응천,『청소년을 위한 라이벌 세계사』, 그린비, 2006년

고종석,『코드 훔치기』, 마음산책, 2000년

귄터 치글러 저, 여상훈 역,『수학여행자를 위한 안내서』, 들녘, 2011년

그레고리 맨큐,『맨큐의 경제학』, 교보문고, 2009년

김창호 편,『진리 청바지 내가 아는 것이 진리일까』, 웅진지식하우스, 2005년

나카자와 신이치 저, 김옥희 역,『곰에서 왕으로』, 동아시아, 2003년

안정효,『지성과 야만』, 들녘, 2003년

이정전,『우리는 행복한가』, 한길사, 2008년

조제희,『논쟁 VS. 언쟁』, 들녘, 2011년

존 그리빈 저, 남경태 역,『우주의 전기』, 들녘, 2010년

크리스티아네 취른트 저, 조우호 역,『책: 사람이 읽어야 할 모든 것』, 들녘, 2003년

한국역사연구회,『조선시대 사람들은 어떻게 살았을까』, 청년사, 2005년